고득점 합격의 지름길

과학

삶은 불꽃 튀는 경쟁이 끊임없이 이어집니다. 검정고시도 생존경쟁의 한 부분입니다. 저마다 세운 목표를 이루는 과정을 알고 앞으로 나아가면 더욱 쉽고 확실하게 목표에 다다를 수 있습니다.

검정고시 합격이라는 관문을 통과하려고 밤낮을 가리지 않고 애쓰는 수험생 여러분을 응원합니다. 목표를 이루려면 성취하려는 의욕과 뚜렷한 의식이 무엇보다 필요합니다. 따라서 빈틈이나 부족함이 없는 계획과 준비가 있어야 합니다.

과학은 많은 수험생들이 까다롭게 여기는 과목입니다. 지난 교육과정 개편에서 과학교과는 물리, 화학, 생물, 지구과학 영역을 골고루 융합하여 우주의 역사 순으로 편성하였고 이는 많은 수험생들이 과학 과목을 더욱 어렵게 느끼도록 하는 원인이 되었습니다. 개편을 거친 통합과학 과목도 전반적으로 다루는 내용이 바뀌었지만 편성기조는 그대로 유지하고 있어 그러한 체감은 계속 이어질 것으로 보입니다. 하지만 기본 개념을 바르게 이해하고 문제를 풀어 익숙해진다면 큰 어려움 없이 합격하실 수 있습니다.

첫째, 최신 개정교육과정을 반영하고, 교과 내용을 빈틈없이 분석하여 구성한 최신간입니다.

둘째, 단원마다 중요 개념과 원리를 쉽고 정확하게 이해할 수 있게 교과 내용을 체계적이고 논리적으로 정리하였습니다.

셋째, 학습 내용을 이해하기 위해 필요한 기초 과정과 고득점을 위한 심화 과정을 나누어 이에 대해 상세하게 설명하였습니다.

넷째, 출제예상문제를 모아 구체적이고 상세한 해설을 붙여 문제 해결력과 응용력을 기를 수 있도록 하였습니다.

수험생 여러분들이 목표하시는 합격의 열매를 거둘 수 있기를 기원합니다.

- 편저자 일동

1 시험 과목 및 합격 결정

구분		내용
시험 과목 (7과목)	필수	국어, 수학, 영어, 사회, 과학, 한국사(6과목)
	선택	도덕, 기술 · 가정, 체육, 음악, 미술 과목 중 1과목
배점 및 문항	문항 수	과목별 25문항(단, 수학 20문항)
	배점	문항당 4점(단, 수학 5점)
합격 결정	고시 합격	각 과목을 100점 만점으로 하여 평균 60점(소수점 셋째 자리에서 절사) 이상을 취득한 자를 합격자로 결정(단, 평균이 60점 이상이라 하더라도 결시과목이 있을 경우에는 불합격 처리)
	과목 합격	시험성적 60점 이상인 과목은 과목합격을 인정하고, 본인이 원할 경우 다음 차수의 시험부터 해당 과목의 시험을 면제하며, 그 면제되는 과목의 성적은 이를 고시성적에 합산함 ※ 과목합격자에게는 신청에 의하여 과목합격증명서 교부

2 응시 자격

① 중학교 졸업자 및 이와 같은 수준 이상의 학력이 있다고 인정된 사람

※ 3년제 고등기술학교 졸업(예정)자의 경우에도 중학교 졸업자 및 이와 동등 이상의 학력이 있다고 인정된 사람이어야 함

② 고등학교에 준하는 각종 학교 졸업자 또는 졸업 예정자와 중학교 또는 동등 이상의 학력이 있는 자를 대상으로 하는 3년제 직업훈련 과정의 수료자

③ 초 · 중등교육법 시행령 제97조, 제101조, 제102조에 해당하는 사람

④ 보호소년 등의 처우에 관한 법률 시행령 제69조제3호에 해당하는 사람

※본 공고문에서 졸업 예정자는 최종 학년에 재학 중인 사람을 말함

응시자격 제한

1. 고등학교 또는 초 · 중등교육법 시행령 제98조제1항제2호의 학교를 졸업한 사람 또는 재학 중인 사람(휴학 중인 사람 포함)
2. 공고일 이후 중학교 또는 초 · 중등교육법 시행령 제97조제1항제2호의 학교를 졸업한 사람
3. 고시에 관하여 부정행위를 한 사람으로서 처분일로부터 응시자격 제한 기간이 경과되지 않은 사람
4. 공고일 기준으로 이후에 1의 학교에 재학 중 제적된 사람(단, 장애인복지법 제32조의 규정에 의하여 등록된 장애인으로서 신체적 · 정신적 장애로 학업을 계속하는 것이 불가능하여 자퇴한 사람은 제외)

3 제출서류(현장접수)

① 응시원서(소정서식) 1부

② 동일한 사진 2매(탈모 상반신, 3.5cm×4.5cm, 3개월 이내 촬영)

③ 본인의 해당 최종학력증명서 1부

- 졸업(졸업예정)증명서(소정서식)

  ※ 상급학교 진학여부가 표시된 검정고시용에 한함
  졸업 후 배정받은 상급학교에 진학하지 않은 사람은 미진학사실확인서 추가 제출

- 중 · 고등학교 재학 중 중퇴자는 제적증명서
- 중학교 의무교육 대상자 중 정원 외 관리대상자는 정원 외 관리증명서
- 중학교 의무교육 대상자 중 면제자는 면제증명서(소정서식)
- 평생교육법 제40조에 따른 학력인정 대상자는 학력인정서
- 초 · 중등교육법 시행령 제96조제1항제2호 및 제97조제1항제3호에 따른 학력인정 대상자는 학력인정증명서(초졸 및 중졸검정고시 합격자는 합격증서사본 또는 합격증명서)
- 합격과목의 시험 면제를 원하는 사람은 과목합격증명서 또는 성적증명서

  ※ 과목합격자가 응시하는 경우, 학력이 직전 응시원서에 기재된 것과 같은 때에는 과목합격증명서의 제출로서 본인의 해당 최종학력증명서를 갈음함

- 3년제 고등공민학교, 중 · 고등학교에 준하는 각종 학교와 직업훈련원의 졸업(수료, 예정)자는 졸업(졸업예정, 수료)증명서
- 3년제 고등기술학교 및 졸업(예정)자는 직전학교 졸업증명서

④ 신분증 : 주민등록증, 외국인등록증, 운전면허증, 대한민국 여권, 청소년증 중 하나

시험에 관한 자세한 사항은 한국교육과정평가원 홈페이지(http://www.kice.re.kr)
또는 ARS(043-931-0603) 및 각 시 · 도 교육청 홈페이지에서 확인하시기 바랍니다.

구성 미리보기

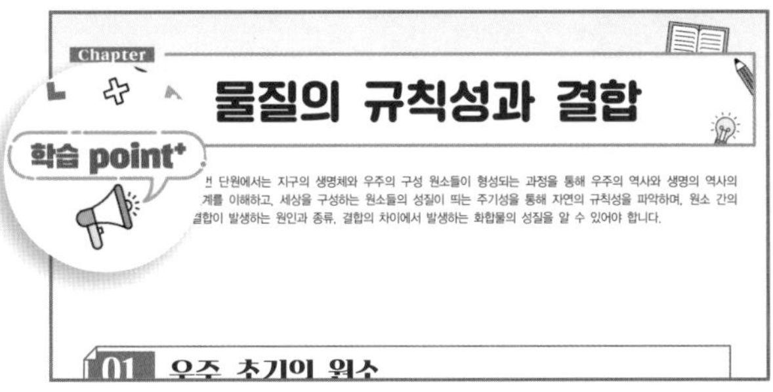

학습 point+

단원 별 학습 point를 분석하여 단원에서 반드시 이해해야 할 내용에 대해 미리 체크 할 수 있어요.

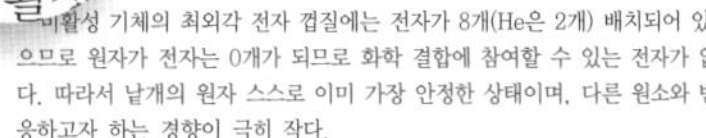

기초학습

내용을 이해하기 위해 알아두어야 할 배경 지식이나 이론에 대해 다루고 있어요.

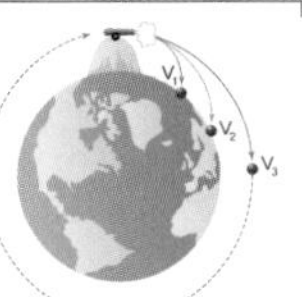

심화학습

다루었던 이론의 원리를 이해하고 보다 깊은 내용을 다루어 다양한 문제에 대응할 수 있도록 하였어요.

실전예상문제

출제예상문제와 구체적인 해설을 통해 이론 학습을 완성하세요.

PART I 물질과 규칙성

PART II 시스템과 상호작용

PART Ⅲ 변화와 다양성

PART Ⅳ 환경과 에너지

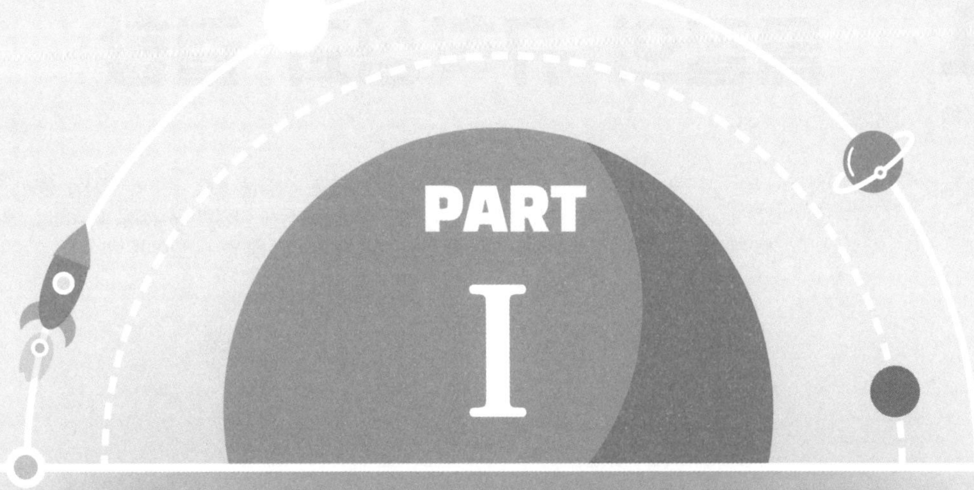

물질과 규칙성

Chapter

01 물질의 규칙성과 결합

학습 point+

이번 단원에서는 지구의 생명체와 우주의 구성 원소들이 형성되는 과정을 통해 우주의 역사와 생명의 역사의 관계를 이해하고, 세상을 구성하는 원소들의 성질이 띠는 주기성을 통해 자연의 규칙성을 파악하며, 원소 간의 결합이 발생하는 원인과 종류, 결합의 차이에서 발생하는 화합물의 성질을 알 수 있어야 합니다.

01 우주 초기의 원소

1 빅뱅 우주론

(1) 빅뱅 우주론

우주는 모든 물질과 에너지가 모여 초고온, 초고밀도 상태인 하나의 점이 대폭발(빅뱅)하며 탄생하였다. 폭발과 함께 하나의 점이었던 우주는 점차 팽창하였고, 지금도 여전히 팽창하고 있다는 이론이다.

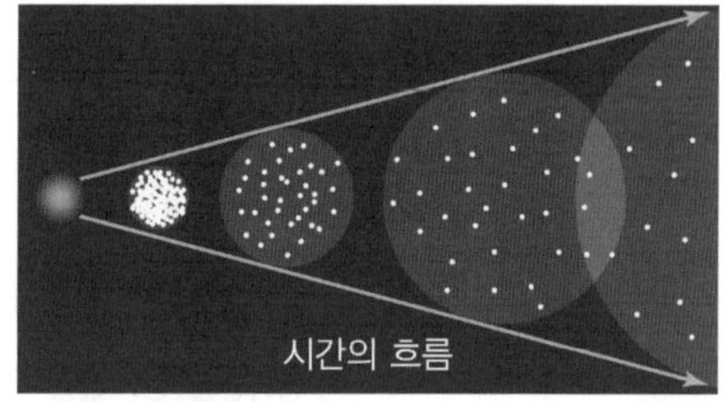

(2) 우주의 팽창

1929년 허블은 외부 은하를 관측하는 과정에서 거리가 멀리 있는 외부은하일수록 멀어지는 속도가 더 빠르다는 사실을 발견하였다. 이를 허블 법칙으로 발표하였으며, 이는 현재도 우주가 계속해서 팽창하고 있다는 결정적인 증거가 된다.

심화학습 빅뱅 우주론 VS 정상 우주론

가모프가 주장한 빅뱅 우주론에서는 우주가 팽창하면서 우주의 밀도와 온도가 점차 낮아진다고 하였다. 이에 대비되는 이론으로 호일의 정상 우주론이 나타났는데, 우주가 팽창하더라도 빈 공간에 새로운 물질이 생성되기 때문에 우주의 밀도는 일정하게 유지된다는 내용이었다. 이후 펜지어스와 윌슨의 관측으로 빅뱅 우주론이 승리하였다.

2 원자의 생성

(1) 기본 입자의 생성

① 기본 입자 : 더 이상 분해할 수 없는 가장 작은 입자로, 대표적으로 쿼크와 전자가 있다.

② 기본 입자의 생성 : 빅뱅 직후의 우주는 극도로 높은 온도였으나 팽창하면서 온도가 급격히 내려가면서 입자를 생성하기 시작하였다. 이때 최초로 생성된 입자들이 기본 입자이다.

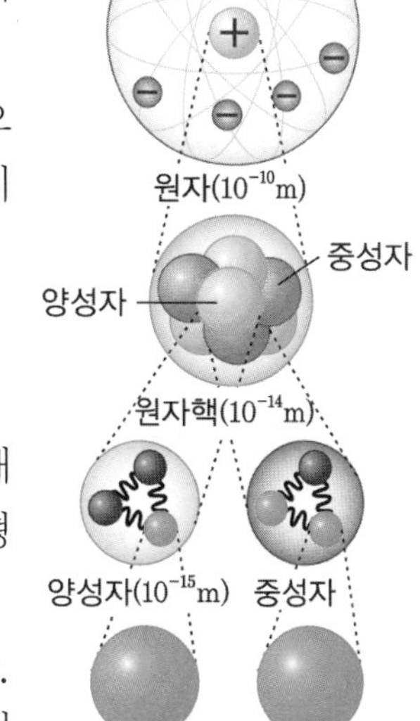

(2) 양성자와 중성자의 생성

① 기본 입자가 생성된 이후로 우주가 계속 팽창하여 온도가 더 내려가자 기본 입자인 쿼크끼리 결합하여 양성자와 중성자를 형성하기 시작하였다.

② 양성자와 중성자는 구성하는 쿼크의 종류에 따라 결정되었다. 양성자와 중성자 형성 초기에는 우주가 충분히 뜨거워서 양성자와 중성자 간의 쿼크 교환이 자유로웠기 때문에 서로 간의 변환이 쉬웠고, 양성자와 중성자의 개수비는 약 1 : 1이었다. 그러나 시간이 지나 우주의 온도가 낮아지면서 이러한 변환이 어려워졌고, 원자핵이 형성되기 직전 양성자와 중성자의 개수비는 약 7:1이 되었다.

(3) 원자핵의 생성

① 수소 원자핵과 헬륨 원자핵 : 수소 원자핵은 양성자 1개로 이루어져 있고, 헬륨 원자핵은 빅뱅 이후 약 3분이 되었을 때 양성자 2개와 중성자 2개가 결합하여 생성되었다.

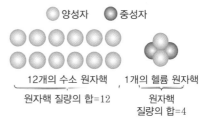

양성자 중성자
12개의 수소 원자핵
원자핵 질량의 합=12
1개의 헬륨 원자핵
원자핵 질량의 합=4

② 수소 원자핵과 헬륨 원자핵의 질량비 : 헬륨 원자핵이 생성되기 직전에 양성자와 중성자의 개수비는 약 7:1이었고, 헬륨 원자핵이 생성되면서 수소 원자핵과 헬륨 원자핵의 개수비가 약 12:1이 되어 수소 원자핵과 헬륨 원자핵의 질량비는 약 3:1이 된다.

(4) 원자의 생성

① **수소 원자와 헬륨 원자** : 빅뱅 이후 약 38만 년이 지났을 때 우주의 온도가 약 3000K까지 떨어지자 원자핵과 전자가 결합하기 시작하여 수소 원자핵과 전자 1개가 결합하여 수소 원자가, 헬륨 원자핵과 전자 2개가 결합하여 헬륨 원자가 생성되었다.

수소 원자

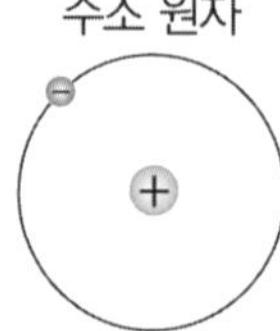

헬륨 원자

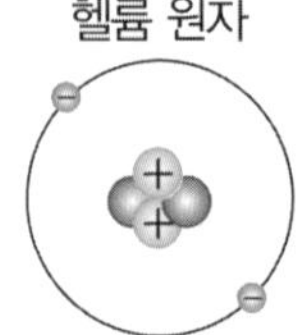

② **별과 은하의 생성** : 빅뱅 후 약 4억~7억 년이 지나고 수소 원자와 헬륨 원자가 중력으로 서로 모여서 별과 은하를 형성하기 시작하였다.

3 우주 배경 복사와 스펙트럼

(1) 우주 배경 복사

① **우주 배경 복사의 생성 원리** : 빛은 퍼져 있던 전자들이 진로를 방해했기 때문에 퍼져 나갈 수 없었으나, 우주의 온도가 약 3000K까지 떨어져 흩어져 있던 전자들이 원자핵과 결합하자 비로소 우주 전역으로 균일하게 퍼지게 되었다.

② **우주 배경 복사의 의미** : 우주 배경 복사는 빅뱅 우주론에서 예측한 상황 하에 일어난 현상이므로 빅뱅 우주론의 증거가 될 수 있다.

③ **우주 배경 복사의 관측** : 펜지어스와 윌슨은 우주 모든 방향에서 온도가 약 2.7K인 물체에서 방출되는 복사파가 관측된다는 사실을 알아냈다.

(2) 스펙트럼

빛이 우주 전역으로 퍼져 나감에 따라 빛은 우주의 정보를 전달하게 되었다. 그 중 스펙트럼은 빛을 분광기로 분해해서 관측할 수 있으며, 우주의 원소 분포를 나타낸다.

① **스펙트럼의 종류**

㉠ 연속 스펙트럼 : 모든 파장의 빛이 연속적으로 나타나는 스펙트럼으로, 고온의 물체에서 방출된 빛으로부터 관측된다.

㉡ 선 스펙트럼(방출 스펙트럼) : 특정 기체가 고온에서 방출하는 빛을 분광기로 관측하면 특정한 파장의 빛만 나타난다.

㉢ 흡수 스펙트럼 : 연속 스펙트럼을 띠는 빛이 저온의 기체를 통과하면 특정 파장이 기체에 흡수되어 사라진다. 분광기로 관측하면 사라진 부분이 스펙트럼 상에 검은 선으로 나타난다.

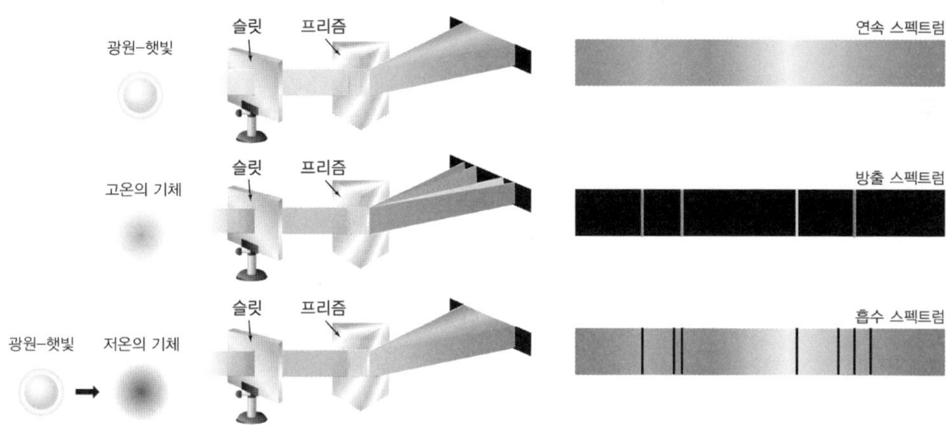

② 스펙트럼과 원소

㉠ 선 스펙트럼과 흡수 스펙트럼에서 발견되는 특정한 파장은 원자의 궤도에 존재하는 전자가 갖는 에너지인 에너지 준위에 따라 결정된다. 따라서 스펙트럼을 통해 원소의 종류를 특정할 수 있다.

㉡ 우주의 별빛이나 은하, 성운 등 천체의 스펙트럼을 분석하는 것으로 우주를 구성하는 원소를 알아낼 수 있다.

㉢ 우주 전역의 스펙트럼을 분석한 결과, 우주는 수소와 헬륨이 대부분을 구성하고 있으며, 그 질량비는 약 3:1인 것을 확인하였다(빅뱅 우주론의 증명).

심화학습 **스펙트럼의 분석**

태양을 비롯한 별빛의 흡수 스펙트럼을 분석하면 오른쪽 스펙트럼과 같이 다양한 검은 선이 나타난다. (단, 태양광의 경우 별빛에 비해 선이 두드러지지 않으며, 광원 자체로서의 의미로 연속 스펙트럼으로 취급하는 경우가 많다.) 이 선들은 각각 태양의 대기에 존재하는 원소 기체에 의해 나타난 것으로, 이를 통해 태양에는 수소, 헬륨, 나트륨, 철, 마그네슘 등의 원소가 존재한다는 사실을 알 수 있다. 또한 흡수선의 폭이 넓을수록 해당 원소의 밀도가 높다는 것을 의미하므로 태양의 대기 조성비도 구할 수 있다.

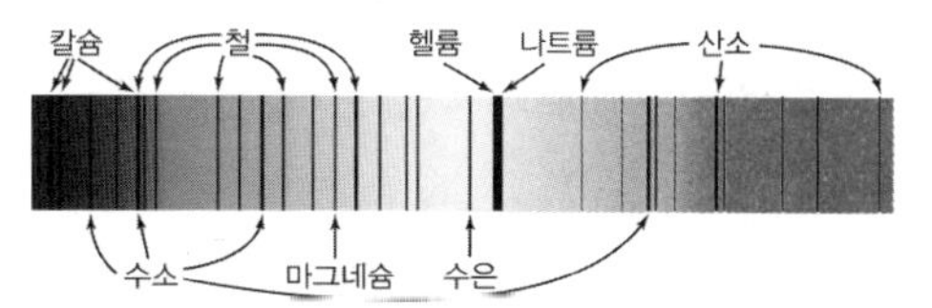

태양광의 흡수 스펙트럼(프라운호퍼선)과 원소

같은 방법으로 미지의 별에서 방출하는 빛을 스펙트럼 분석하는 것으로 별의 대기를 구성하는 원소와 조성비를 조사할 수 있다.

01 우주가 모든 물질과 에너지가 모인 한 점에서 대폭발로 시작하여 지금까지 팽창하고 있다는 우주론은?

① 팽창 우주론　② 정상 우주론
③ 확장 우주론　④ 빅뱅 우주론

01
우주가 한 점에서 대폭발로 시작하여 지금까지 팽창하고 있다는 우주론은 빅뱅 우주론으로 가모프가 주장하였다.

02 빅뱅 우주론에 대한 설명으로 옳은 것은?

① 우주의 온도는 증가하고 있다.
② 우주의 밀도는 증가하고 있다.
③ 대부분의 원소는 우주 초기에 생성되었다.
④ 대폭발에서 약 3분 사이에 기본 입자가 생성되었다.

02
빅뱅 우주론에서 우주는 빅뱅 직후 온도와 밀도가 매우 높았지만, 우주가 팽창함에 따라 점차 낮아진다고 하였다. 또한 우주 초기에는 기본 입자가 생성되고, 수소 원자와 헬륨 원자가 생성되었다. 수소와 헬륨 외의 다른 원소는 빅뱅 이후 별의 탄생과 진화를 통해 생성되었다.

03 다음은 입자의 생성 과정을 순서 없이 나열한 것이다.

> (가) 쿼크와 전자의 생성
> (나) 원자핵의 생성
> (다) 양성자와 중성자의 생성

순서대로 바르게 나열한 것은?

① (가) → (나) → (다)
② (가) → (다) → (나)
③ (나) → (가) → (다)
④ (나) → (다) → (가)

03
쿼크와 경입자가 생성되고, 쿼크가 결합하여 양성자와 중성자를 만들었다. 양성자와 중성자가 결합하면서 헬륨 원자핵을 형성하였다.

ANSWER
01. ④　02. ④　03. ②

04 대폭발이 일어난 후 약 38만 년이 지나 원자의 형성이 일어났던 때에 대한 설명으로 옳은 것은?

① 온도가 약 2.7K로 낮아졌다.
② 전자가 원자핵과 결합할 수 있게 되었다.
③ 물질이 빛과 결합하여 우주가 투명해졌다.
④ 양성자와 중성자가 결합할 수 있게 되었다.

04
우주의 온도가 약 3000K로 낮아지고 전자가 원자핵과 결합할 수 있게 되어 수소 원자와 헬륨 원자가 생성되었다. 그 이전까지 빛은 전자 때문에 퍼져 나갈 수 없어 우주는 탁한 상태였지만, 전자가 원자핵과 결합하자 빛이 자유롭게 퍼져 나가면서 우주가 투명해졌다.

05 빅뱅 후 생성된 양성자와 중성자의 개수비는 1 : 1이었지만 그 비율이 달라졌다. 시간이 지나면서 빅뱅 이후 약 3분이 되었을 때 양성자와 중성자의 개수비는?

① 2 : 1　　② 5 : 1
③ 7 : 1　　④ 12 : 1

05
빅뱅 이후 약 3분이 되었을 때 우주의 온도가 낮아지면서 양성자와 중성자의 개수비가 약 7 : 1이 되고, 이들이 결합하여 헬륨 원자핵을 형성하였다.

06 빅뱅 우주론에서 빅뱅 이후 기본 입자들이 결합하여 원자가 만들어지는 과정에 대한 설명으로 옳지 않은 것은?

① 쿼크의 결합으로 양성자와 중성자가 생성되었다.
② 원자핵과 전자가 결합하면서 빛이 자유롭게 움직이게 되었다.
③ 원자가 형성되면서 퍼져 나간 빛이 현재 우주 배경 복사로 관측된다.
④ 중성자에서 양성자로의 변환보다 양성자에서 중성자로 변환되는 현상이 많아지게 되었다.

06
빅뱅 이후 온도가 충분히 높았을 때에는 쿼크의 교환이 자유로워 양성자와 중성자의 개수비가 약 1 : 1이었지만, 온도가 낮아지면서 양성자에서 중성자로의 변환이 어려워짐에 따라 중성자에서 양성자로 변환되는 현상이 상대적으로 많아졌다. 때문에 양성자와 중성자의 개수비는 약 7 : 1이 되었다.

ANSWER
04. ②　05. ③　06. ④

07 그림은 초기 우주를 이루는 입자의 분포와 개수비를 나타낸 것이다.

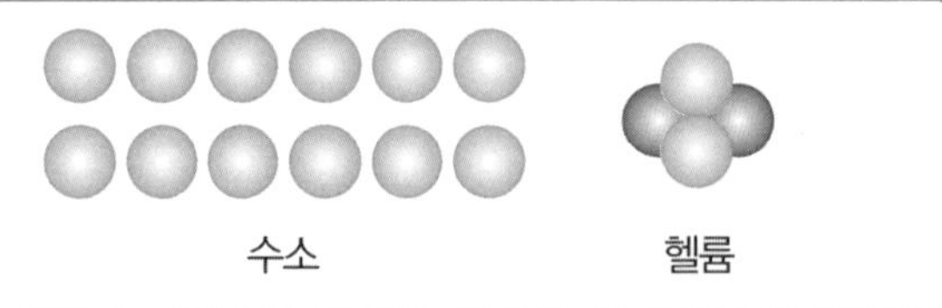

이에 대한 설명으로 옳은 것은?

① 양성자와 중성자의 개수비는 1 : 7이다.
② 수소 원자와 헬륨 원자의 개수비는 12 : 1이다.
③ 수소 원자와 헬륨 원자의 질량비는 1 : 4이다.
④ 수소 원자 1개와 헬륨 원자 1개의 질량비는 3 : 1이다.

07

양성자와 중성자의 개수비는 7 : 1이고, 수소 원자 1개와 헬륨 원자 1개의 질량비는 1 : 4이며, 수소 원자와 헬륨 원자의 질량비는 3 : 1이다.

08 헬륨 원자핵이 생성되는 과정에 대한 설명으로 옳지 <u>않은</u> 것은?

① 헬륨 원자핵은 빅뱅 이후 약 38만 년이 지난 후에 생성되기 시작하였다.
② 헬륨 원자핵은 양성자 2개와 중성자 2개가 결합하여 생성되었다.
③ 수소 원자핵과 헬륨 원자핵의 질량비는 약 3 : 1이다.
④ 헬륨 원자핵이 생성될 당시에는 헬륨 원자핵보다 무거운 원자핵은 생성되지 않았다.

08

헬륨 원자핵은 빅뱅 이후 3분이 되었을 때 생성되었다. 약 38만 년이 지난 후에 생성된 것은 헬륨 원자핵과 전자가 결합한 헬륨 원자이다.

ANSWER

07. ② 08. ①

09 우주 배경 복사가 만들어질 수 있었던 이유로 옳은 것은?

① 원자핵과 전자가 결합하여서
② 양성자와 중성자가 결합하여서
③ 쿼크가 결합하여 양성자를 만들어서
④ 쿼크가 결합하여 중성자를 만들어서

10 우주 배경 복사를 처음 관측한 사람은?

① 가모프　　② 호일
③ 아인슈타인　　④ 펜지어스와 윌슨

11 우주 배경 복사에 대한 설명으로 옳은 것만을 〈보기〉에서 있는 대로 고른 것은?

|보기|
ㄱ. 우주의 특정 방향에서만 관측된다.
ㄴ. 빅뱅 우주론의 증거가 된다.
ㄷ. 온도가 약 2.7K인 복사파로 관측된다.

① ㄱ　　② ㄷ
③ ㄱ, ㄴ　　④ ㄴ, ㄷ

09
원자핵과 전자가 결합하면서 빛과 물질이 분리되어 빛이 우주 전역으로 퍼져 나감에 따라 우주 배경 복사가 만들어졌다.

10
펜지어스와 윌슨은 온도가 약 2.7K인 물체에서 방출되는 파장과 일치하는 복사파를 우주의 모든 방향에서 관측하였다.

11
우주 배경 복사는 우주의 모든 방향에서 관측된다.

ANSWER
09. ① 10. ④ 11. ④

12 우주 배경 복사에 대한 설명으로 옳은 것은?

① 우주의 특정 방향에서만 관측할 수 있다.
② 대폭발 이후 우주 배경 복사의 온도는 높아지고 있다.
③ 우주 배경 복사는 현재 약 3000K의 복사파로 관측된다.
④ 우주의 온도가 약 3000K일 때 우주로 퍼져 나간 빛이 현재 우주 배경 복사로 관측된다.

12
우주 배경 복사는 우주의 모든 방향에서 관측되며, 그 온도는 약 2.7K이다. 이후 우주 배경 복사의 온도는 낮아지고 있다.

13 빅뱅 우주론을 지지하는 근거가 아닌 것은?

① 햇빛의 스펙트럼 분석
② 우주 전역의 스펙트럼 분석
③ 우주 전역에서 관측한 우주 배경 복사
④ 거리가 먼 은하일수록 더욱 빨리 멀어진다는 허블 법칙

13
우주 전역의 스펙트럼 분석은 빅뱅 우주론에서 이론적으로 알아낸 수소와 헬륨의 질량비를 증명하였고, 우주 배경 복사는 원자의 형성 과정을 증명하였다. 허블 법칙은 우주가 계속적으로 팽창하는 것을 설명했기에 빅뱅 우주론의 근거가 된다. 그러나 햇빛의 스펙트럼 분석은 태양의 대기 조성만 확인할 수 있을 뿐, 태양과 빅뱅 사이에 직접적인 연관이 없기에 근거가 될 수 없다.

14 어떤 광원으로 다음과 같은 스펙트럼을 얻었다.

이 스펙트럼에 대한 설명으로 옳은 것은?

① 검은색 선은 특정 파장의 빛이 흡수된 흔적이다.
② 방출 스펙트럼이다.
③ 고온의 기체로부터 관측할 수 있다.
④ 백열전구에서도 관측할 수 있다.

14
문제의 스펙트럼은 흡수 스펙트럼으로 광원의 빛이 저온의 기체를 통과하여 기체에서 특정 파장의 빛이 흡수된 결과물이다. 백열전구의 빛은 따로 흡수된 파장 없이 연속 스펙트럼을 띈다.

ANSWER
12. ④ 13. ① 14. ①

15 스펙트럼에 대한 설명으로 옳지 <u>않은</u> 것은?

① 연속 스펙트럼에 검은색 선이 나타나는 것은 방출 스펙트럼이다.

② 고온의 기체가 저온의 기체를 통과하면 빛의 일부가 흡수되어 스펙트럼에 검은색 선이 나타난다.

③ 방출 스펙트럼은 고온의 별 주변에서 온도가 높아진 기체를 관측하면 나타난다.

④ 별빛의 스펙트럼을 분석하면 별에 포함된 원소를 알 수 있다.

16 다음 두 스펙트럼에 대한 설명으로 옳지 <u>않은</u> 것은?

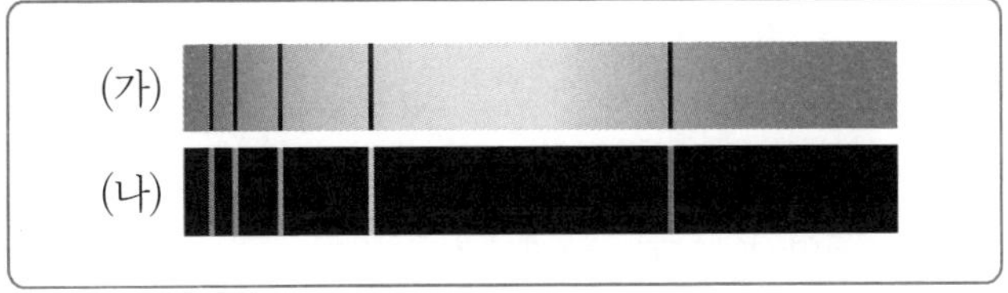

① 두 스펙트럼은 같은 원소에 의해 나타난 것이다.

② (가) 스펙트럼의 선의 굵기는 원소 성분의 밀도와 밀접한 관계가 있다.

③ 위 스펙트럼에 나타난 원소의 가짓수는 5개이다.

④ (나) 스펙트럼은 원소를 방전관에 넣어서 얻을 수 있다.

15

① 연속 스펙트럼에 검은색 선이 나타나는 것은 흡수 스펙트럼이다.

16

하나의 흡수선이 하나의 원소만을 가리키는 것은 아니다. 흡수선은 원소의 에너지 준위에 차이가 발생한 만큼 나타나므로 하나의 원소라도 여러개의 흡수선을 가질 수 있다.

ANSWER

15. ① 16. ③

02 별의 진화와 원소의 생성

1 별의 탄생과 진화

(1) 별의 탄생

① **성간 물질과 성운** : 우주 공간에 분포하는 수소와 헬륨, 미세 고체 입자를 성간 물질이라 한다. 성간 물질은 우주 공간에 불균형하게 분포하고 있다. 그 밀도가 높은 곳은 중력이 커져서 더 많은 성간 물질을 끌어들이고 밀도는 계속해서 높아진다. 이렇게 성간 물질이 고밀도로 모인 것을 성운이라고 한다.

독수리 성운의 '창조의 기둥'. 별의 형성이 매우 활발하게 일어나고 있는 천체이다.

② **원시별 형성** : 성간 물질의 밀도와 중력이 충분히 커지면 크기가 수축하여 원시별의 형태가 된다. 이때, 성간 물질의 온도가 높으면 움직임이 빨라져 중력을 이기고 탈출할 수 있어 별은 온도가 낮은 곳에서 잘 형성된다. 원시별은 질량이 늘어남에 따라 커진 중력으로 수축하면서 내부의 온도가 높아진다.

③ **별의 탄생** : 원시별 내부의 온도가 1000만 K 이상이 되면 중심부에서 수소 핵융합 반응이 일어나 스스로 빛을 내며 별(주계열성)이 된다. 내부의 압력과 중력이 평형을 이루기 때문에 더 이상 수축하지 않는다.

④ **주계열성** : 내부에서 일어나는 수소 핵융합 반응의 결과로 4개의 수소 원자핵이 1개의 헬륨 원자핵으로 융합되며 에너지를 방출한다.

기초학습 만유인력(중력)과 성간 물질

$$F = G\frac{m_1 m_2}{r^2}$$

만유인력(중력)은 질량이 존재하는 물체 사이에 작용하는 인력(잡아당기는 힘)을 말한다. 중력의 크기는 서로 잡아당기는 두 물체의 질량(m_1, m_2)의 곱에 비례하고, 두 물체 사이의 거리(r)의 제곱에 반비례한다.

성간 물질은 불균형하게 분포하므로 성간 물질 사이에 작용하는 중력에는 r^2의 차이만큼 서로 차이가 발생하고, 조금이라도 중력이 강한 쪽으로 성간 물질들이 더 이끌리게 된다. 그렇게 모인 성간 물질들이 충분히 가까워지면 고밀도의 영역은 마치 하나의 단일한 물체인 것처럼 중력이 작용하게 된다. 따라서 중력에 영향을 주는 질량(m)이 커짐에 따라 중력도 더욱 커지고 더 많은 성간 물질을 끌어들이는 연쇄가 발생하여 성운과 원시별을 형성하게 된다.

심화학습 수소 핵융합 반응

핵융합이란 가벼운 원자핵들이 서로 융합하여 더 무거운 원자핵을 만드는 과정이다. 수소 핵융합 반응은 원시별 내부의 온도가 1000만 K 정도일 때 시작되는 반응으로 4개의 수소 원자핵이 1개의 헬륨 원자핵으로 융합하는 과정이다. 이 과정에서 약간의 질량이 손실되고, 손실된 질량은 에너지로 치환되어 우주 공간으로 방출된다.

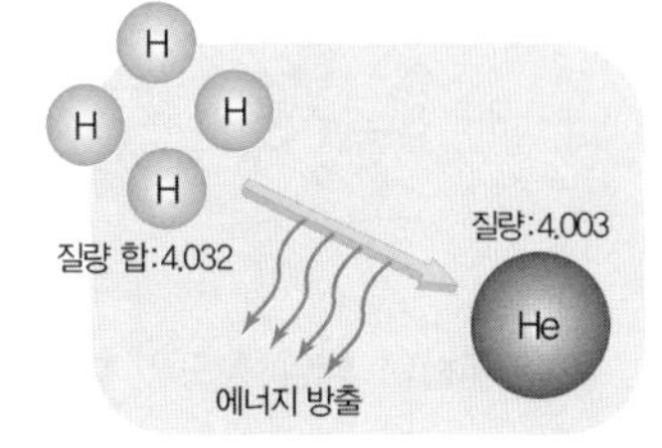

주계열성 내부에서는 중심부의 수소가 모두 소진될 때까지 이 반응을 계속한다. 수소는 별이 가진 가장 풍부한 원소이기 때문에 수소 핵융합 반응이 지속되는 기간(주계열성)은 별의 일생 중 대부분을 차지한다. 이때 핵융합의 산출물로 방출되는 에너지는 빛에너지, 열에너지의 형태이므로 주계열성들은 태양과 마찬가지로 스스로 빛과 열을 낸다.

(2) 별의 진화와 원소의 생성

① 질량이 태양 정도인 별

㉠ 적색 거성 : 주계열성의 중심부에서 수소 핵융합 반응으로 수소를 모두 헬륨으로 융합시키면 적색 거성이 된다. 중심부에 남은 헬륨은 핵융합 반응을 통해 탄소로 융합된다.

㉡ 행성상 성운, 백색 왜성 : 적색 거성이 헬륨 핵융합 반응을 마치면 중심부는 수축하여 백색 왜성이 된다. 별의 바깥 부분은 행성상 성운이 된다.

② 질량이 태양보다 훨씬 큰 별

㉠ 초거성 : 주계열성 이후 별이 매우 팽창하여 초거성이 된다. 초거성의 중심부에서는 헬륨 핵융합 반응으로 탄소를 형성한 이후에도 중력에 의해 수축이 일어남에 따라 추가적인 핵융합 반응을 계속해서 일으킨다. 탄소를 산소로, 산소를 규소로, 마지막으로 규소를 철로 융합시킨다. 별의 내부에서 철보다 무거운 원소는 생성되지 않는다.

㉡ 초신성 폭발 : 초거성이 핵융합 반응을 마치면 무거워진 핵으로 인해 중력이 매우 커져 급격하게 수축하게 된다. 별은 이 수축하는 힘을 버티지 못하고 결국 폭발하게

되는데, 이 현상을 초신성이라고 한다. 이 과정에서 발생한 엄청난 에너지를 통해 철보다 무거운 원소들로의 핵융합 반응이 발생한다.

㉢ 중성자별이나 블랙홀 : 폭발하고 남은 중심부는 엄청나게 큰 중력으로 수축하여 중성자별이나 블랙홀이 된다.

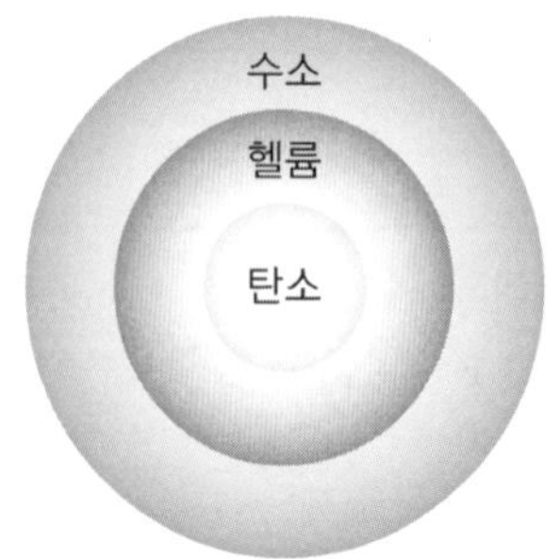

질량이 태양 정도인 별의 내부 구조

질량이 태양보다 훨씬 큰 별의 내부 구조

심화학습 **별과 원소의 순환**

별의 진화 과정, 특히 별 중심에서 일어나는 핵융합 반응이나 초신성 폭발에서 빅뱅 당시 생성된 수소와 헬륨 외의 새로운 무거운 원소가 생성되고, 이 원소들은 행성상 성운이나 초신성 폭발을 통해 우주 공간에 흩어진다.

이렇게 흩어진 원소들과 성간 물질이 다시 새로운 별을 만들고 핵융합 반응을 일으켜 폭발하는 과정을 반복함에 따라 성간 물질을 구성하는 무거운 원소의 비율이 점차 늘어나게 되고, 그 성간 물질이 모여 생성된 새로운 별은 무거운 원소를 더 많이 포함할 수 있게 된다.

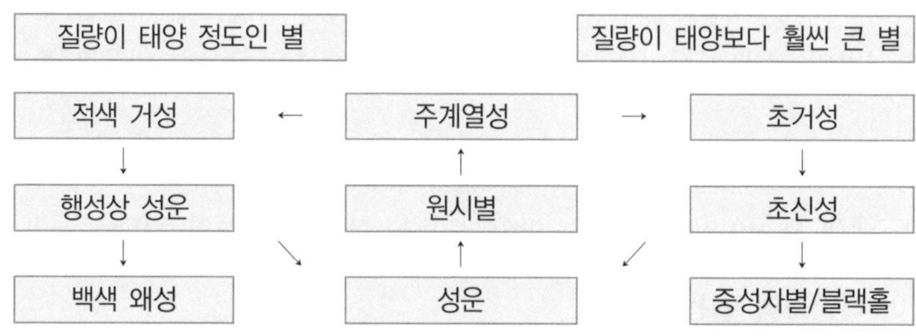

2 태양계와 지구의 형성

(1) 태양계의 형성

① **태양계 성운의 형성(성운설)** : 약 50억 년 전, 우리 은하의 나선팔에 있던 성운이 초신성 폭발로 밀도가 불균일해져 수축하면서 태양계 성운이 형성되었다. 태양계 성운은 성간 물질이 고밀도로 응집된 지역을 중심으로 중력이 작용하여 수축하면서 회전하자 원심력으로 인해 중심부가 볼록한 형태를 갖게 되었다.

② **원시 태양과 원시 원반의 형성** : 성운이 더욱 빠르게 회전하고 수축하면서 성운의 중심부에는 원시 태양이 형성되었고, 바깥쪽에는 회전에 의해 원시 원반이 형성되었다.

③ **고리와 미행성체의 형성** : 원시 태양의 중심부는 온도가 높아졌으며, 원시 원반에서는 여러 개의 고리가 형성되었다. 각 고리에서 물질들이 충돌하고 뭉쳐지면서 미행성체가 형성되었다.

④ **원시 행성과 태양계의 형성** : 원시 태양은 중심부에서 수소 핵융합 반응이 일어나면서 태양이 되었고, 미행성체들이 충돌하고 뭉쳐지면서 원시 행성이 형성되었다. 태양에서 발생한 태양풍이 잔여 물질을 태양계 바깥으로 날려 버리는 것으로 오늘날의 태양계가 형성되었다.

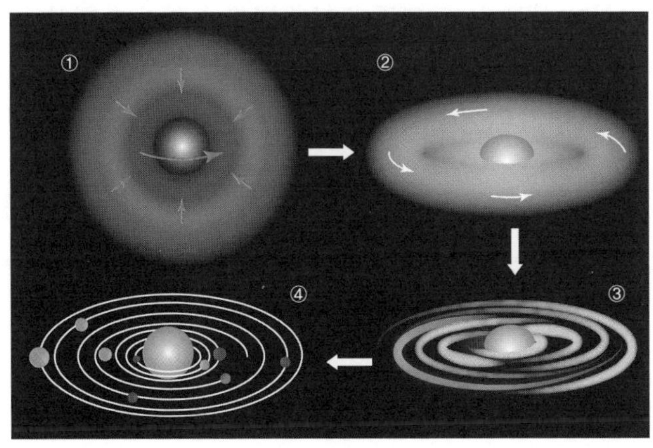

(2) 태양계의 행성

① 태양계가 형성될 때, 태양계 성운 중심의 중력과 고온으로 인하여 중심부에는 무겁고 녹는점이 높은 물질이 모였고, 외곽에는 가볍고 녹는점이 낮은 물질들이 퍼졌다.

② **지구형 행성** : 태양계 중심부 가까운 곳에 모인 무거운 원소(철, 규소, 니켈 등) 위주로 뭉쳐 생성된 암석 행성이다(수성, 금성, 지구, 화성).

③ **목성형 행성** : 태양계 외곽에 퍼진 가벼운 원소(수소, 헬륨, 메테인, 암모니아 등) 위주로 뭉쳐 생성된 가스행성이다(목성, 토성, 천왕성, 해왕성).

기초학습 지구형 행성과 목성형 행성의 비교

	지구형 행성	목성형 행성
태양과의 거리	가깝다	멀다
크기	작다	크다
질량	작다	크다
밀도	높다	낮다
자전 속도	느리다	빠르다

(1) 지구의 형성

태양계 성운에서 원시 행성이 형성되는 과정에서 원시 지구도 형성되었다.

① **미행성체 충돌** : 원시 지구에 미행성체들이 충돌하면서 지구의 크기와 질량이 커졌다.

② **마그마 바다의 형성** : 미행성체들이 충돌하면서 발생한 열로 지구의 온도는 높아졌고, 지구 표면이 상당 부분 녹아 액체가 되어 마그마 바다를 형성하였다.

③ **맨틀과 핵의 분리** : 마그마 바다에서 무거운 물질(철, 니켈)은 중력에 의해 지구 중심부로 모여 핵을 형성하였고, 상대적으로 가벼운 물질(산소, 규소)은 바깥쪽에서 맨틀을 형성하였다.

④ **원시 지각과 원시 바다의 형성** : 미행성체들은 대부분 원시 지구에 충돌하거나 태양풍에 쓸려 나가 그 수가 상당히 줄어들었다. 이로 인해 미행성체의 충돌 횟수도 적어짐에 따라 지구의 온도가 낮아졌고, 지표면이 식어 단단한 원시 지각이 만들어졌다. 온도가 더 낮아지자 지각 위로 응결된 수증기들이 비가 되어 내리고, 원시 바다를 형성하였다.

⑤ **생명체의 탄생** : 태양의 자외선이 닿지 않는 바닷속에서 최초의 생명체가 탄생하였다.

실력 탄탄 다지기

실전 예상문제

01 성운의 내부 영역 중 별의 탄생 장소에 대한 설명으로 옳은 것은?

① 온도가 높고 성간 물질의 밀도가 높은 곳
② 온도가 높고 성간 물질의 밀도가 낮은 곳
③ 온도가 낮고 성간 물질의 밀도가 높은 곳
④ 온도가 낮고 성간 물질의 밀도가 낮은 곳

02 다음은 별의 탄생 과정을 순서 없이 나열한 것이다.

> (가) 성운에서 성간 물질의 밀도가 높은 부분이 중력에 의해 수축한다.
> (나) 중심에서 수소 핵융합 반응이 일어난다.
> (다) 원시별이 형성된다.

순서대로 바르게 나열한 것은?

① (가) → (나) → (다)
② (가) → (다) → (나)
③ (나) → (가) → (다)
④ (나) → (다) → (가)

03 다음 빈칸에 들어갈 알맞은 값은?

> 원시별이 중력 수축하여 중심부의 온도가 약 (   ) K 이상이 되면 수소 핵융합 반응이 일어나 별이 탄생한다.

① 1만 ② 10만
③ 100만 ④ 1000만

01
온도가 높으면 성간 물질의 움직임이 빨라져 물질이 모이기 어렵기 때문에 온도가 낮고 성간 물질의 밀도가 높은 곳에서 별이 탄생한다.

02
성운에서 성간 물질의 밀도가 높은 부분이 중력에 의해 수축하여 원시별이 형성되고, 원시별이 중력에 의해 수축하면서 중심에서 수소 핵융합 반응이 일어나며 주계열성이 탄생한다.

03
원시별 중심부의 온도가 1000만 K 이상이 되어야 수소 핵융합 반응이 일어난다.

ANSWER
01. ③ 02. ② 03. ④

04 원시별에 대한 설명으로 옳지 않은 것은?

① 중심부에서 수소 핵융합 반응이 일어나면 주계열성으로 바뀐다.
② 회전에 따른 구심력으로 형성된다.
③ 온도가 낮고 성간 물질의 밀도가 큰 곳에서 탄생한다.
④ 성간 물질이 모임에 따라 부피가 작아진다.

04
원시별은 온도가 낮아 성간 물질들의 속도가 느리고 밀도가 높아 인력이 형성되기 좋은 곳에서 형성된다. 원시별은 성간 물질 간의 인력, 중력에 의해 형성되고, 중력이 증가함에 따라 밀도는 높아지며 부피는 작아진다. 원시별의 내부 온도가 1000만 K 이상이 되면 중심부에서 수소 핵융합 반응이 일어나 스스로 빛을 내며 별(주계열성)이 된다.

05 우주 초기에 물질이 완벽하게 고르게 분포했다고 가정했을 때, 일어났을 것으로 예상되는 우주의 모습은?

① 은하가 고르게 분포했을 것이다.
② 은하와 별이 생성되지 못했을 것이다.
③ 은하가 만들어지는 데 지금보다 오래 걸렸을 것이다.
④ 우주의 모습은 물질의 분포와 관계없이 지금과 같을 것이다.

05
물질이 불균일한 공간에서 별이 탄생하였다. 완벽하게 고르게 분포했다면 별과 은하가 생성되지 못했을 것이다.

06 별의 진화 과정에서 가장 오랜 시간을 보내는 별의 종류는?

① 원시별 ② 주계열성
③ 적색 거성 ④ 행성상 성운

06
별의 일생의 80~90%를 주계열성 단계에서 보낸다.

07 주계열성의 주요 에너지원은?

① 중력 수축 에너지
② 수소 핵융합 에너지
③ 헬륨 핵융합 에너지
④ 탄소 핵융합 에너지

07
주계열성의 중심에서는 수소 핵융합 반응이 일어나면서 에너지가 만들어진다.

ANSWER
04. ② 05. ② 06. ② 07. ②

08 별이 진화하는 과정을 결정하는 물리량은?

① 별의 크기　② 별의 온도
③ 별의 질량　④ 별의 모양

09 어떤 별이 다음과 같은 진화 과정을 거치고 있다.

주계열성 → 초거성 → 초신성

이 별에 대한 설명으로 옳지 않은 것은?

① 초신성을 거친 후 성운에서 철 원소가 발견된다.
② 초신성 이후에는 블랙홀이나 중성자별로 변화할 것이다.
③ 지구보다 질량이 큰 별에서 나타나는 과정이다.
④ 초신성 폭발의 막대한 에너지로 매우 무거운 원소도 생성될 것이다.

10 주계열성의 핵에서 일어나는 반응에 대한 설명으로 옳은 것은?

① 우주에 존재하는 대부분의 원소를 생성한다.
② 반응을 통해 반응물보다 더 가벼운 원소를 만들어 낸다.
③ 반응이 진행될수록 중력은 점차 작아한다.
④ 태양의 주요 에너지원이다.

08
질량이 태양 정도인 별과 태양보다 훨씬 큰 별인 두 가지 경우에 따라 별이 진화하는 과정이 달라진다.

09
질량이 태양의 10배 이상인 별에서 나타나는 진화 과정이다.

10
수소 핵융합 반응에 대한 설명이다. 이 반응으로는 헬륨만 생성되며, 헬륨은 반응물인 수소보다 무거운 원소이다. 또한 무거운 원소가 생성되면서 질량에 비례하는 중력은 커진다.

ANSWER
08. ③　09. ③　10. ④

11 다음 중 수소 핵융합 반응에 대한 설명으로 옳지 않은 것은?

① 핵융합 반응 전후에 질량은 보존된다.
② 핵융합 반응 과정에서 에너지가 생성된다.
③ 수소 원자핵 4개가 헬륨 원자핵 1개가 된다.
④ 별 중심부의 온도가 1000만 K 이상일 때 일어난다.

11
핵융합 반응 과정에서 생성된 에너지는 반응 전의 수소 질량의 일부가 전환된 것이다. 따라서 핵융합 반응 전후에 질량은 보존되지 않는다.

12 다음은 태양과 질량이 비슷한 별의 진화를 나타낸 것이다.

원시별 → A → B → 행성상 성운 → C

이에 대한 설명으로 옳지 않은 것은?

① A는 수소 핵융합 반응으로 에너지를 만든다.
② B의 상태로 대부분의 시간을 보낸다.
③ B는 중심에서 헬륨 핵융합 반응이 일어난다.
④ 별의 중심핵이 수축하여 C가 된다.

12
A는 주계열성, B는 적색 거성, C는 백색 왜성이다. 별의 일생 중 대부분의 시간은 A의 상태로 보낸다.

13 태양과 질량이 비슷한 별의 에너지원에 대한 설명으로 옳은 것만을 〈보기〉에서 있는 대로 고른 것은?

보기
ㄱ. 중력 수축으로 별의 중심의 온도가 높아진다.
ㄴ. 중심에서 수소 핵융합 반응이 일어나 에너지가 발생한다.
ㄷ. 질량이 작을수록 에너지 생성이 활발하다.

① ㄴ　　② ㄱ, ㄴ
③ ㄱ, ㄷ　　④ ㄴ, ㄷ

13
질량이 클수록 중력 수축으로 중심부의 온도가 빨리 올라가기 때문에 수소 핵융합 반응이 더 빨리 일어나 에너지 생성이 활발하다.

ANSWER
11. ①　12. ②　13. ②

14 우주에 존재하는 철보다 무거운 원소가 만들어지는 시기나 방법으로 옳은 것은?

① 대폭발 때 만들어졌다.
② 주계열성에서 만들어졌다.
③ 초신성 폭발로 만들어졌다.
④ 탄소 핵융합 반응으로 만들어졌다.

14 초신성 폭발 과정에서 철보다 무거운 원소가 만들어진다.

15 다음 그림은 질량이 태양보다 훨씬 큰 별의 내부 구조를 나타낸 것이다.

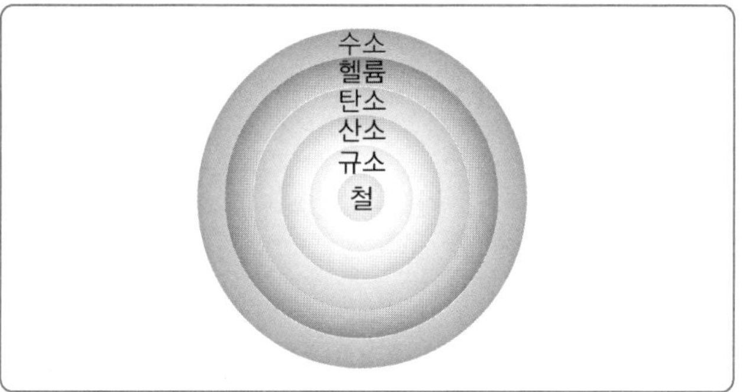

이에 대한 설명으로 옳은 것은?

① 태양의 내부 구조와 같다.
② 최후에 백색 왜성이 된다.
③ 이후에 초신성 폭발이 일어난다.
④ 중심부의 철이 연소하면서 무거운 원소가 생성된다.

15 초신성 폭발 후 중성자별이나 블랙홀이 된다.

16 별의 진화 단계와 그 과정에서 생성될 수 있는 원소를 옳게 연결한 것은?

① 주계열성 – 탄소
② 적색 거성 – 규소
③ 초거성 – 금
④ 초신성 – 우라늄

16 철보다 무거운 원소는 초신성 폭발 과정의 막대한 에너지를 통해 합성된다.

ANSWER

14. ③ 15. ③ 16. ④

17 다음은 어느 별의 진화 과정을 나타낸 것이다.

> 원시별 → 주계열성 → 초거성 → (　　) → 중성자별

빈칸에 들어갈 별의 진화 과정은?

① 초신성　② 블랙홀
③ 백색 왜성　④ 행성상 성운

17
질량이 태양보다 훨씬 큰 별의 진화 과정이며, 초거성 후에 초신성이 된다.

18 별의 진화에 대한 설명으로 옳지 <u>않은</u> 것은?

① 별의 질량에 따라 다르게 진화한다.
② 중성자별은 백색 왜성보다 밀도가 높다.
③ 백색 왜성은 적색 거성보다 표면 온도가 낮다.
④ 질량이 태양보다 훨씬 큰 별의 내부에서 무거운 원소가 생성된다.

18
적색 거성이 헬륨 핵융합 반응을 마치면 중심부는 수축하여 표면 온도가 상승하며 백색 왜성이 된다.

19 다음은 태양계의 형성 과정을 순서 없이 나열한 것이다.

> 보기
> (가) 원시 행성의 형성
> (나) 태양계 성운의 형성
> (다) 원시 태양과 원시 원반의 형성

순서대로 바르게 나열한 것은?

① (가) → (나) → (다)
② (가) → (다) → (나)
③ (나) → (가) → (다)
④ (나) → (다) → (가)

19
태양계 성운이 형성된 다음, 회전하는 성운의 중심부에서는 원시 태양이 형성되었고, 바깥쪽에는 원시 원반이 형성되었다. 원시 원반에서는 여러 개의 고리가 형성되었고, 각 고리에서 형성된 미행성체가 충돌하고 뭉쳐지면서 원시 행성이 형성되었다.

ANSWER
17. ①　18. ③　19. ④

20 태양계가 형성되는 과정에 대한 설명으로 옳지 않은 것은?

① 회전하는 원반의 주변에서 원시 태양이 형성되었다.
② 행성으로 성장하지 못한 미행성체는 혜성이나 소행성 등으로 형성되었다.
③ 거대한 성운이 중력으로 인해 수축하면서 회전하여 태양계 성운이 형성되었다.
④ 태양과 가까운 곳에서는 지구형 행성이, 먼 곳에서는 목성형 행성이 만들어졌다.

21 행성을 A와 B 집단으로 분류하여 비교할 때 A 집단의 특징으로 옳은 것은?

A	수성, 금성, 지구, 화성
B	목성, 토성, 천왕성, 해왕성

① 질량이 크다. ② 밀도가 낮다.
③ 크기가 작다. ④ 자전 속도가 빠르다.

22 태양계 행성들을 두 집단으로 분류할 때, 지구가 속하는 집단에 해당하는 것을 옳게 고른 것은?

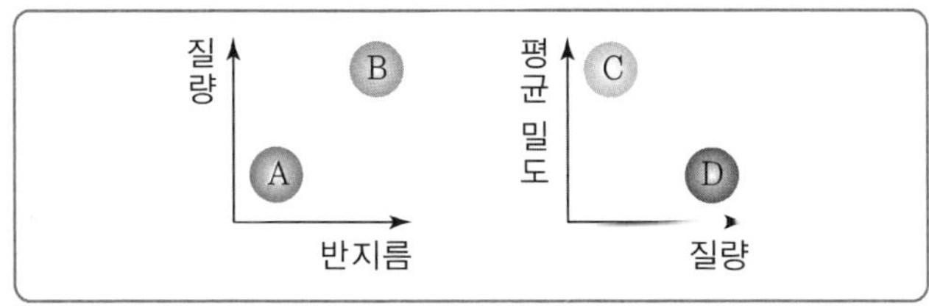

① A, B ② A, C
③ B, C ④ B, D

20
회전하는 성운의 중심부에서 원시 태양이 형성되었다.

21
A는 지구형 행성, B는 목성형 행성이다. 지구형 행성은 목성행 행성에 비해 질량이 작고, 밀도는 높으며, 자전 속도는 느리다.

22
A, C는 지구형 행성, B, D는 목성형 행성이다.

ANSWER
20. ① 21. ③ 22. ②

23 원시 지구에 관한 설명으로 옳지 않은 것은?

① 원시 대기는 화산 활동에서 공급되었다.
② 원시 지각이 현재의 지각보다 두꺼웠다.
③ 미행성체의 충돌은 마그마 바다를 만들었다.
④ 대기 중의 수증기가 냉각되어 바다를 만들었다.

24 다음은 지구가 형성되는 과정을 순서 없이 나열한 것이다.

(가) 미행성체의 충돌
(나) 마그마 바다의 형성
(다) 원시 지각과 원시 바다의 형성

순서대로 바르게 나열한 것은?

① (가) → (나) → (다)　② (가) → (다) → (나)
③ (나) → (가) → (다)　④ (다) → (나) → (가)

23 지구의 형성 과정에 대한 설명으로 옳은 것만을 〈보기〉에서 있는 대로 고른 것은?

보기
ㄱ. 지구 내부의 맨틀과 핵이 분리된 후 마그마 바다가 형성되었다.
ㄴ. 마그마 바다에서 무거운 물질은 핵, 상대적으로 가벼운 물질은 맨틀이 되었다.
ㄷ. 지구 표면이 냉각되면서 수증기가 응결되어 비로 내리면서 원시 바다가 형성되었다.

① ㄴ　② ㄱ, ㄴ
③ ㄱ, ㄷ　④ ㄴ, ㄷ

23
원시 지구에서는 지구의 온도가 높았기 때문에 원시 지각은 현재보다 두께가 얇았다.

24
원시 지구는 미행성체의 충돌로 그 크기와 질량이 커졌고, 충돌하면서 발생한 에너지가 열로 변환되어 지구의 온도가 높아져 지구표면이 상당 부분 녹아 마그마 바다가 형성되었다. 미행성체의 충돌이 줄어들자 지구의 온도가 낮아졌고, 마그마가 굳어 원시 지각이 만들어진 뒤, 수증기가 응결되어 비가 되어 내리고 바다가 되었다.

25
마그마 바다가 형성된 후 지구 내부의 맨틀과 핵이 분리되었다.

ANSWER
23. ② 24. ① 25. ④

03 원소의 주기성

1 주기율표와 원소의 특성

(1) 주기율과 주기율표

① 주기율 : 일정한 간격을 두고 성질이 비슷한 원소들이 주기적으로 나타나는 현상을 말한다.

② 멘델레예프의 주기율표(1869년)

㉠ 당시까지 밝혀진 63종의 원소를 원자량(원자의 상대적 질량)이 증가하는 순서에 따라 배열하여 성질이 비슷한 원소가 주기적으로 나타나는 현상을 발견하였으며, 이를 바탕으로 주기율표를 만들었다.

㉡ 당시까지 발견되지 않은 원소의 자리는 빈칸을 두고, 이 빈칸에 들어갈 원소의 여러 가지 성질을 예측하였다.

㉢ 원소를 원자량 순서에 따라 배열했을 때 원소의 성질이 주기성에 맞지 않는 부분들이 나타나는 단점이 있었다.

③ 모즐리의 주기율표(1913년) : 원소들의 주기적인 성질이 양성자 수(원자 번호)에 의해 나타나는 것을 발견하고, 원소들을 원자 번호 순서대로 배열하여 현재 사용하고 있는 주기율표와 유사한 주기율표를 만들었다.

④ 현대의 주기율표 : 원소들을 원자 번호가 증가하는 순서에 따라 배열하여 성질이 비슷한 원소들이 같은 세로줄에 오도록 만든 표이다.

㉠ 주기 : 주기율표의 가로줄로 1~7주기까지 있다.

㉡ 족 : 주기율표의 세로줄로 1~18족까지 있다. 같은 족에 위치한 원소들끼리는 화학적 성질이 비슷하다.

주기 \ 족	1	2	3	4	5	6	7	8	9	10	11	12	13	14	15	16	17	18	족 / 주기
1	1 H 수소																	2 He 헬륨	1
2	3 Li 리튬	4 Be 베릴륨											5 B 붕소	6 C 탄소	7 N 질소	8 O 산소	9 F 플루오린	10 Ne 네온	2
3	11 Na 나트륨	12 Mg 마그네슘											13 Al 알루미늄	14 Si 규소	15 P 인	16 S 황	17 Cl 염소	18 Ar 아르곤	3
4	19 K 칼륨	20 Ca 칼슘	21 Sc 스칸듐	22 Ti 타이타늄	23 V 바나듐	24 Cr 크로뮴	25 Mn 망가니즈	26 Fe 철	27 Co 코발트	28 Ni 니켈	29 Cu 구리	30 Zn 아연	31 Ga 갈륨	32 Ge 저마늄	33 As 비소	34 Se 셀레늄	35 Br 브로민	36 Kr 크립톤	4
5	37 Rb 루비듐	38 Sr 스트론튬	39 Y 이트륨	40 Zr 지르코늄	41 Nb 나이오븀	42 Mo 몰리브데넘	43 Tc 테크네튬	44 Ru 루테늄	45 Rh 로듐	46 Pd 팔라듐	47 Ag 은	48 Cd 카드뮴	49 In 인듐	50 Sn 주석	51 Sb 안티모니	52 Te 텔루륨	53 I 아이오딘	54 Xe 제논	5
6	55 Cs 세슘	56 Ba 바륨	57 La* 란타넘	72 Hf 하프늄	73 Ta 탄탈럼	74 W 텅스텐	75 Re 레늄	76 Os 오스뮴	77 Ir 이리듐	78 Pt 백금	79 Au 금	80 Hg 수은	81 Tl 탈륨	82 Pb 납	83 Bi 비스무트	84 Po 폴로늄	85 At 아스타틴	86 Rn 라돈	6
7	87 Fr 프랑슘	88 Ra 라듐	89 Ac** 악티늄	104 Rf 러더퍼듐	105 Db 더브늄	106 Sg 시보귬	107 Bh 보륨	108 Hs 하슘	109 Mt 마이트너륨	110 Ds 다름슈타튬	111 Rg 뢴트게늄	112 Cn 코페르니슘	113 Nh 니호늄	114 Fl 플레로븀	115 Mc 모스코븀	116 Lv 리버모륨	117 Ts 테네신	118 Og 오네가손	7
			란타넘 족*	58 Ce 세륨	59 Pr 프라세오디뮴	60 Nd 네오디뮴	61 Pm 프로메튬	62 Sm 사마륨	63 Eu 유로퓸	64 Gd 가돌리늄	65 Tb 터븀	66 Dy 디스프로슘	67 Ho 홀뮴	68 Er 어븀	69 Tm 툴륨	70 Yb 이터븀	71 Lu 루테튬		
			악티늄 족**	90 Th 토륨	91 Pa 프로트악티늄	92 U 우라늄	93 Np 넵투늄	94 Pu 플루토늄	95 Am 아메리슘	96 Cm 퀴륨	97 Bk 버클륨	98 Cf 캘리포늄	99 Es 아인슈타이늄	100 Fm 페르뮴	101 Md 멘델레븀	102 No 노벨륨	103 Lr 로렌슘		

1 원자 번호
H 원자 기호
수소 원자 이름

금속 원소
비금속 원소
준금속 원소

심화학습 원자량과 원자 번호

멘델레예프가 최초로 원자량 순서대로 원소를 나열했을 때, 일부 원소가 주기성에서 벗어난다는 문제점이 있었다. 이후 연구를 통해 주기성을 나타내는 순서는 원자량이 아니라 양성자 수와 중성자 수에 따른다는 점을 알아냈다. 최초에 멘델레예프가 원자량 순서로 나열한 것은 원자량이 양성자 수와 중성자 수에 큰 영향을 받는 물리값이었기 때문에 대체로 비슷한 결과를 보였던 것이다. 이후의 주기율표는 양성자 수를 원자 번호로 사용하여 나열하게 되었다. 동시에 이온화되지 않은 원자는 양성자 수와 전자 수가 같으므로 원자 번호는 전자 수이기도 하다.

(2) 금속 원소와 비금속 원소

주기율표를 통해서 원소의 성질을 구분할 때, 크게 금속 원소와 비금속 원소로 구분할 수 있다.

원소의 종류	금속 원소	비금속 원소
주기율표상 위치	왼쪽과 가운데 부분	대부분 오른쪽 부분
이온의 형성	전자를 잃고 양이온이 되기 쉬움	전자를 얻어 음이온이 되기 쉬움
광택	있음	없음
열과 전기 전도성	좋음	대부분 나쁨
가공성	뽑힘성(연성)과 펴짐성(전성)이 좋아 잘 늘어나고 펴짐	뽑힘성과 펴짐성이 나빠 힘을 가하면 부스러짐
예	철, 금, 나트륨	탄소, 산소, 헬륨

심화학습 **준금속**

준금속이란 주기율표상에서 금속 원소와 비금속 원소 사이의 경계에 위치한 원소들로 붕소(B), 규소(Si), 저마늄(Ge), 비소(As) 등을 말한다. 금속 원소와 비금속 원소의 중간 정도 되는 성질을 보이고, 그 중 도체와 부도체 중간 정도의 전기 전도성이 가장 주목받는다. 때문에 규소(Si)와 저마늄(Ge)은 반도체의 주재료로 사용된다.

2 원자의 전자 배치

(1) 원자 구조

① **보어의 원자 모형** : 중심에 원자핵이 있고, 전자 껍질이라고 하는 궤도상에 전자가 배치된다.

② **전자 껍질** : 원자핵에 가까운 전자 껍질부터 각각 K, L, M, N 전자 껍질이라고 부르며, 원자핵에 가까울수록 에너지 준위가 낮다.

③ 전자는 전자 껍질에만 존재하며, 전자 껍질 사이에는 존재하지 않는다. 따라서 전자가 갖는 에너지 준위는 불연속적이다.

(2) 전자 배치

① 전자는 에너지 준위가 낮은 전자 껍질부터 순서대로 배치된다.

② 전자는 첫 번째 껍질(K 전자 껍질)에 최대 2개, 두 번째 껍질(L 전자 껍질)에 최대 8개가 배치된다.

③ **최외각 전자** : 가장 바깥 전자 껍질에 배치된 전자이다.

④ **원자가 전자** : 최외각 전자 중 화학 결합에 참여하는 전자이다. 원소의 화학적 성질을 결정한다.

심화학습 **옥텟 규칙**

최외각 전자는 최대 8개까지 배치될 수 있다고 하였지만, L 전자 껍질 다음의 전자 껍질인 M 전자 껍질에는 18개의 전사가 배치될 수 있다. 이는 M 전자 껍질에 8개의 전자가 채워지면 다음 전자는 M 전자 껍질에 채워지는 것이 아니라, 다음의 N 전자 껍질에 채워지기 때문이다. 이는 전자가 안쪽 궤도부터 채워지기 때문으로, N 전자 껍질의 일부가 M 전자 껍질의 일부보다 안쪽에 위치하기 때문이다. 그러한 이유로 최외각 전자는 전자 껍질에서 수용할 수 있는 전자의 개수와 무관하게 최대 8개까지 채워질 수 있으며, 8개가 채워졌을 때 가장 안정하다. 이것을 옥텟 규칙이라고 한다.

(3) 원소의 주기성

① 1, 2족 원소, 13~18족 원소의 경우 최외각 전자 수는 주기율표상의 족 번호의 끝자리와 같다.

② 1, 2족 원소, 13~18족 원소의 경우 최외각 전자 수는 18족을 제외하고 원자가 전자의 수와 같다. 따라서 최외각 전자 수는 원소의 화학적 성질을 결정한다.

③ 족 번호가 같은(원자가 전자 수가 같은) 원소는 화학적 성질이 서로 비슷하다. 따라서 원자 번호의 증가에 따라 성질이 비슷한 원소가 주기적으로 나타난다.

기초학습 비활성 기체

비활성 기체는 주기율표상 18족에 위치하고 있는 헬륨(He), 네온(Ne), 아르곤(Ar) 등을 부르는 말로, 반응성이 매우 낮아 화학 반응이 활성화되지 않는 기체라는 의미이다.

비활성 기체의 최외각 전자 껍질에는 전자가 8개(He은 2개) 배치되어 있으므로 원자가 전자는 0개가 되므로 화학 결합에 참여할 수 있는 전자가 없다. 따라서 낱개의 원자 스스로 이미 가장 안정한 상태이며, 다른 원소와 반응하고자 하는 경향이 극히 작다.

낮은 반응성을 이용해 주로 조명의 충전재로 사용된다.

아르곤을 충전하는 형광등

네온을 충전하는 네온사인

3 알칼리 금속과 할로젠

(1) 알칼리 금속

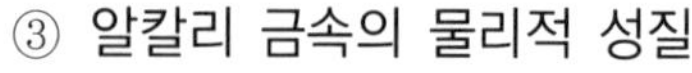

① 주기율표상 1족에 위치한 원소 중 수소(H)를 제외한 리튬(Li), 나트륨(Na), 칼륨(K) 등을 알칼리 금속이라고 한다.

② 원자가 전자 수는 모두 1이며, 1개의 전자를 잃어 +1가의 양이온이 되기 쉽다.

③ 알칼리 금속의 물리적 성질

㉠ 실온에서 고체 상태이고, 매우 무른 특징이 있어 칼로 쉽게 자를 수 있다.

㉡ 금속 원소인 알칼리 금속은 열과 전기 전도성이 크다.

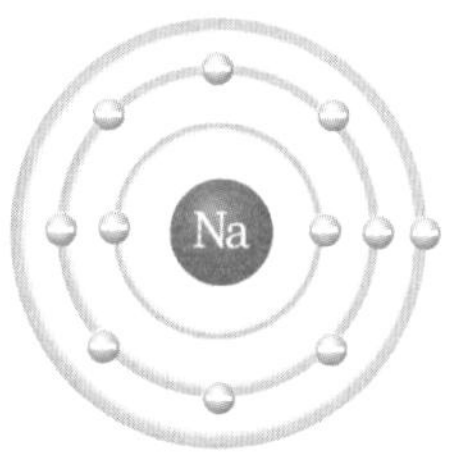

나트륨의 원자 구조

㉢ 다른 금속에 비해 밀도가 매우 낮다.

④ 알칼리 금속의 화학적 성질

㉠ 양이온이 되려는 경향이 큰 만큼 반응성이 강해서 공기 중의 산소와 쉽게 반응해 산화된다.

$$4M+O_2 \longrightarrow 2M_2O$$ (M : Li, Na, K 등)

㉡ 물과 반응 시 수소 기체를 발생시키며, 반응 후 수용액은 염기성을 띤다.

$$2M+2H_2O \longrightarrow 2MOH+H_2$$ (M : Li, Na, K 등)

㉢ 반응성은 원자 번호가 클수록 강하다($Li < Na < K$).

㉣ 공기 중의 산소뿐만 아니라 물과도 격렬하게 반응하므로 석유에 넣어 보관한다.

(2) 할로젠

① 주기율표상 17족에 위치한 원소인 플루오린(F), 염소(Cl), 브로민(Br), 아이오딘(I) 등을 할로젠이라고 한다.

② 원자가 전자 수는 모두 7이며, 1개의 전자를 얻어 −1가의 음이온이 되기 쉽다.

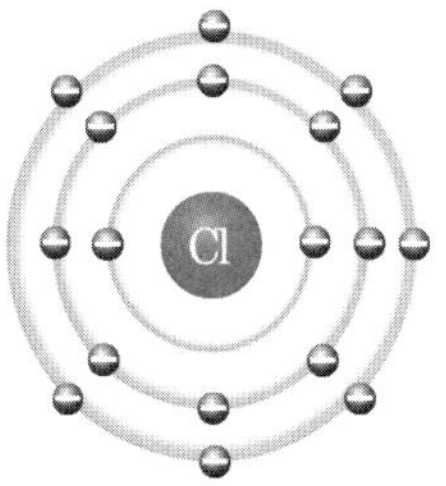

염소의 원자 구조

③ 할로젠의 물리적 성질

㉠ 실온에서 2개의 원자가 결합하여 이원자 분자(F_2, Cl_2, Br_2, I_2)로 존재한다.

㉡ 비금속 원소인 할로젠은 열과 전기 전도성이 거의 없다.

㉢ 실온에서 플루오린과 염소는 기체, 브로민은 액체, 아이오딘은 고체 상태로 존재한다.

④ 할로젠의 화학적 성질

㉠ 반응성이 매우 커서 대부분 화합물의 형태로 존재한다.

㉡ 화합물은 주로 수소, 금속과 반응하여 만들며, 수소와 반응 시 산(HF, HCl, HBr 등), 금속과 반응 시 염(NaCl, KCl, $CaCl_2$ 등)을 생성한다.

㉢ 반응성은 원자 번호가 작을수록 강하다($F_2 > Cl_2 > Br_2 > I_2$).

01 현대의 주기율표에 대한 설명으로 옳지 <u>않은</u> 것은?

① 1~18족, 1~7주기로 이루어져 있다.
② 세로줄을 족, 가로줄을 주기라고 한다.
③ 같은 족 원소들은 화학적 성질이 비슷하다.
④ 왼쪽 부분에는 대체로 비금속 원소가 위치한다.

01
주기율표의 왼쪽과 가운데 부분에는 금속 원소가, 오른쪽 부분에는 대체로 비금속 원소가 위치한다.

02 주기율표상의 원소 A~E에 대한 설명으로 옳은 것은?

주기 \ 족	1	2	13	14	15	16	17	18
1	A							B
2			C				D	
3	E							

① A는 상온에서 금속이다.
② B는 음이온이 되기 쉽다.
③ C와 D는 화학적 성질이 비슷하다.
④ E는 A~E 중에서 가장 무거운 원소이다.

02
일부 원소들을 제외하고는 주기율표상에서 뒤쪽에 있을수록 원자량이 크다. 원자 번호와 원자량의 순서가 일치하지 않는 원소로는 18번 아르곤(Ar)과 19번 칼륨(K, 포타슘), 27번 코발트(Co)와 28번 니켈(Ni), 52번 텔루륨(Te), 53번 아이오딘(I, 요오드)과 그 외 90번 이상의 여러 원소들이 있다.

03 다음 주기율표에서 A로 표시한 부분에 대한 설명으로 옳은 것은?

주기 \ 족	1	2	3~12	13	14	15	16	17	18
1									
2									
3	A								
4									

① 외부에서 힘을 가하면 잘 늘어나고 얇게 펴진다.
② 열과 전기가 잘 통하지 않는다.
③ 원소 상태에서 전자를 쉽게 얻는다.
④ 실온에서 고체나 기체 상태로 존재한다.

03
A는 금속 원소이다. 금속 원소는 열과 전기 전도성이 좋고, 전자를 잃고 양이온이 되기 쉬우며, 실온에서 액체인 수은을 제외하고는 고체 상태로 존재한다.

ANSWER
01. ④ 02. ④ 03. ①

04 원자에서 전자 배치에 대한 설명으로 옳지 <u>않은</u> 것은?

① 같은 족 원소는 같은 수의 원자가 전자를 갖는다.
② 전자 껍질에 배치될 수 있는 최대 전자 수는 항상 8개이다.
③ 같은 주기 원소는 전자가 배치되어 있는 전자 껍질의 수가 같다.
④ 전자는 에너지 준위가 낮은 전자 껍질부터 순서대로 배치된다.

04
전자는 첫 번째 껍질에 최대 2개, 두 번째 껍질에 최대 8개가 배치된다.

05 다음 원소에 대한 설명으로 옳지 <u>않은</u> 것은?

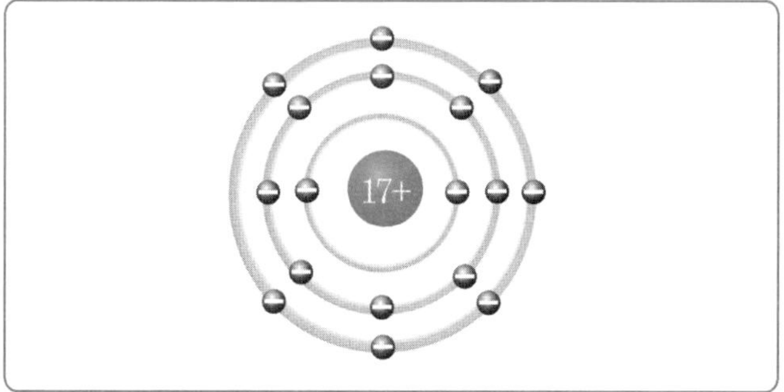

① 17족 비금속 원소이다.
② 원자 번호는 17이다.
③ 최외각 전자는 7개이다.
④ 단원자 상태로 안정적이다.

05
문제의 원소는 염소(Cl)로 단원자 상태로 불안정하여 전자를 하나 얻어 음이온이 되기 쉽다.

ANSWER
04. ② 05. ④

06 다음의 두 원소에 대한 설명으로 옳은 것은?

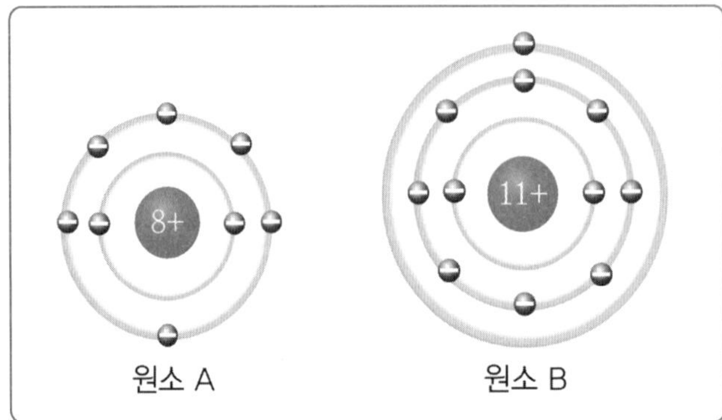

① 원소 A보다 원소 B의 원자가 전자가 더 많다.
② 두 원소는 화학적으로 유사한 성질을 갖는다.
③ 두 원소는 주기율표에서 같은 주기를 갖는다.
④ 원소 A는 비금속 원소, 원소 B는 금속 원소이다.

06

원소 A의 원자가 전자는 6개, 원소 B의 원자가 전자는 1개이다. 원소 A는 16족, 원소 B는 1족으로 화학적 성질이 다르고, 원소 A는 2주기 원소, 원소 B는 3주기 원소이다. 원소 A는 산소(O)로 비금속 원소, 원소 B는 나트륨(Na, 소듐)으로 금속 원소이다.

07 다음 원소들에 대한 설명으로 옳은 것은?

- 원소 A : 양성자 수 3개, 전자 수 3개
- 원소 B : 양성자 수 11개, 전자 수 11개
- 원소 C : 양성자 수 19개, 전자 수 19개

① 세 원소는 화학적 성질이 비슷하다.
② 세 원소의 전자 껍질 개수는 같다.
③ 원자가 전자 수는 많은 것부터 원소 C, 원소 B, 원소 A 순이다.
④ 원자 번호는 큰 것부터 원소 A, 원소 B, 원소 C 순이다.

07

세 원소는 1족 원소로 원자가 전자가 1개로 같기 때문에 화학적 성질이 비슷하다. 각각 리튬(Li), 나트륨(Na), 칼륨(K)으로 알칼리 금속의 공통적 성질을 띤다.

ANSWER

06. ④ 07. ①

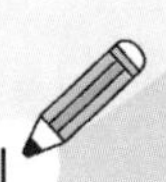

08 원소 A를 물에 넣었더니 격렬하게 반응하였고, 반응이 끝난 결과물에 페놀프탈레인 용액을 떨어뜨렸더니 자주색이 되었다. 원소 A에 대한 설명으로 옳은 것은?

① 끓는점이 매우 낮다.
② 반응 과정에서 전자를 내놓는다.
③ 물과는 격렬하게 반응하므로 통풍이 잘되는 건조한 환경에서 보관해야 한다.
④ 반응이 끝난 결과물은 강한 산성을 띨 것이다.

09 다음 실험에 대한 내용으로 옳은 것은?

> 알칼리 금속 A는 끓는점이 883℃, 할로젠 기체 B는 −34℃이다. A를 물에 집어넣자 기포와 함께 기체가 발생하였다. A와 B를 반응시키자 흰색 고체가 생성되었다.

① A와 물이 반응해서 발생한 기체는 연소에 필수적이다.
② A와 물이 반응해서 발생한 기체에 B를 반응시키면 강한 산이 된다.
③ A와 B를 반응시켜 생성된 고체는 물에 잘 녹지 않는다.
④ A와 B를 반응시켜 생성된 고체는 칼을 이용해 쉽게 자를 수 있다.

10 다음 설명에 해당하는 원소는?

> • 2주기 원소이다.
> • 원자가 전자가 7개이다.
> • 단원자 상태로 불안정한 특성을 갖는다.

① H ② Li
③ F ④ Cl

08

페놀프탈레인 용액에 자주색으로 반응하는 것은 염기성으로, 원소 A는 알칼리 금속이다. 알칼리 금속은 실온에서 고체로 존재할 만큼 끓는점이 높고, 물뿐만 아니라 공기 중의 산소와도 쉽게 반응하므로 석유나 파라핀 등에 넣어 보관해야 한다. 알칼리 금속은 원자가 전자가 1개이므로 전자를 내놓고 양이온이 되려는 경향이 강하다.

09

A는 나트륨(Na), B는 염소(Cl)이다. 나트륨이 물과 반응하면 수소(H_2)가 발생하며, 여기에 염소를 반응시키면 염화 수소(HCl), 즉 강산인 염산이 만들어진다. 연소에 필수적인 기체는 산소(O_2)이며 나트륨과 염소의 반응물인 염화 나트륨(NaCl)은 물에 잘 녹는다. 칼로 쉽게 자를 수 있는 것은 염화 나트륨이 아니라 나트륨이다.

10

문제의 원소는 원자가 전자가 7개이고 단원자 상태로 불안정한 할로젠 원소이다. 할로젠 원소 중 2주기에 위치한 원소는 플루오린(F, 불소)이다.

ANSWER

08. ② 09. ② 10. ③

04 원소의 화학 결합

1 화학 결합의 원리

(1) 비활성 기체

주기율표의 18족에 속하는 원소로, 안정한 전자 배치를 이루어 반응성이 작고, 다른 원소와 화학 결합을 형성하지 않아 원자 상태로 존재한다.

(2) 옥텟 규칙

원자들이 전자를 잃거나 얻어서 비활성 기체와 같이 가장 바깥 전자 껍질에 전자 8개(단, He은 2개)를 채워 안정해지려는 경향을 말한다.

(3) 원소가 화학 결합을 하는 까닭

비활성 기체와 같은 안정한 전자 배치를 이루기 위해서 화학 결합을 한다.

2 이온 결합

(1) 이온의 형성

① 양이온 : 금속 원소는 주로 전자를 잃어 최외각 전자를 8개로 맞춘다. 전자를 잃으면 원자핵과 전자 사이의 전기적 균형이 원자핵 쪽으로 기울어 양이온이 된다.

② 음이온 : 비금속 원소는 주로 전자를 얻어 최외각 전자를 8개로 맞춘다. 전자를 얻으면 원자핵과 전자 사이의 전기적 균형이 전자 쪽으로 기울어 음이온이 된다.

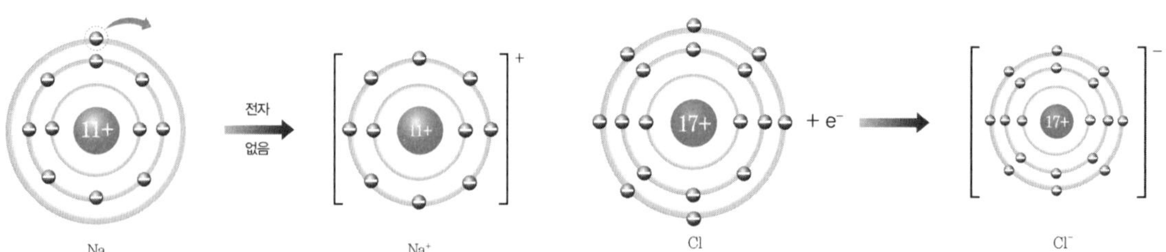

전자를 잃어 안정화되는 Na^+ 이온　　　전자를 얻어 안정화되는 Cl^- 이온

기초학습 안정화되는 방법

금속의 경우 최외각 전자가 1~3개이므로 7~5개의 전자를 얻는 것보다 기존의 전자를 잃는 편이 유리하므로 안정화 시 양이온이 된다.

반대로 비금속의 경우 최외각 전자가 5~7개이므로 최외각 전자를 잃는 것보다 3~1개의 전자를 얻는 편이 유리하므로 안정화 시 음이온이 된다.

최외각 전자가 4개인 경우(예 탄소)에는 전자를 얻는 것과 잃는 것 모두가 어렵기 때문에 이온 상태로 존재하지 않고 다른 원소와 결합하여 안정화된다.

(2) 이온 결합

양이온이 된 금속 원소와 음이온이 된 비금속 원소가 서로 강한 정전기적 인력으로 끌어당겨 형성되는 화학 결합이다. 이온이 되기 위해서 필요한 전자는 금속 원소와 비금속 원소가 상호간에 주고받는다.

기초학습 NaCl을 통해 보는 이온 결합

NaCl은 가장 쉽게 접할 수 있는 이온 결합 화합물이다. Na와 Cl는 자체로는 불안정하므로 이온이 되려고 한다. 이때 이 둘이 접하는 상황이라면,

1) Na은 전자를 1개 잃어 Na^+가 된다.
2) Cl는 Na^+이 잃은 전자를 얻어 Cl^-이 된다.
   둘은 이온이 되어 화학적으로 안정화되었지만 양전자 수와 전자 수가 달라졌으므로 전기적 특성을 띠게 된다.
   Na^+ : 양전자 11개, 전자 10개 → (+)전하
   Cl^- : 양전자 17개, 전자 18개 → (-)전하
   (+)전하와 (-)전하를 띠는 두 이온은 전기적으로 균형을 이루기 위해 서로 정전기적 인력으로 강하게 끌어당겨서 안정한 화합물 NaCl을 형성한다.

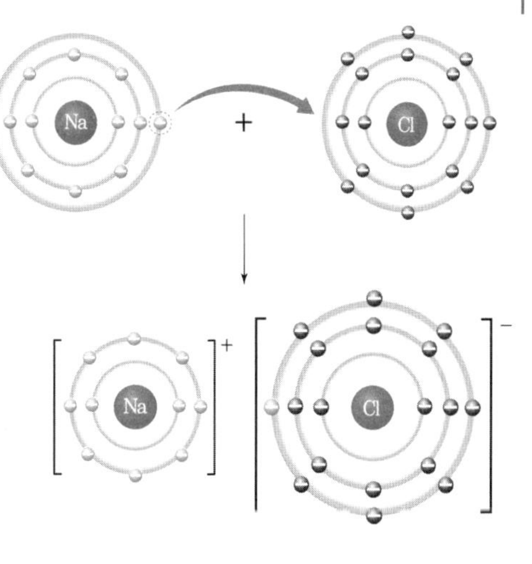

(3) 이온 결합의 화학식

이온 결합의 결과로 형성된 화합물은 전기적으로 중성이어야 한다. 따라서 양이온과 음이온이 갖는 총 전하의 합이 0이 되는 비율로 결합한다. 화학식의 앞쪽에는 양이온을, 뒤쪽에는 음이온을 쓴다.

양이온	음이온	개수비	화학식
Na^+	Cl^-	1:1	$Na^+ + Cl^- \longrightarrow NaCl$
Mg^{2+}	Cl^-	1:2	$Mg^{2+} + 2Cl^- \longrightarrow MgCl_2$
Ca^{2+}	CO_3^{2-}	1:1	$Ca^{2+} + CO_3^{2-} \longrightarrow CaCO_3$
Al^{3+}	O^{2-}	2:3	$2Al^{3+} + 3O^{2-} \longrightarrow Al_2O_3$

3 공유 결합

(1) 공유 결합

비금속 원소의 원자 사이에 전자쌍을 공유하여 형성되는 화학 결합이다.

기초학습 H_2와 H_2O를 통해 보는 공유 결합

H 원자는 하나의 전자를 갖고 있으며 안정화되기 위해서는 전자 껍질에 2개의 전자를 채워야 한다. 이때, 2개의 H 원자가 각각 1개씩의 전자를 내놓고 그 두 전자를 묶어서 서로 공유하는 형태를 이루면 각 원자 개별로 안정한 구조가 된다. 여기서 묶인 두 전자를 공유 전자쌍이라 한다.

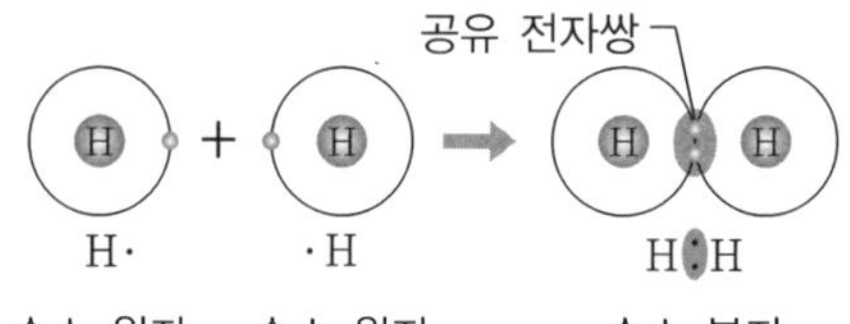

O 원자는 최외각 전자가 6개이다. 이때, H 원자가 있다면 안정화되기 위해 필요한 2개의 전자를 공유 전자쌍의 형태로 얻을 수 있다.

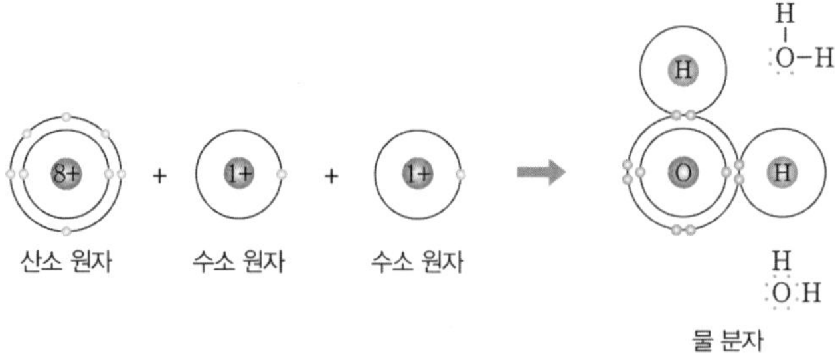

(2) 공유 결합의 종류

① 단일 결합 : 두 원자 사이에 전자쌍 1개를 공유하는 결합 예 H_2, HCl 등

② 이중 결합 : 두 원자 사이에 전자쌍 2개를 공유하는 결합 예 O_2, CO_2 등

③ 삼중 결합 : 두 원자 사이에 전자쌍 3개를 공유하는 결합 예 N_2 등

기초학습 원소의 종류에 따른 결합

원소의 종류	결합의 종류
금속 VS 비금속	이온 결합
비금속 VS 비금속	공유 결합
금속 VS 금속	금속 결합

• 금속 결합 : 남는 전자를 자유 전자의 형태로 풀어놓고 양이온끼리 이루는 결합

4 이온 결합 물질과 공유 결합 물질의 성질

(1) 이온 결합 물질의 성질

① 녹는점과 끓는점 : 강한 정전기적 인력으로 인해 결합이 쉽게 끊어지지 않으므로 녹는점과 끓는점이 매우 높아 실온에서 고체 상태이다.

② 물에 대한 용해성 : 대부분 물에 잘 녹으며, 물에 녹으면 양이온과 음이온은 물 분자에 둘러싸인 상태로 존재한다.

③ 전기 전도성 : 고체 상태에서는 전기 전도성이 없지만, 액체 상태나 수용액 상태에서는 양이온과 음이온으로 나누어져 이온들이 자유롭게 이동할 수 있기 때문에 전기 전도성이 있다.

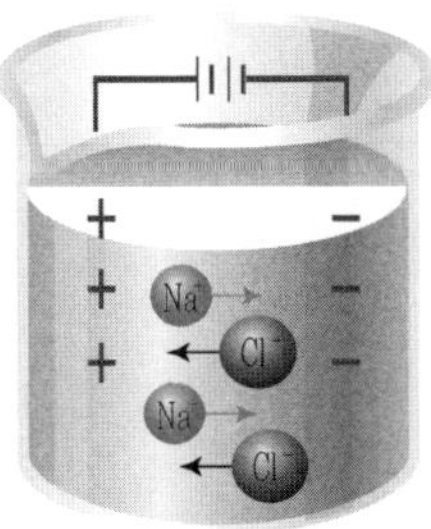

이온 결합의 전기 전도성

④ **물리적 성질 :** 단단한 편이지만, 외부에서 힘을 가하면 쉽게 쪼개지거나 부스러진다.

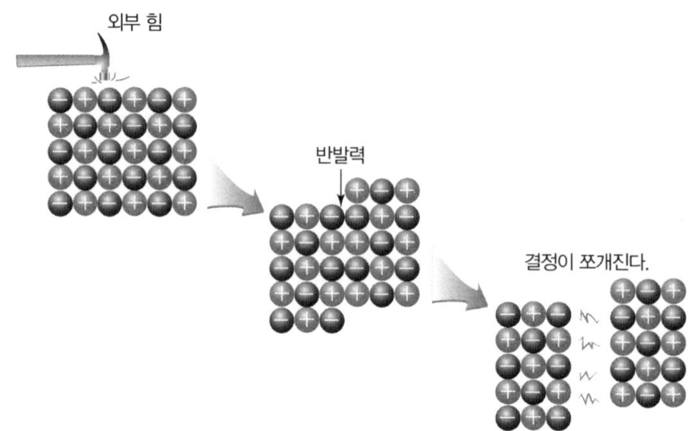

이온 결합 화합물의 쪼개짐과 부스러짐

(2) 공유 결합 물질의 성질

① **녹는점과 끓는점 :** 이온 결합 물질에 비해 녹는점과 끓는점이 낮아 실온에서 대부분 액체 상태이거나 기체 상태이다.

② **물에 대한 용해성 :** 대부분 잘 녹지 않지만 염화 수소(HCl)나 설탕 등 일부 물질은 잘 녹기도 한다.

③ **전기 전도성 :** 대부분의 상태에서는 전기 전도성이 없지만(단, 흑연은 예외), 수용액 상태에서는 일부 전기 전도성이 있다. 염화 수소(HCl), 암모니아(NH_3) 등 일부 물질은 수용액 상태에서 전류가 흐른다.

01 **주기율표의 18족에 속하는 원소에 대한 설명으로 옳지 않은 것은?**

① 비활성 기체라고도 부른다.
② 18족 원소 모두 최외각 전자가 8개이다.
③ 매우 안정하여 다른 원소와 쉽게 반응하지 않는다.
④ 원자 상태로 존재한다.

01 18족에 속하는 원소 중 헬륨(He)은 최외각 전자가 2개뿐이다. 나머지 18족 원소는 8개의 최외각 전자를 갖는다.

02 **다음 표는 원소 A, B, C가 18족 원소의 전자 배치가 되는 과정에 대해 나타낼 것이다.**

원소	A	B	C
주기	3	2	2
족	a	1	b
본래의 최외각 전자 수	c	d	7
얻거나 잃은 전자 수	2개 얻음	1개 잃음	e

이에 대한 설명으로 옳지 않은 것은?

① A와 B를 반응시키면 1개의 A당 2개의 B가 결합한다.
② A와 C는 잘 반응하지 않는다.
③ b=a+d이다.
④ B와 C의 화합물은 B_2C의 형태가 된다.

02 A는 황(S), B는 리튬(Li), C는 플루오린(F)이다. 이에 따라 a는 16, b는 17, c는 6, d는 1, e는 1개 얻음이다. B와 C는 1 : 1로 반응하므로 화합물은 BC의 형태가 된다.

ANSWER
01. ② 02. ④

03 다음의 A와 B가 화학 결합을 형성하는 과정에 대한 설명으로 옳은 것은?

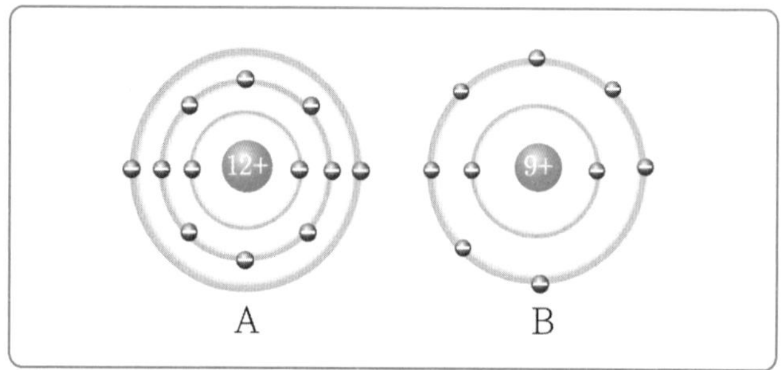

① A와 B는 공유 결합을 형성한다.
② A 2개와 B 1개가 결합한다.
③ 결합한 화합물은 전기적으로 중성이다.
④ 수용액 상태에서도 전기가 잘 흐르지 않는다.

03

A와 B는 각각 마그네슘(Mg)과 플루오린(F)으로 Mg^{2+}, F^- 형태로 이온화되어 불화마그네슘(MgF_2)을 형성한다. 이는 이온 결합 화합물로 수용액 상태에서는 이온 상태로 존재하기 때문에 높은 전기 전도성을 보인다. 또한 총 양성자 수와 전자 수가 같으므로 전기적으로는 중성이다.

04 다음 설명에 해당하는 화합물에 대해 옳지 <u>않은</u> 것은?

- 원소 X와 원소 Y가 결합하여 구성하는 화합물이다.
- X와 Y는 안정한 상태에서 같은 전자 배치를 갖는다.
- X의 원자가 전자는 2개, Y의 원자가 전자는 5개이다.
- X의 전자 껍질은 3개이다.

① 이온 결합 화합물이다.
② 화합물의 화학식은 X_3Y_2이다.
③ X는 전자를 내어주고, Y는 전자를 받는다.
④ Y의 전자 껍질은 3개이다.

04

X의 전자 껍질이 3개인 상태에서 안정화되기 위해 양이온이 되면 2개의 전자를 내어놓게 되고, 최외각 전자 껍질에 전자가 남지 않는다. X와 Y가 안정한 상태에서 같은 전자 배치를 갖는다고 하였으므로 Y역시 2개의 전자 껍질에 전자를 모두 채운 상태에서 안정한 것이고, 전자를 받기 전엔 두 번째 전자 껍질에 5개의 전자를 채운 상태였을 것이다. 따라서 Y의 전자 껍질은 2개가 된다.

ANSWER

03. ③ 04. ④

05 다음 중 안정화되었을 때, 아르곤(Ar)과 같은 전자 배치를 갖는 원소는?

① 마그네슘(Mg) ② 브로민(Br)
③ 질소(N) ④ 칼슘(Ca)

05
아르곤(Ar)은 18족 3주기 비활성 기체이다. 3주기 비금속 또는 4주기 금속이 아르곤과 같은 전자 배치를 가질 수 있다.

[06~07] 다음 주기율표에 표시된 원소에 대한 물음에 답하시오.

주기 \ 족	1	2	13	14	15	16	17	18
1	A							
2		B				C		D
3	E						F	

06 다음 중 결합의 형태가 다른 화합물은?

① A_2 ② A_2C
③ EF ④ F_2

06
A는 수소(H), B는 베릴륨(Be), C는 산소(O), D는 네온(Ne), E는 나트륨(Na), F는 염소(Cl)이다. H_2, H_2O, Cl_2는 모두 공유 결합 물질이지만, NaCl은 이온 결합 물질이다.

07 다음 설명 중 옳지 <u>않은</u> 것은?

① A와 F는 공유 결합을 이룬다.
② B가 이온이 되면 D와 같은 전자 배치를 갖는다.
③ A~F 중 금속 원소는 2개이다.
④ B와 C가 결합한 화합물은 수용액에서 전기 전도성을 갖는다.

07
B인 베릴륨(Be)이 이온이 되면 전자 2개를 내놓고 양이온이 되며(Be^{2+}), 이는 네온(Ne)인 D가 아닌 헬륨(He)과 같은 전자 배치이다.

ANSWER
05. ④ 06. ③ 07. ②

08 다음은 2개의 수소 원자가 결합하여 수소 분자가 되는 모습을 나타낸 것이다.

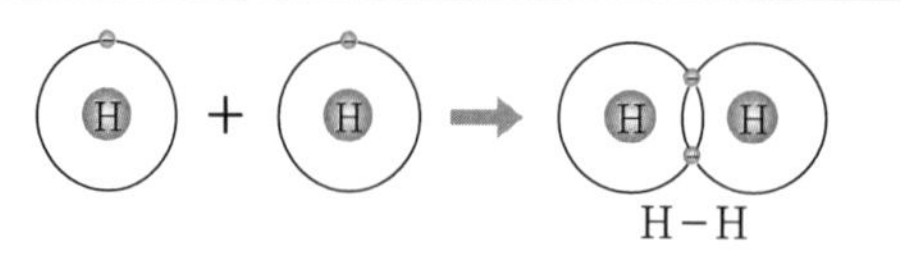

이에 대한 설명으로 옳지 <u>않은</u> 것은?

① 이 결합을 공유 결합이라고 한다.
② 수소 분자는 쉽게 분해되지 않는다.
③ 수소 원자는 수소 분자보다 안정하다.
④ 2개의 수소 원자가 전자쌍을 공유하면서 수소 분자가 되는 과정이다.

08
공유 결합으로 생성된 수소 분자는 수소 원자보다 안정하기 때문에 다시 원자 상태로 돌아가지 않는다.

09 다음은 수소 원자와 산소 원자가 결합하여 물 분자가 되는 모습을 나타낸 것이다.

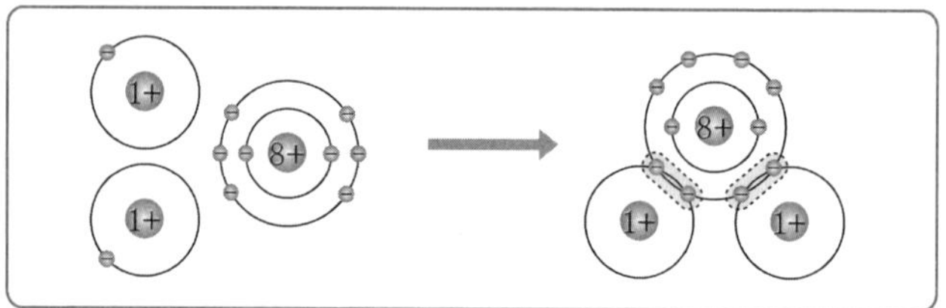

이에 대한 설명으로 옳지 <u>않은</u> 것은?

① 수소와 산소는 공유 결합을 한다.
② 물 분자의 공유 전자쌍은 2개이다.
③ 수소 원자 2개와 산소 원자 1개가 결합하였다.
④ 수소 원자와 산소 원자 사이에 이중 결합을 한다.

09
산소 원자는 수소 원자 2개와 각각 한 쌍의 전자를 공유하는 단일 결합을 한다.

ANSWER
08. ③ 09. ④

10 **공유 결합에 대한 설명으로 옳지 않은 것은?**

① 원자들이 전자쌍을 공유하여 형성되는 결합이다.

② 공유 결합으로 생성된 분자는 원자 상태일 때보다 안정하다.

③ 3중 결합을 한 두 원자 사이에는 공유 전자쌍이 3개 존재한다.

④ 결합하는 원자들의 가장 바깥 전자 껍질에는 항상 8개의 전자가 배치된다.

10

수소 원자는 공유 결합할 때 가장 바깥 전자 껍질에 2개의 전자가 배치된다.

11 **화합물 A는 공유 결합 물질 또는 이온 결합 물질이다. 화합물 A의 화학 결합 종류를 확인하기 위한 다음의 판단 중 가장 적절한 것은?**

① 화합물 A는 물에 잘 녹으므로 이온 결합 물질이다.

② 화합물 A는 실온에서 고체 상태이므로 이온 결합 물질이다.

③ 화합물 A는 외부 힘에 의해 잘 부서지므로 공유 결합 물질이다.

④ 화합물 A의 수용액에 전기가 잘 흐르지 않으므로 공유 결합 물질이다.

11

이온 결합 물질은 대부분 물에 잘 녹지만, 공유 결합 물질은 극성, 무극성에 따라 물에 녹을 수도, 녹지 않을 수도 있다. 이온 결합 물질은 대부분 실온에서 고체 상태이나 공유 결합 물질은 고체, 액체, 기체 모든 상태가 존재한다. 외부 힘에 의해 잘 부서지는 것은 주로 이온 결합 물질이다. 공유 결합 물질 중 일부는 수용액 상태에서 전기가 흐를 수 있지만 대부분이 수용액 상태에서는 전기가 흐르지 않는다.

ANSWER

10. ④ 11. ④

12 다음 설명에 해당하는 분자로 가장 적절한 것은?

- 2주기 원소로 구성되어 있다.
- 구성 원자는 모두 18족 원소의 형태를 띠고 있다.
- 공유 전자쌍은 2개이다.

① O_2　　② H_2O
③ LiF　　④ Cl_2

12 공유 전자쌍을 가진 공유 결합 물질이며, 2주기 원소만으로 구성된 분자는 선택지 중 O_2뿐이다. H_2O의 H는 1주기, Cl_2의 Cl는 3주기 원소이며, LiF는 이온 결합 물질이다.

13 다음 4개의 원소로 4가지의 화합물을 만들었다. 이에 대한 설명으로 옳은 것은?

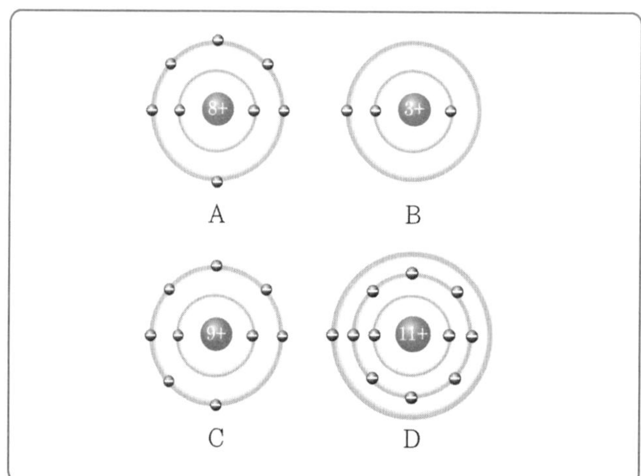

화합물	구성 원소
a	A, B
b	A, D
c	B, C
d	C, D

① 화합물 a와 b 분자 하나에 포함된 원자 수는 같다.
② 화합물 d는 공유 결합 물질이다.
③ 화합물 b와 d에 속한 원자의 전자 배치 형태는 모두 같다.
④ 네 화합물은 모두 같은 방식으로 화학 결합하고 있다.

13 화합물 a, b, c, d는 모두 이온 결합 물질이다.

ANSWER
12. ①　13. ④

Chapter

02 자연의 구성 물질

학습 point+

지각을 구성하는 규산염 광물과 생명체를 구성하는 탄소 화합물이 결합하는 방식을 파악하고, 생명체의 주요 구성 물질인 단백질과 핵산의 구조적 특징을 이해하며, 다양한 신소재의 물리적 성질에 대해 알아야 합니다.

01 지각과 생명체의 구성 물질

1 자연계를 구성하는 주요 원소

(1) **우주 :** 수소가 74%로 제일 많고, 헬륨 24%, 기타 원소가 2%를 차지한다.

(2) **지구 :** 철이 35%로 제일 많고, 산소 30%, 규소 15% 등으로 구성되어 있다.

(3) **지각 :** 산소가 46%로 제일 많고, 규소 28%, 알루미늄 8% 등으로 구성되어 있다.

(4) **생명체 :** 산소가 65%로 제일 많고, 탄소 19%, 수소 10% 등으로 구성되어 있다.

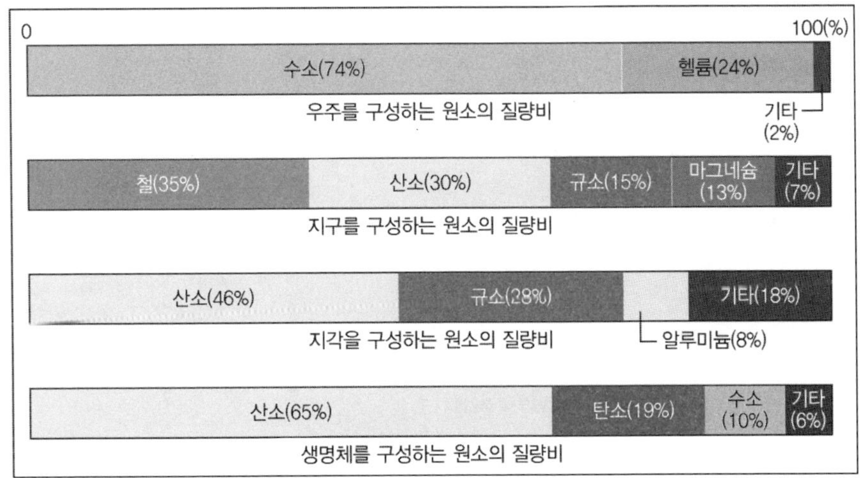

자연계를 구성하는 주요 원소의 질량비

심화학습 주요 원소 질량비의 분석

- 지구 전체에서 가장 많은 질량비를 차지하는 철의 대부분은 지구가 형성되는 과정에서 핵을 구성하였기 때문에 지구 표면인 지각에서는 그 비율이 높지 않다는 사실을 유추할 수 있다.
- 지각과 생명체에서 공통적으로 산소가 가장 큰 질량비를 차지하고 있다. 이는 산소가 규소, 탄소 등 다른 원소와 쉽게 반응하여 다양한 물질을 형성, 지각이나 생명체를 구성하기 유리하기 때문이다.

2 규산염 광물

산소와 규소가 결합한 광물로, 지각을 구성하는 암석 대부분을 차지한다.

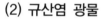

산소
규소

(1) 규산염 사면체 구조

① 규소 원자 1개와 산소 원자 4개가 공유 결합으로 연결된 정사면체 구조를 기본 단위로 한다.

② 규산염 사면체는 전체 전하가 −4이므로 $(SiO_4)^{4-}$로 표시된다.

(2) 규산염 광물

규산염 사면체는 전기적으로 안정화되기 위해 금속 이온(양이온)들과 결합하거나 다른 규산염 사면체들과 산소를 공유하여 결합한다. 이렇게 결합하는 방식에 따라 여러 가지 규산염 광물을 형성한다.

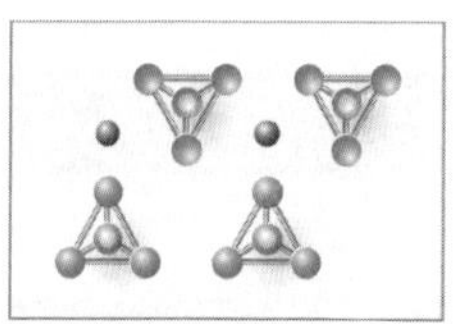

감람석
- 독립상 구조
- 공유 결합이 없어서 결이 생기지 않고 깨짐이 발달

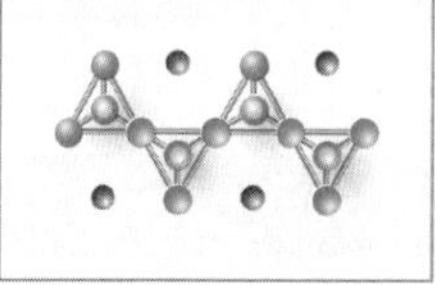

휘석
- 단사슬 구조
- 2방향으로 쪼개짐

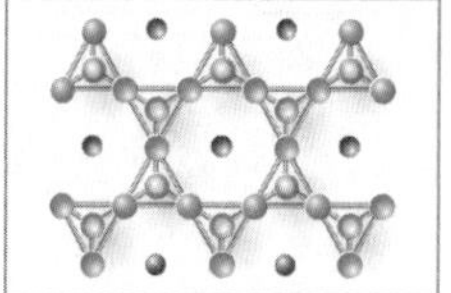

각섬석
- 복사슬 구조
- 2방향으로 쪼개짐

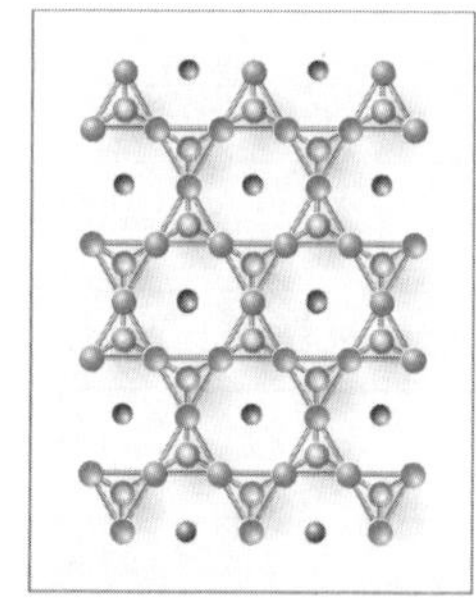

흑운모
- 판상 구조
- 1방향으로 쪼개짐

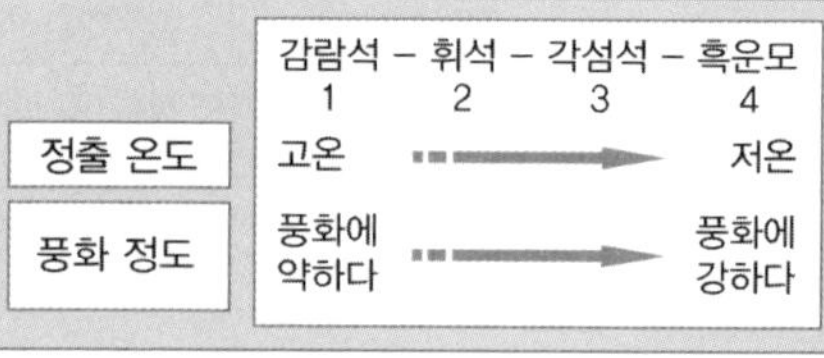

	감람석 – 휘석 – 각섬석 – 흑운모 1 2 3 4	
정출 온도	고온 →	저온
풍화 정도	풍화에 약하다 →	풍화에 강하다

3 탄소 화합물

(1) 탄소 화합물

① 탄소, 수소, 산소, 질소 등의 주요 원소와 황, 인 등 기타 원소가 결합한 고분자 화합물이다.

② 탄소가 기본 골격을 이루고, 다른 원소들이 공유 결합으로 연결된다,

③ 생명체를 구성하고 생명활동에 관여하는 탄수화물, 단백질, 지질, 핵산 등이 이에 속한다.

기초학습 유기물

유기라는 단어는 생물을 구성하는 물질과 무생물을 구성하는 물질의 차이에 대하여 구분하던 시기에 만들어졌다. 즉, 유기물은 탄소(C)를 포함한 물질 중 생명체의 몸을 구성하거나 생명체가 생산해내는 등 생명체의 부산물을 칭하는 말이다. 탄수화물, 단백질, 지질, 섬유질 등이 대표적이다.

(2) 탄소 화합물의 결합 구조

① 최외각 전자가 4개인 탄소는 원자당 4개의 공유 결합을 할 수 있고, 규소보다 원자의 크기가 작아 매우 다양한 형태의 구조를 만들 수 있다.

② 탄소끼리도 공유 결합으로 연결될 수 있고, 다중으로도 연결될 수 있어 사슬 형태 등으로 이어질 수 있다.

③ 길게 이어진 사슬 형태, 가지를 뻗어 나온 형태, 고리 형태, 다중 결합 등 다양한 구조를 가질 수 있다.

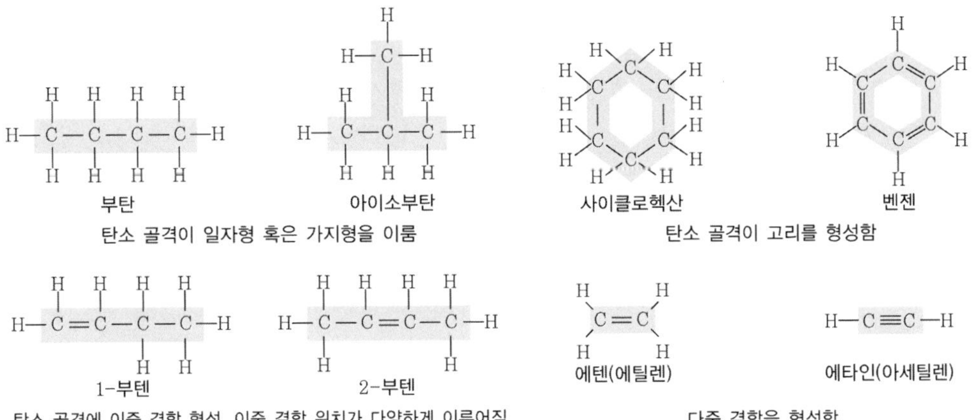
부탄
아이소부탄
탄소 골격이 일자형 혹은 가지형을 이룸
사이클로헥산
벤젠
탄소 골격이 고리를 형성함
1-부텐
2-부텐
탄소 골격에 이중 결합 형성, 이중 결합 위치가 다양하게 이루어짐
에텐(에틸렌)
에타인(아세틸렌)
다중 결합을 형성함

실력 탄탄 다지기

실전 예상문제

01 다음 원소에 대한 설명으로 옳은 것은?

> • 원소 A는 우주를 구성하는 원소 중 가장 큰 질량을 차지한다.
> • 원소 B는 지구의 지각을 구성하는 원소 중 가장 큰 질량을 차지한다.

① 원소 A는 생명체를 구성하는 원소 중에서도 가장 큰 질량을 차지한다.
② 원소 B는 지구를 구성하는 원소 중에서도 가장 큰 질량을 차지한다.
③ 원소 A와 B는 공유 결합을 통해 화합물을 만들 수 있다.
④ 원소 A는 연소의 필수 성분이다.

01
원소 A는 수소(H), 원소 B는 산소(O)이다. 생명체의 구성 원소 중 가장 큰 질량을 차지하는 것은 산소, 지구를 구성하는 원소 중 가장 큰 질량을 차지하는 것은 철(Fe)이다. 연소에 반드시 필요한 것은 산소이다.

02 지구와 생명체를 구성하는 성분에 대한 설명으로 옳은 것은?

① 지각은 대부분 규산염 광물로 구성되어 있기 때문에 규소의 함량이 제일 크다.
② 생명체는 화학 반응으로 탄소를 생성하기 때문에 탄소의 함량이 제일 크다.
③ 지구를 구성하는 원소의 종류보다 생명체를 구성하는 원소의 종류가 더 많다.
④ 생명체를 구성하는 철은 별에서부터 생성되었다.

02
지각의 구성 원소 중 가장 많은 것은 산소이고, 생명체의 구성 원소 중 가장 많은 것은 산소이며, 그 다음으로 탄소가 많은 이유는 탄소를 생성해서가 아니라 신체를 구성하는 원소이기 때문이다. 생명체를 구성하는 원소는 지구를 구성하는 원소의 일부로부터 기원했기에 지구의 구성 원소가 더 다양하며, 생명체를 구성하는 철은 별 내부의 핵융합으로부터 생성되었다.

ANSWER
01. ③ 02. ④

03 다음은 규산염 사면체의 구조를 나타낸 것이다.

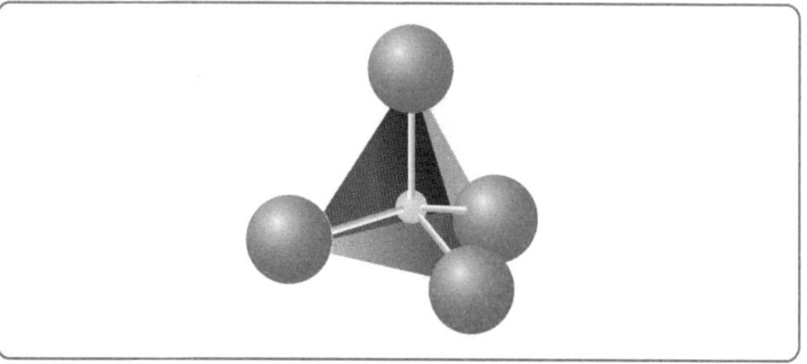

이에 대한 설명으로 옳지 않은 것은?

① 1개의 규소 원자와 4개의 산소 원자가 결합하고 있다.
② 전기적으로 양전하를 띤다.
③ 대부분의 지각을 구성하는 광물의 기본 구조이다.
④ 다른 규산염 사면체나 금속 이온과 결합하여 광물을 형성한다.

03 규산염 사면체는 $(SiO_4)^{4-}$로 전기적으로 음전하를 띤다.

04 규산염 광물에 대한 설명으로 옳지 않은 것은?

① 규산염 사면체가 안정화되기 위해 결합하여 생성된다.
② 구조가 복잡해질수록 풍화에 강해진다.
③ 지각을 구성하는 암석 대부분을 차지한다.
④ 규소와 산소는 이온 결합으로 연결되어 있다.

04 규소와 산소는 공유 결합으로 연결되어 있다.

05 탄소 화합물이 아닌 것은?

① 물 ② 단백질
③ 지질 ④ 에탄올

05 H_2O에는 탄소(C)가 포함되어 있지 않다.

ANSWER
03. ② 04. ④ 05. ①

06 **다음과 같은 특징을 가지는 원소로 옳은 것은?**

- 생명체를 이루는 유기물의 중심 원소이다.
- 최외각 전자가 4개여서 최대 4개의 원자와 공유 결합할 수 있다.
- 생명체를 이루는 고분자 유기물을 만드는 데 유리하다.

① 수소 ② 산소
③ 탄소 ④ 질소

06
탄소는 다양한 원소와 공유 결합을 할 수 있고, 탄소끼리 거의 무한대로 결합할 수 있어 생명체를 이루는 탄소 화합물을 만든다.

07 **탄소에 대한 설명으로 옳지 않은 것은?**

① 생명체를 구성하는 원소 중 두 번째로 많다.
② 양이온이 되기 쉽다.
③ 최대 4개의 원자와 공유 결합을 이룰 수 있다.
④ 생명체를 구성하는 탄소 화합물로 탄수화물, 단백질, 지질, 핵산 등이 있다.

07
탄소는 원자가 전자가 4개로 새로운 전자를 받아들이기도, 떼어내기에도 큰 에너지를 요구하기 때문에 이온 상태로 존재하지 않으며, 공유 결합을 한다.

08 **지각과 생명체를 구성하는 규소와 탄소에 대한 설명으로 옳은 것은?**

① 공유 결합이 가능한 전자의 개수가 같다.
② 모두 4족 원소에 해당한다.
③ 원자의 반지름은 규소가 탄소보다 더 작다.
④ 결합할 수 있는 원소는 산소로 한정된다.

08
탄소와 규소의 최외각 전자는 4개로 같으며, 같은 수의 공유 결합을 가질 수 있다. 탄소와 규소 모두 14족 원소이고 전자 껍질이 1개 더 많은 규소가 반지름이 더 크다. 산소 외에 수소, 질소 등 여러 원소와 결합하여 화합물을 생성할 수 있다.

ANSWER
06. ③ 07. ② 08. ①

09 **탄소 화합물에 대한 설명으로 옳지 않은 것은?**

① 생명체를 이루는 고분자 유기물을 만드는 데 유리하다.
② 탄소 원자 간 공유 결합은 단일 결합만 가능하다.
③ 탄소가 수소, 질소, 산소 등과 공유 결합하여 이루어진 화합물이다.
④ 탄소 원자 간의 결합으로 사슬이나 고리 모양 구조를 만들 수 있다.

09
탄소 원자 간 공유 결합은 단일 결합뿐만 아니라 이중 결합, 삼중 결합도 가능하다.

10 **다음의 탄소 화합물에 대한 설명으로 옳은 것은?**

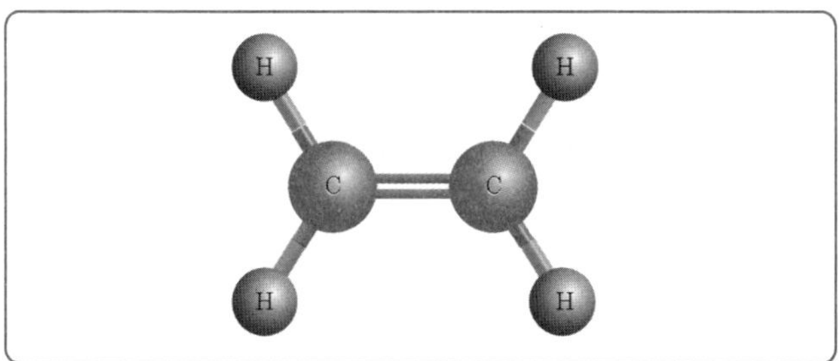

① 탄소 간 결합은 공유 결합, 탄소와 수소 간 결합은 이온 결합이다.
② 각 탄소 원자는 3개의 전자쌍을 갖고 있다.
③ 이중 결합을 끊어서 다른 분자와 연결시킬 수 있다.
④ 탄소는 단일 결합과 이중 결합만 가능하다.

10
문제의 탄소 화합물은 에텐(에틸렌)이다. 에텐 분자 내의 결합은 모두 공유 결합이며 전자쌍은 총 4개이다. 이중 결합 외에 삼중 결합까지 가능하며, 에텐 분자의 이중 결합을 끊어 다른 에텐 분자와 연결할 경우 사슬형 구조로 계속해서 이어질 수 있다. 이를 폴리에틸렌이라고 한다.

ANSWER
09. ② 10. ③

02 생명체의 구성 물질

1 생명체를 구성하는 탄소 화합물(유기물)

(1) 탄수화물

① 탄소(C), 수소(H), 산소(O)로 구성된다.

② 생명체의 가장 주된 에너지원으로, 1g당 4kcal의 열량을 낸다.

③ 단위체인 단당류가 결합하여 다양한 탄수화물을 만든다.

단당류	이당류	다당류
포도당, 과당 등	엿당, 설탕 등	녹말, 글리코겐, 셀룰로스 등

(2) 단백질

① 탄소(C), 수소(H), 산소(O), 질소(N)로 구성된다.

② 세포막과 세포를 구성하는 주요 성분이며, 효소와 호르몬을 구성해 신체 기능을 조절하기도 한다.

③ 에너지원으로 1g당 4kcal의 열량을 낸다.

④ 단위체인 아미노산이 결합하여 형성한다.

(3) 지질

① 탄소(C), 수소(H), 산소(O)로 구성된다.

② 중성 지방, 인지질, 스테로이드 등으로 구분된다.

㉠ 중성 지방 : 에너지원을 저장하는 역할을 수행하며, 1g당 9kcal의 열량을 낸다.

㉡ 인지질 : 단백질과 함께 세포막을 구성하는 주요 성분이다.

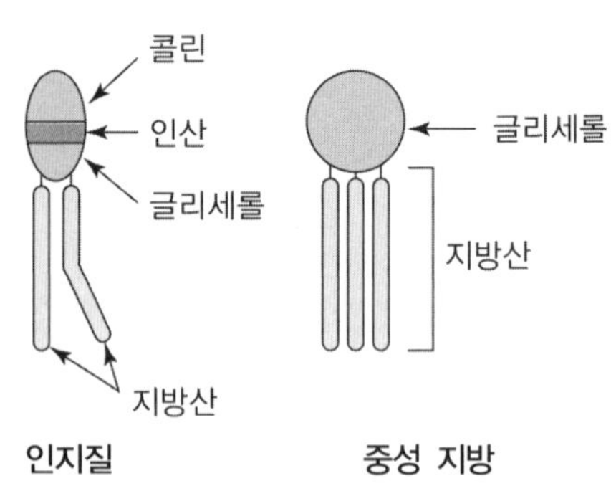

㉢ 스테로이드 : 4개의 탄소 고리 구조로 이루어진 화합물이다.

③ 단위체인 지방산과 글리세롤이 결합하여 형성된다.

④ 일반적으로 물에 녹지 않으며, 유기 용매에 잘 녹는다.

(4) 핵산

탄소(C), 수소(H), 산소(O), 질소(N), 인(P)으로 구성되며, 유전 정보를 저장하고 전달한다.

기초학습 생명체의 무기물

- 물 : 생명체의 구성 물질 중 가장 많은 비율을 차지한다. 체온을 유지하고, 체내 성분을 운반하며, 반응의 매질이 되는 등의 역할을 한다.
- 무기염류 : 미량으로 생리 기능 조절에 관여한다. 칼륨, 나트륨, 칼슘 등이 대표적이다.

2 단위체로 구성된 단백질

단백질은 생명체를 구성하는 비율이 물 다음으로 높은 물질로, 생명체의 신체 대부분은 단백질을 바탕으로 구성되어 있다.

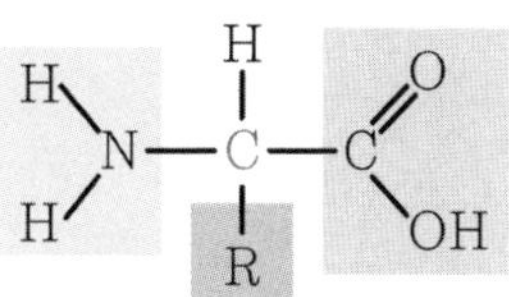

아미노산의 일반적 구조

(1) 단백질의 단위체

① 단백질의 단위체는 아미노산으로, 20종류의 아미노산이 있다.

② 탄소, 아미노기, 카복실기, 곁사슬로 구성되어 있으며, 곁사슬에 따라 아미노산의 종류가 결정된다.

(2) 단백질의 형성

① **펩타이드 결합** : 2개의 아미노산이 결합할 때, 서로의 아미노기와 카복실기 사이에 반응이 일어난다. 그 결과로 공유 결합을 형성하면서 1개의 물 분자가 빠져나온다. 이를 펩타이드 결합이라고 한다.

② **폴리펩타이드** : 펩타이드 결합이 연쇄적으로 발생해 여러 개의 아미노산이 이어진 것을 폴리펩타이드라고 한다.

카복실기 아미노기 펩타이드 결합
아미노산 + 아미노산 —탈수 합성→ 다이펩타이드 + H_2O

③ 폴리펩타이드 사슬이 구부러지고 접히고 꼬이면서 고유의 입체 구조와 기능을 가진 단백질이 된다.

④ 단백질의 종류는 아미노산의 개수, 종류, 배열 순서에 의해 결정된다.

⑤ 각 단백질의 특성에 따른 기능은 폴리펩타이드 사슬이 만든 입체 구조로부터 비롯되기 때문에 열을 가해 구조를 손상시키면 기존 단백질의 기능을 상실한다.

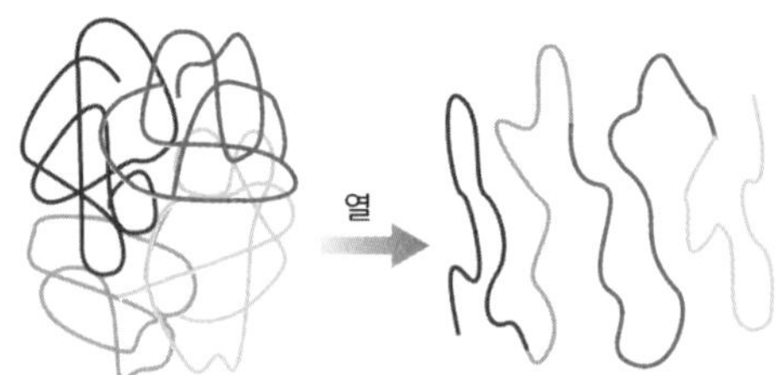

열에 의해 변성하는 단백질 구조

3 단위체로 구성된 핵산

유전 정보를 저장하고 전달하는 역할을 하며, 핵산의 종류로는 DNA와 RNA가 있다.

(1) 핵산의 단위체

① 핵산의 단위체는 뉴클레오타이드로, 인산, 당, 염기가 1:1:1로 결합한 구조이다.

② **당** : 당으로 DNA는 디옥시리보스를, RNA는 리보스를 가진다.

③ **염기** : 질소 원자를 포함하는 탄소 화합물로, 아데닌(A), 구아닌(G), 사이토신(C), 타이민(T), 유라실(U)의 다섯 종류가 있다. 타이민(T)은 DNA에서만, 유라실(U)은 RNA에서만 발견할 수 있다.

④ **인산** : 다른 뉴클레오타이드의 당에 결합하여 뉴클레오타이드를 연결시키는 기능을 수행한다. 여러 개의 뉴클레오타이드가 이어진 것을 폴리뉴클레오타이드라고 한다.

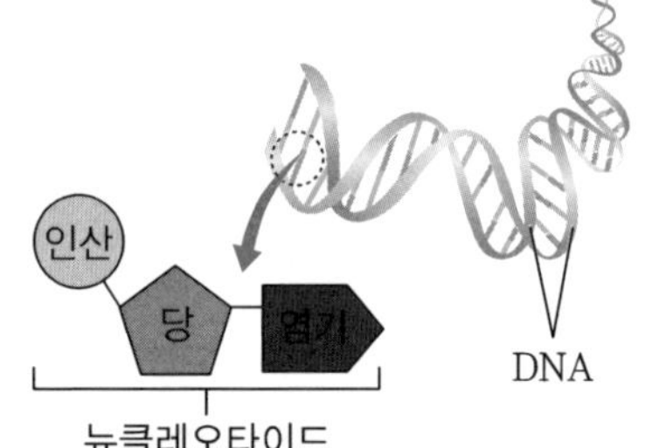

(2) DNA와 RNA

구분	DNA	RNA
인산	H_3PO_4	H_3PO_4
당	디옥시리보스	리보스
염기	A, G, C, T	A, G, C, U
분자 구조	두 가닥의 이중 나선 나선의 안쪽 : 염기 나선의 바깥쪽 : 당과 인산	단일 가닥
기능	염기 서열로 유전 정보를 저장	유전 정보의 전달 및 단백질 합성에 관여

심화학습 **상보 결합**

뉴클레오타이드의 염기는 항상 서로 짝을 이루는 특정 염기와만 결합한다. 아데닌(A)은 타이민(T)과, 사이토신(C)은 구아닌(G)과만 결합한다. 따라서 DNA 이중 나선의 한 가닥의 염기 배열을 알고 있다면 다른 한 가닥의 배열도 알 수 있다.

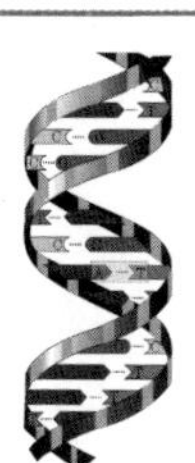

01 다음 중 탄소 화합물과 그 구성 단위체를 바르게 짝지은 것은?

① 핵산 – 포도당

② 단백질 – 포도당

③ 탄수화물 – 뉴클레오타이드

④ 지질 – 지방산, 글리세롤

02 다음 중 탄수화물, 지질, 단백질을 구성하는 공통 원소에 해당하지 않는 것은?

① 탄소 ② 수소

③ 산소 ④ 질소

03 포도당이 단위체인 탄소 화합물을 〈보기〉에서 모두 고른 것은?

보기	
ㄱ. 뉴클레오타이드	ㄴ. 셀룰로스
ㄷ. 폴리펩타이드	ㄹ. 녹말
ㅁ. 글리코젠	ㅂ. 글리세롤

① ㄱ, ㄴ, ㄹ ② ㄴ, ㄷ, ㅂ

③ ㄴ, ㄹ, ㅁ ④ ㄷ, ㄹ, ㅂ

01
핵산의 단위체는 뉴클레오타이드, 단백질은 아미노산, 탄수화물은 포도당(단당류)이다.

02
탄수화물과 지질은 탄소, 수소, 산소로 이루어져 있고, 단백질은 탄소, 수소, 산소, 질소로 이루어져 있다.

03
뉴클레오타이드는 핵산의 단위체이고, 폴리펩타이드는 단백질의 단위체인 아미노산이 펩타이드 결합을 이룬 중합체이다. 글리세롤은 지질의 단위체 중 하나이다.

ANSWER
01. ④ 02. ④ 03. ③

04 다음 중 생명체를 구성하는 기본 요소에 대한 설명으로 옳은 것은?

① 단백질은 유전 물질로 사용된다.
② 핵산의 종류에는 DNA와 RNA가 있다.
③ 탄수화물은 효소의 주성분이다.
④ 지질은 단당류, 이당류, 다당류로 나눌 수 있다.

04
효소의 주성분은 단백질이며, 유전 물질로 사용되는 것은 핵산이다. 탄수화물은 단당류, 이당류, 다당류로 나눌 수 있다.

05 다음에서 설명하는 물질은?

- 체내 에너지원으로 사용되는 물질이다.
- 1분자의 글리세롤과 3분자의 지방산으로 이루어져 있다.
- 탄소(C), 수소(H), 산소(O)로 구성된다.
- 일반적으로 물에 녹지 않고 유기 용매에 용해된다.

① 중성 지방 ② 인지질
③ 스테로이드 ④ 핵산

05
탄소 화합물 중 유기 용매에 녹는 것은 지질이다. 지질에는 중성 지방, 인지질, 스테로이드가 있으며, 이 중 에너지원으로 사용되고, 1분자의 글리세롤과 3분자의 지방산으로 이루어진 것은 중성 지방이다.

06 다음의 결합에 대해 설명한 것으로 옳지 <u>않은</u> 것은?

```
H       H   O   H   H       O
 \      |   ||  |   |      //
  N  -  C - C - N - C  -  C
 /      |           |      \
H       R           R       OH
```

① 펩타이드 결합이라고 한다.
② 단백질을 형성하는 결합이다.
③ 결합 과정에서 산소 분자 하나가 빠져나온다.
④ 이 결합으로 이어진 사슬을 폴리펩타이드라고 한다.

06
단백질의 단위체인 아미노산 사이에는 펩타이드 결합이 형성된다. 펩타이드 결합을 이루는 과정에서 물 분자 하나가 빠져나온다.

ANSWER
04. ② 05. ① 06. ③

07 다음은 단백질의 합성 과정을 나타낸 것이다.

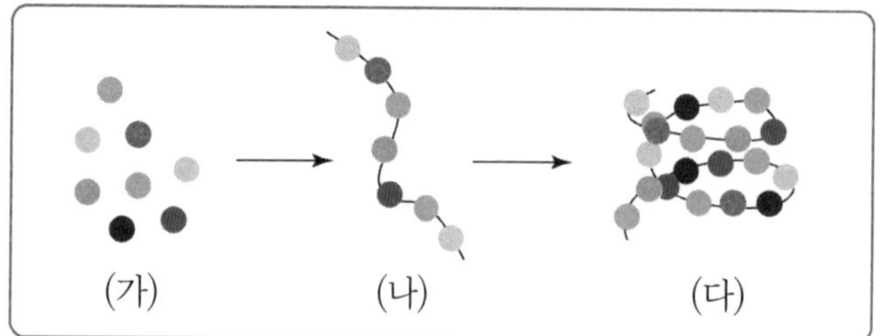

이 과정에 대한 설명으로 옳은 것은?

① (가)는 아미노산, (나)는 펩타이드, (다)는 단백질이다.

② (가)의 종류가 바뀌는 것으로 (다)의 성질이 바뀌지는 않는다.

③ (나)의 성질을 결정하는 것은 (가)의 개수, 종류, 배열 순서, (가) 사이의 결합 종류 등이다.

④ (다)에 열을 가하고 다시 식혀도 (다) 본래의 기능은 상실한다.

07

(가), (나), (다)는 각각 아미노산, 폴리펩타이드, 단백질이다. 폴리펩타이드는 아미노산의 개수, 종류, 배열 순서에 따라 성질이 결정되지만 아미노산 사이에 존재하는 결합의 종류는 펩타이드 결합뿐이므로 결합의 종류와는 무관하다. 아미노산에 의해 폴리펩타이드의 종류가 변화하면 단백질의 성질 역시 변화한다. 단백질의 열 변성은 결합이 끊어지는 형태이므로 다시 식힌다 하더라도 결합이 복원되지는 않는다.

08 아미노산이 공통으로 갖고 있는 작용기는?

① 수산기, 카보닐기

② 카보닐기, 카복실기

③ 아미노기, 카복실기

④ 수산기, 카복실기

08

아미노기와 카복실기를 갖는다.

ANSWER

07. ④ 08. ③

09 아미노산 3개를 이용해서 만들 수 있는 단백질의 종류는 몇 가지인가?

① 27가지 ② 60가지
③ 8000가지 ④ 32000가지

09
아미노산은 20종류가 있으므로 20종류 아미노산 3개의 조합은 20^3=8000가지이다.

10 핵산에 대한 설명으로 옳지 않은 것은?

① 탄소, 수소, 산소, 질소, 인으로 구성된다.
② DNA에 저장된 유전정보는 RNA를 통해 전달되어 단백질 합성에 이용된다.
③ 핵산을 구성하는 단위체는 뉴클레오타이드이다.
④ 당으로 DNA는 리보스를, RNA는 디옥시리보스를 갖는다.

10
DNA는 디옥시리보스, RNA는 리보스를 갖는다.

11 뉴클레오타이드에 대한 설명으로 옳지 않은 것은?

① 인산, 당, 염기 세 부분으로 이루어져 있다.
② 염기에 따라 종류가 나뉘며, 4가지가 존재한다.
③ 당의 종류에 따라 중합한 결과물이 DNA와 RNA로 나뉜다.
④ 뉴클레오타이드 사이의 연결은 인산에 의해 이루어진다.

11
뉴클레오타이드의 종류는 염기에 따라 결정되며 그 종류는 아데닌(A), 구아닌(G), 사이토신(C), 타이민(T), 유라실(U)의 5가지이다.

ANSWER
09. ③ 10. ④ 11. ②

12 DNA에 대한 설명으로 옳은 것만을 〈보기〉에서 있는 대로 고른 것은?

보기
ㄱ. 핵산의 일종이다.
ㄴ. 뉴클레오타이드가 수없이 많이 연결된 고분자 물질이다.
ㄷ. DNA의 기본 단위인 뉴클레오타이드는 인산, 당, 염기가 1:1:1로 결합되어 있다.

① ㄱ ② ㄱ, ㄴ
③ ㄱ, ㄷ ④ ㄱ, ㄴ, ㄷ

13 DNA에서 서로 마주보는 가닥에 있는 염기는 일정한 규칙을 따르는 상보 결합을 한다. 다음 중 상보 결합으로 옳은 것은?

① 타이민(T)－사이토신(C)
② 아데닌(A)－유라실(U)
③ 구아닌(G)－타이민(T)
④ 사이토신(C)－구아닌(G)

14 다음 DNA 이중 나선에서 잘못된 부분을 찾으면?

A	G	T	A	C	C	T	U	A
T	C	A	T	G	G	A	C	T
①		②			③		④	

12
DNA는 뉴클레오타이드가 수없이 많이 연결된 고분자 물질로, 핵산의 일종이다.

13
DNA에서 아데닌(A)은 타이민(T)과, 구아닌(G)은 사이토신(C)과 상보 결합을 이룬다.

14
DNA에서 아데닌(A)은 타이민(T)과, 구아닌(G)는 사이토신(C)과 상보 결합을 이룬다. 유라실(U)은 RNA에서만 나타나는 염기이다.

ANSWER
12. ④ 13. ④ 14. ④

15 다음은 어떤 DNA의 두 가닥 중 한 가닥인 가닥 1의 염기 조성 비율을 분석한 결과이다.

• A 31%　• G 26%　• C ?%　• T 24%

다른 한 가닥인 가닥 2의 염기 조성으로 옳은 것은?

① A 26%　② G 26%
③ C 19%　④ T 31%

15
가닥 1의 사이토신(C) 조성비는 19%이다. 상보 결합하는 염기 간에는 조성비가 같아야 하므로 가닥 2의 염기 조성 비율은 A 24%, G 19%, C 26%, T 31%이다.

16 어떤 인체 구성 성분을 보고 다음과 같이 분석하고 있다. 이 중 그 분석이 잘못된 것은?

① 뉴클레오타이드를 단위체로 하고 있다.
② 단일 가닥 구조로 되어 있다.
③ A, G, C, T의 염기가 있다.
④ 당 부분에 리보스를 사용한다.

16
②, ④가 설명하고 있는 것은 RNA이나, ③은 DNA에 해당하는 설명이다. ①은 DNA와 RNA에 공통적으로 해당하는 설명이다.

17 DNA에 대한 설명으로 옳지 않은 것은?

① DNA는 이중 나선 구조를 이루고 있다.
② 두 가닥의 폴리뉴클레오타이드가 나선 모양으로 꼬여 있다.
③ 구성 염기에는 아데닌(A), 타이민(T), 구아닌(G), 사이토신(C)이 있다.
④ 나선의 안쪽에는 당과 인산이, 나선의 바깥쪽에는 염기가 위치한다.

17
DNA의 나선 안쪽에는 염기가, 바깥쪽에는 당과 인산이 위치한다.

ANSWER
15. ④　16. ③　17. ④

03 신소재의 이용

1 신소재

(1) 신소재란 과학 기술을 통해 개발한 소재로, 기존의 재료보다 더 뛰어난 성질을 갖거나 기존에 없는 새로운 성질을 갖는 물질을 말한다.

(2) 기술을 통해 변화시키고자 하는 물질의 성질

① 물리적 성질 : 강도, 전기 전도성, 열 전도성, 자성, 굴절률, 녹는점, 탄성 등

② 화학적 성질 : 가연성, 반응성, 생분해성, 산성·알칼리성 등

2 물리적 성질을 변화시킨 신소재

(1) 초전도체

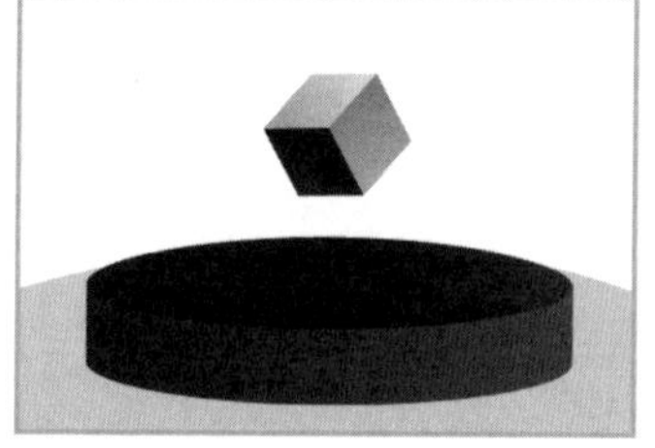

① 초전도 현상 : 특정 온도 이하에서 전기 저항이 0이 되는 현상을 말한다. 초전도체는 초전도 현상을 나타내는 물질이다.

② 임계 온도 : 초전도 현상이 발생하기 시작하는 특정 온도를 말한다. 상용화를 위해서는 임계 온도가 높을수록 좋다.

③ 마이스너 효과 : 초전도 현상 중인 초전도체에 외부 자기장을 가하면 자기장을 밀어내는 현상이다. 이 때문에 초전도체는 초전도 현상 중에는 자석 위 공중에 떠 있을 수 있다.

④ 이용 : 전기 저항이 없으므로 전력의 손실 없이 대량의 전류를 보낼 수 있고(전력 케이블 등), 대량의 전류를 통해 매우 강한 자기장을 생성할 수 있다(자기 부상 열차, 핵융합 장치, MRI 등).

(2) 그래핀

① 탄소 원자가 육각형 모양의 한 층으로 배열된 평면 구조의 물질이다.

② 전기 전도성과 열 전도성이 뛰어나고, 강철의 200배에 달할 정도로 강도가 매우 높다. 신축성이 뛰어나 휘거나 구부릴 수 있으며, 매우 얇아서 빛이 잘 투과한다.

③ 투명한 수준으로 얇은 전극이 필요한 디스플레이, 뛰어난 강도를 이용한 고강도 코팅제 등으로 개발이 이루어지고 있다.

심화학습 **탄소로만 구성된 신소재**

- **풀러렌(C_{60})** : 탄소 원자 60개가 축구공 모양으로 결합된 물질로, 열과 압력에 강하며, 내부에 빈 공간을 갖는다는 특징이 있다.
- **탄소 나노 튜브** : 그래핀이 원통 튜브 모양으로 말려 있는 구조의 물질로, 강도가 매우 높으며, 전기 전도성과 열 전도성이 뛰어나다. 분자 크기 정도로 작은 물체를 집어 옮기는 나노 핀셋으로 활용한다.

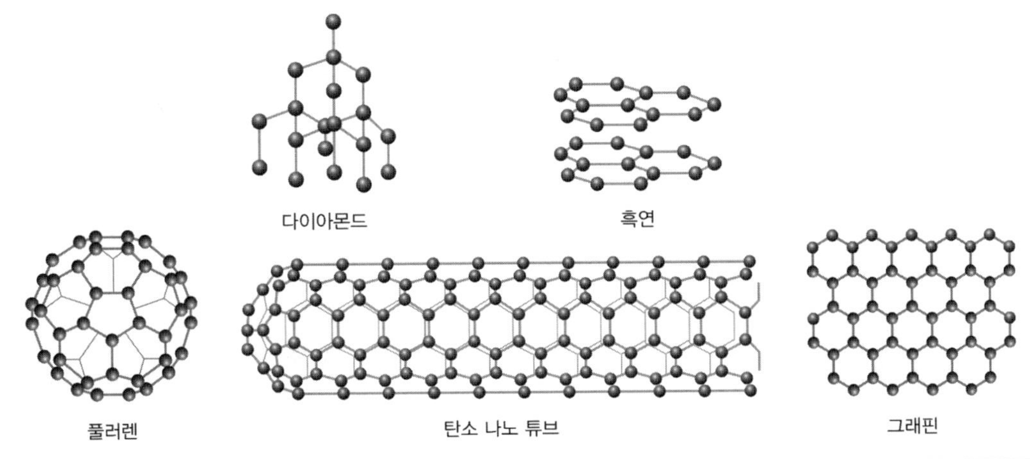

(3) 반도체

① 전류가 잘 흐르는 도체와 전류가 거의 흐르지 않는 절연체의 중간 정도의 성질을 지닌 물질이다.

② 전류가 거의 흐르지 않는 순수한 규소(Si, 실리콘)나 저마늄(Ge)에 불순물(인이나 붕소 등)을 미량 첨가하는 방식으로 인공적으로 반도체를 만들 수 있다.

③ 특수한 전기적 성질을 갖기 때문에 전자 산업 전반에 핵심적으로 이용된다.

기초학습 생체 모방 신소재

생명체가 자연에 적응하며 변화해온 구조를 모방한 소재들을 말한다.

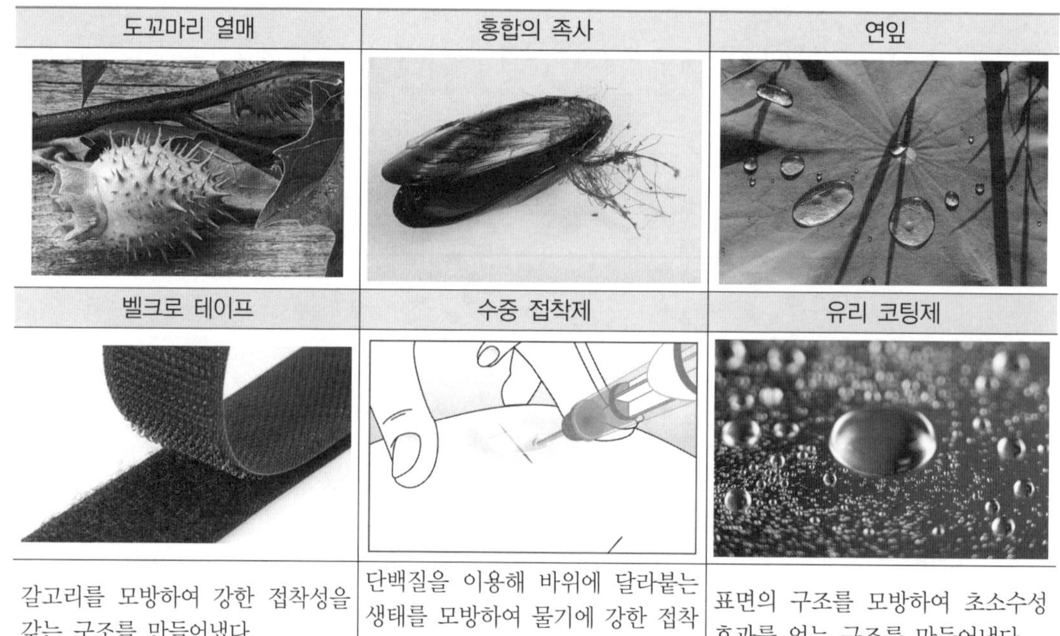

도꼬마리 열매	홍합의 족사	연잎
벨크로 테이프	수중 접착제	유리 코팅제
갈고리를 모방하여 강한 접착성을 갖는 구조를 만들어냈다.	단백질을 이용해 바위에 달라붙는 생태를 모방하여 물기에 강한 접착제를 개발하였다.	표면의 구조를 모방하여 초소수성 효과를 얻는 구조를 만들어냈다.

01 초전도체에 대한 설명으로 옳은 것만을 〈보기〉에서 있는 대로 고른 것은?

> **보기**
> ㄱ. 초전도체로 강력한 전자석을 만들 수 있다.
> ㄴ. 임계 온도는 초전도체의 전류가 0이 되는 온도이다.
> ㄷ. 마이스너 효과를 이용해 자기 부상 열차를 만들 수 있다.

① ㄷ　　② ㄱ, ㄴ
③ ㄱ, ㄷ　　④ ㄴ, ㄷ

02 다음 중 초전도체의 온도에 따른 저항 그래프를 가장 적절하게 나타낸 것은?

①
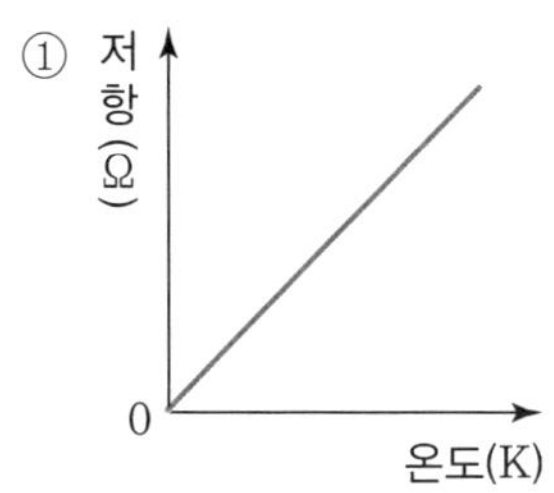

②
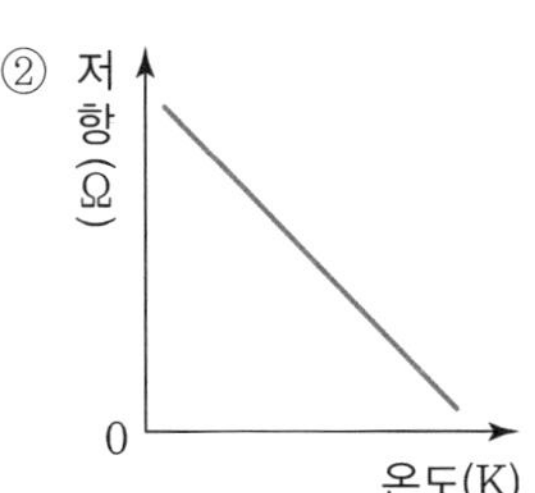

③
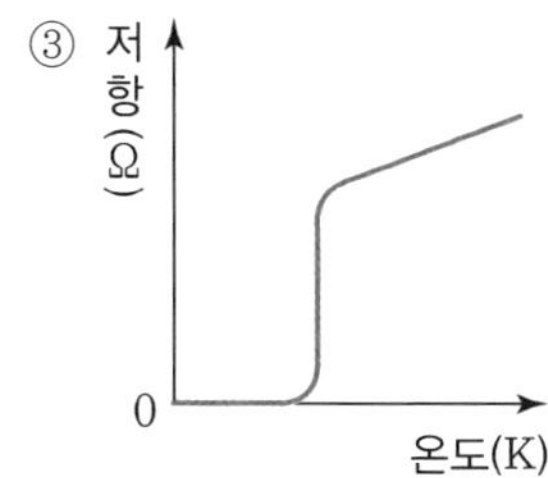

④
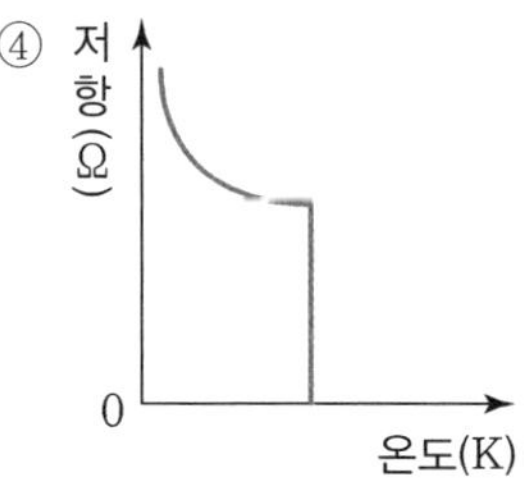

01
임계 온도는 초전도체에서 전기 저항이 0이 되는 온도이다.

03
초전도체는 온도가 내려가면서 저항이 감소하다가 특정 온도(임계 온도) 이하에서 전기 저항이 0이 되는 물질이다.

ANSWER
01. ③ 02. ③

03 다음 설명과 관련이 깊은 신소재는?

> 흑연은 육각형의 벌집 구조로 만들어진 탄소 분자 판이 층을 이루어 쌓여 형성된 물질이다. 흑연의 층은 서로 잘 미끄러져 분리되지만, 한 층만 따로 분리하는 것은 어려운 일이었다. 그러나 그 어려운 일은 흑연 덩어리에 스카치테이프를 붙였다 떼는 간단한 발상으로 해결되었다.

① 탄소 나노 튜브　　② 그래핀
③ 네오디뮴 자석　　④ 풀러렌

03
흑연은 그래핀 층이 무수히 쌓여서 형성된 물질이다. 스카치테이프를 이용한 그래핀의 분리는 2004년에 안드레 가임이 발견하였고, 그는 이 공로로 2010년 노벨물리학상을 수상하였다.

04 다음과 같은 구조를 가진 탄소 동소체에 대한 설명으로 옳지 않은 것은?

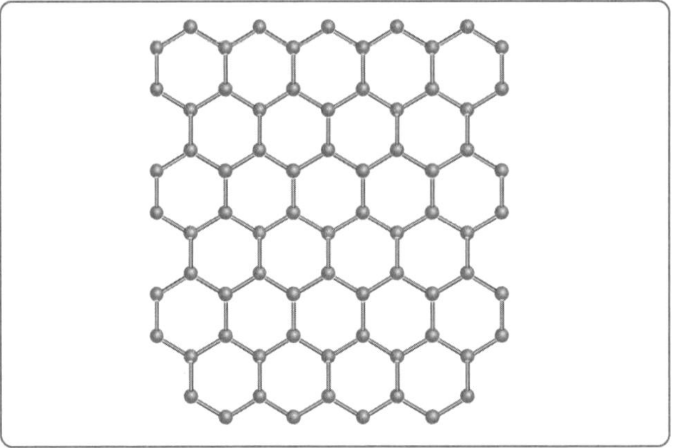

① 강도가 매우 높다.
② 전기 전도성과 열 전도성이 뛰어나다.
③ 매우 얇은 두께에도 빛을 완전히 차단할 수 있다.
④ 신축성이 뛰어나 휘거나 구부릴 수 있다.

04
그래핀에 대한 설명으로 매우 얇은 두께로 빛을 투과시킨다.

ANSWER
03. ②　04. ③

05 풀러렌에 대한 설명으로 옳은 것만을 〈보기〉에서 있는 대로 고른 것은?

보기

ㄱ. 내부에 빈 공간을 갖는다는 특징이 있다.
ㄴ. 흑연이나 다이아몬드와 구성 원소가 같다.
ㄷ. 탄소 6개로 이루어진 육각형 모양이 서로 연결된 원통 모양의 관을 이루고 있다.

① ㄷ　② ㄱ, ㄴ
③ ㄱ, ㄷ　④ ㄴ, ㄷ

06 다음 표는 두 가지 탄소 동소체에 관한 자료이다.

동소체	A	B
전기 전도성	없다	크다
밀도(g/cm^3)	3.5	1.3~1.4
열 전도도(상댓값)	2	3
용도	유리칼	초강력 섬유

다음 중 A와 B에 해당하는 탄소 동소체의 모형을 옳게 짝지은 것은?

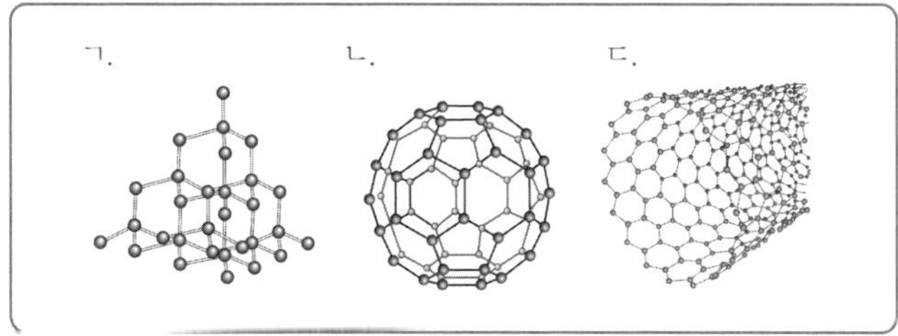

	A	B
①	ㄱ	ㄴ
②	ㄱ	ㄷ
③	ㄴ	ㄱ
④	ㄷ	ㄷ

05
풀러렌은 60개의 탄소 원자가 육각형과 오각형을 이루며 그물처럼 연결되어 축구공과 같은 형태로 배열된다.

06
A는 밀도가 크며, 유리를 자를 수 있을 만큼 고강도 물질인 다이아몬드이다. B는 전기 전도성이 크고, 강도가 크며, 섬유로 이용할 수 있는 형태인 탄소 나노 튜브이다.

ANSWER
05. ② 06. ②

07 다음에서 설명하고 있는 신소재에 대한 설명으로 옳지 않은 것은?

> 불순물이 없는 순수한 규소는 원자가 전자가 4개로 다른 규소 원자 4개와 각각 1개의 공유 전자쌍을 만드는 공유결합을 할 수 있다. 이 경우 전자는 전자쌍에 고정되기 때문에 전기적으로는 중성이 되어 전기가 잘 흐르지 못한다. 여기서 규소 중 일부를 원자가 전자가 5개인 인이나 비소로 교체할 경우, 4개의 전자는 공유 결합에 참여하지만, 1개의 전자는 남아서 자유롭게 돌아다니므로 전기가 흐르게 된다. 반대로 원자가 전자가 3개인 붕소나 갈륨으로 교체하면, 공유 결합이 완성되지 않은 정공(양공, hole)이 발생하여 이를 통해 전기가 흐르게 된다.

① 집적 회로를 구성하는 핵심 소재이다.
② 첨가한 불순물의 원자가 전자 수에 따라 N형과 P형으로 구분된다.
③ 규소는 다른 원자가 전자 4개짜리 원소인 저마늄으로 대체할 수 있다.
④ 전기가 흐르는 동안의 에너지 손실을 최소화하는 특성이 있다.

07

문제에서 설명하는 신소재는 반도체이다. 집적 회로는 반도체, 특히 트랜지스터를 이용해 구성한다. 반도체는 전기를 운반하는 캐리어로 자유 전자를 사용할 시 N형 반도체로, 정공을 이용할 시 P형 반도체가 되며, 이는 불순물의 원자가 전자가 5개인지 3개인지에 따라 결정된다. 반도체 개발 초기에는 규소보다 저마늄이 더 많이 사용되었으며, 현재도 일부 특수한 용도로 사용된다. 반도체는 도체보다는 전기를 덜 흐르게 하므로 도체보다는 에너지 손실률이 높다.

08 반도체에 대한 설명으로 옳은 것을 〈보기〉에서 모두 고른 것은?

> 보기
> ㉠ 순수 반도체는 붕소와 인으로 구성되어 있다.
> ㉡ 불순물이 섞이지 않은 순수한 반도체를 순수 반도체라고 한다.
> ㉢ 순수 반도체에 미량의 불순물을 넣으면 전류가 잘 흐르지 않는다.

① ㉡　　② ㉠, ㉡
③ ㉠, ㉢　　④ ㉡, ㉢

08

순수 반도체는 규소와 저마늄으로 되어 있으며, 전류가 잘 흐르지 않는다. 여기에 미량의 불순물을 넣으면 자유 전자나 정공 등의 캐리어가 생겨 전류가 더 잘 흐른다.

ANSWER
07. ④ 08. ①

09 자연물을 모방하는 것은 신소재를 개발하는 방법이 될 수 있다. 다음 중 자연물을 모방한 신소재가 아닌 것은?

① 연잎 표면의 특성을 이용한 유리 코팅제
② 도마뱀붙이의 발바닥을 모방한 접착패드
③ 도꼬마리 열매의 접착성을 이용한 수중 접착제
④ 상어 피부의 구조를 모방한 전신 수영복

09
도꼬마리 열매는 갈고리 형태의 바늘로 옷감이나 털에 붙어 종자를 퍼트리는 특성이 있어 이를 모방해 벨크로 테이프가 발명되었다. 수중 접착제는 수중에서 바위에 단단하게 붙는 홍합의 족사 성분을 분석하여 개발되었다.

10 신소재와 활용할 수 있는 분야를 옳게 연결한 것은?

① 그래핀–플렉시블 디스플레이
② 초전도체–태양 전지
③ 탄소 나노 튜브–핵융합 장치
④ 풀러렌–자기 공명 영상 장치

10
그래핀은 빛을 투과할 정도로 얇고 전기 전도성이 높으며 기계적으로 강한 소재이므로 투명하고 휘어지는 디스플레이의 전극으로 활용할 수 있다. 태양 전지는 반도체를 이용하며, 핵융합 장치와 자기 공명 영상 장치는 초전도 현상에서 얻는 강한 자기장을 이용한다.

ANSWER
09. ③ 10. ①

NOTE

PART II

시스템과 상호 작용

01 역학적 시스템

자유 낙하하는 물체와 수평으로 던진 물체의 운동 사이에 작용하는 역학적 시스템을 설명하고, 충돌에서 발생하는 충격량과 운동량을 통해 피해를 방지하는 안전 장치의 효과성에 대해 이해할 수 있어야 합니다.

01 중력과 역학적 시스템

1 중력

(1) 중력(만유인력)

① 중력은 질량을 가진 물체들 사이에 작용하는 서로 잡아당기는 힘이다.

② 중력의 크기는 두 물체의 질량(m_1, m_2)의 곱에 비례하고, 두 물체 사이의 거리(r)의 제곱에 반비례한다($F = G\frac{m_1 m_2}{r^2}$).

③ 두 물체가 서로 당기는 힘의 크기는 작용 반작용의 법칙에 따라 같다.

(2) 지구에서의 중력

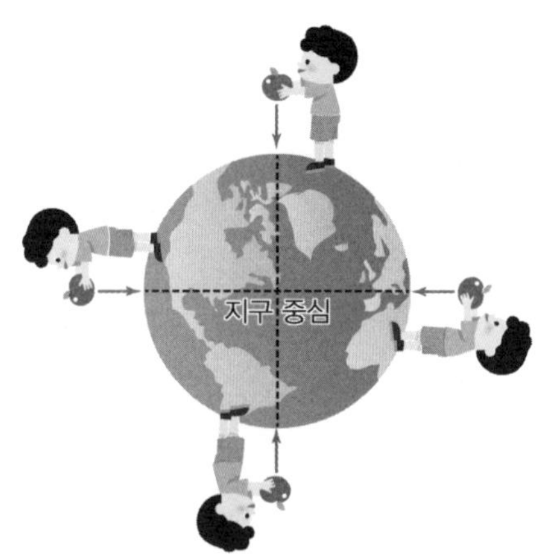

① 지구상에서 가장 큰 질량을 가진 물체는 지구 자체이므로 지구상의 모든 물체는 지구와 서로 잡아당긴다.

② 모든 물체들 사이에는 중력이 작용하지만 지구의 큰 질량에 비해서 무시할 수 있을 만큼 작은 크기이기 때문에 고려하지 않는다.

③ 그러므로 지구상의 중력이라고 한다면 좁은 의미에서 지구와 물체 사이에 작용하는 힘만을 이야기하며, 이는 지구 중심을 향하는 방향으로 작용한다.

(3) 중력의 크기

① 물체에 작용하는 중력의 크기를 무게라고 하며, 물체의 무게는 질량에 비례한다.

② 지표 부근에서 질량 1kg인 물체에 작용하는 중력의 크기는 9.8N(뉴턴, m/s^2)이다. 이를 중력 가속도라고 한다.

③ 지표 부근의 물체의 무게＝질량×중력가속도 (단위 : kg·m/s^2)

기초학습 질량과 무게

질량은 중력과 상관없이 물체가 가지는 고유의 물리량이다. 반면, 무게는 질량이 중력에 의해 당겨지는 힘을 말한다. 예를 들어, 체중이 60kg인 사람의 질량은 지구에서나 달에서나 60kg으로 같다. 하지만 중력이 지구의 $\frac{1}{6}$인 달에서 무게는 60kg·m/s^2에서 $\frac{1}{6}$인 약 10kg·m/s^2으로 줄어든다. 지면이 사람을 당기는 힘이 $\frac{1}{6}$이 되었기 때문이다.

2 중력에 의한 물체의 운동

(1) 자유 낙하 운동

① 정지해 있는 물체를 공중에서 놓으면 중력에 의해 물체가 떨어진다. 이것을 자유 낙하 운동이라고 한다.

② 낙하하는 물체는 정지된 상태에서 다른 힘의 관여 없이 중력만으로 낙하해야 한다. 외부 힘에는 공기 저항이 포함되므로 자유 낙하 운동에서는 공기 저항은 없다고 간주한다.

③ 자유 낙하하는 물체는 질량에 관계없이 속력이 1초마다 9.8m/s씩 증가한다. 즉, 1초마다 9.8m/s씩 가속한다는 의미가 되어 중력 가속도는 9.8m/s^2가 된다.

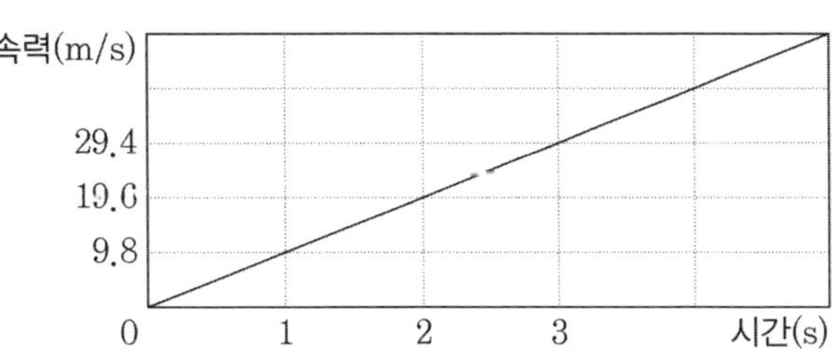

심화학습 갈릴레이의 피사의 사탑 실험과 공기 저항

자유 낙하 운동을 하는 물체는 질량에 관계없이 낙하하는 속도가 일정하다고 하였다. 이를 실험으로 증명한 것이 갈릴레오 갈릴레이이다. 당시 사람들은 무거운 물체가 더 빨리 떨어질 것이고 가벼운 물체는 더 천천히 떨어질 것이라고 생각했지만 피사의 사탑에서 무게가 다른 두 물체를 낙하시킨 결과, 지면에 동시에 도달하였다.

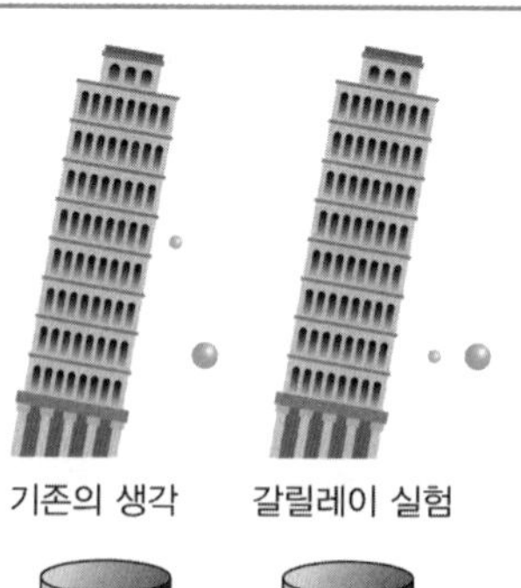
기존의 생각　　갈릴레이 실험

가벼운 물체가 더 천천히 떨어질 것 같다는 인식은 공기 저항에 의해 발생한다. 대체로 가벼운 물체(깃털, 옷감, 종이 등)는 밀도가 작은 경향이 있고, 공기 저항을 크게 받는 구조로 되어 있는 경우가 많아 낙하하는 과정에서 공기 저항에 의한 반발력을 크게 받는다. 또한 이 반발력은 자유 낙하 운동과 달리 질량과 직접 관계가 있으며, 질량이 큰 물체는 반발력으로 감소하는 속도의 크기가 작지만, 질량이 작은 물체는 반발력의 영향을 크게 받아 속도가 대폭 감소하게 된다. 따라서 가벼운 물체가 더 천천히 떨어질 것 같다는 인식이 발생한 것이다. 만약 공기 저항이 없는 진공 상태에서 낙하 실험을 하게 된다면 자유 낙하 운동대로 모든 물체는 같은 속도로 낙하한다.

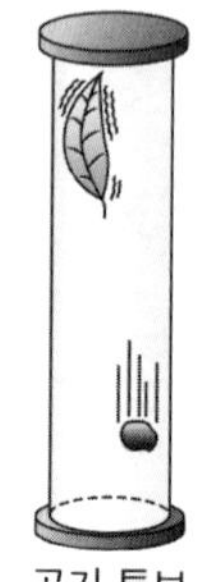
공기 튜브

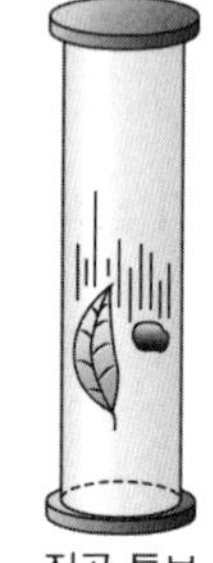
진공 튜브

(2) 수평 방향으로 던진 물체의 운동

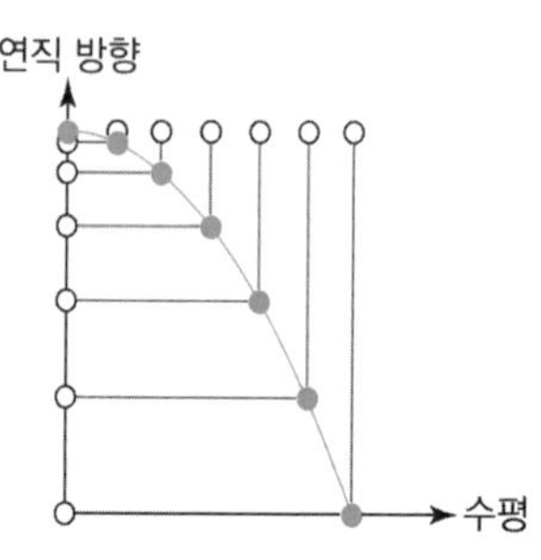

① 자유 낙하 운동과 동일하게 공기 저항이 없는 상태에서 정지해 있는 물체에 대해 정확히 수평 방향으로 힘을 가해 날려 보내며 동시에 자유 낙하한다.

② 물체에 가해지는 힘은 수직 방향과 수평 방향으로 나눌 수 있다.

㉠ **연직 방향** : 자유 낙하 운동으로 1초마다 9.8m/s씩 가속한다.

㉡ **수평 방향** : 최초에 힘이 가해진 이후, 추가적인 가속이 없으므로 등속 직선 운동을 한다.

③ 물체를 수평 방향으로 던진 힘은 수직 방향 운동에 영향을 주지 않으며, 중력은 물체의 수평 방향 운동에 관여하지 않는다.

④ 수평 방향의 등속 직선 운동과 연직 방향의 자유 낙하 운동이 합쳐져 포물선 궤도를 그리며 떨어진다.

심화학습 **뉴턴의 사고 실험**

뉴턴은 대기권 바깥에 있는 대포가 충분히 빠른 속도로 포탄을 발사하면 그 포탄이 지면에 떨어지지 않고 지구 주변을 돌 것이라고 예상하였다. 여기서 포탄에 수평 방향으로는 최초에 발사한 힘, 연직 방향으로는 지구의 중력이 작용하므로 포탄은 포물선 형태의 운동을 할 것이다. 이렇게 운동하는 과정에서 포탄의 진행 방향은 포물선을 따라 변화하고, 포탄의 위치가 바뀜에 따라 중력의 방향도 바뀐다. 이 두 힘이 균형을 이루면 포탄은 뉴턴의 생각대로 지구 주변을 계속해서 돌 것이며, 이를 궤도 운동이라 한다. 인공위성이나 달의 공전이 이러한 궤도 운동이다.

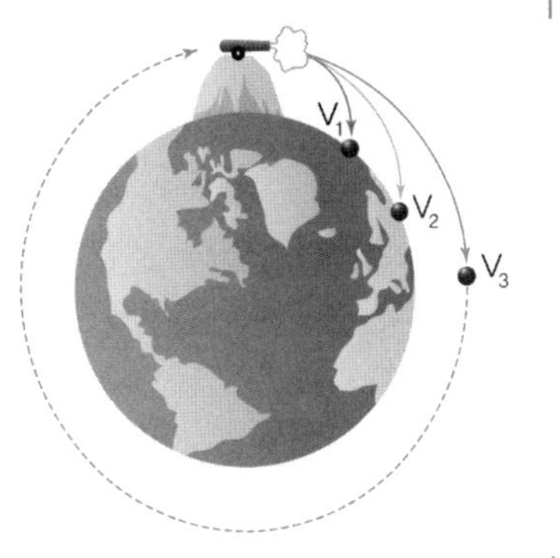

3 역학적 시스템과 중력

(1) 역학적 시스템

중력을 비롯해 전기력, 자기력, 마찰력 등 여러 종류의 힘이 상호 작용하며 균형을 이루고 유지되고 있는 지구 환경 자체를 이야기한다.

(2) 중력이 지구 시스템에 미치는 영향

① **대기권 형성** : 중력은 대기를 형성하는 기체를 지구 밖으로 나가지 않도록 붙잡아 대기권을 형성한다.

② **기상 현상과 물의 순환** : 수증기들은 대기 중에서 응집되어 그 덩어리가 커지면 중력에 의해 지면으로 낙하한다. 이렇게 내린 비, 눈은 지면에서도 중력의 영향을 받아 낮은 곳으로 흐르며, 강과 바다를 형성한다.

③ **대기의 대류** : 지면에서 태양열에 의해 뜨거워진 공기는 밀도가 낮아져 무게가 감소하고 중력의 영향이 작아져 상승한다. 반대로 상층부에서 차갑게 식은 공기는 밀도가 높아져 무게가 증가하고 중력의 영향이 커져 하강한다.

④ **밀물과 썰물** : 공전하는 달이 가장 가까워져 지구상에 영향을 미치는 달의 인력이 커지면, 해수면이 그 영향으로 상승하여 밀물이 된다. 여기서 달의 공전 궤도가 90°만큼 이동하면 그 지역에 밀물이 발생하고, 밀물만큼 늘어난 바닷물이 현재 지역에서 빠져나가기 때문에 썰물이 발생한다.

(3) 중력이 생명 시스템에 미치는 영향

① 생명체들은 지구에서 살아가면서 중력에 적응하는 방향으로 진화하였다.

② 덩치가 큰 동물들은 중력의 영향을 크게 받아 체중이 무거워진다. 그러한 동물들은 무거운 체중을 견디기 위해서 신체의 근육과 골격, 특히 다리가 강하게 발달한다.

③ 식물은 중력 방향으로 뿌리를 뻗어 땅속으로 뿌리를 내리게 된다.

④ 동물의 귀에 있는 전정 기관은 중력을 감지해 균형 감각을 유지한다.

01 질량이 있는 물체를 지구가 잡아당기는 힘에 대한 설명으로 옳지 않은 것은?

① 그 크기는 무게라고 하며, 단위는 $kg \cdot m/s^2$이다.
② 지구상에서는 지구 중심 방향으로 작용한다.
③ 질량에 무관하게 그 크기는 일정하다.
④ 이 힘이 없다면 대기가 대류하지 못한다.

01
문제에서 말하는 힘은 중력으로, 작용하는 물체의 질량이 클수록 커지며 거리가 멀어질수록 작아진다.

02 다음 중 중력에 의한 현상만을 〈보기〉에서 있는 대로 고른 것은?

> 보기
> ㄱ. 하늘로 던진 공이 다시 떨어진다.
> ㄴ. 테이블보를 빠르게 잡아당기면 테이블 위의 물건이 떨어지지 않는다.
> ㄷ. 달이 지구 주변을 주기적으로 공전한다.
> ㄹ. 전자석 기중기로 고철을 끌어올린다.

① ㄱ, ㄴ　　② ㄷ, ㄹ
③ ㄱ, ㄷ　　④ ㄱ, ㄴ, ㄷ

02
ㄴ은 관성, ㄹ은 자기력에 의한 현상이다.

03 자유 낙하 운동에 대한 설명으로 적절한 것은?

① 동일한 높이에서 자유 낙하 운동을 하는 모든 물체는 지면에 도달하는 시간이 같다.
② 중력 외에 공기 저항 등 다른 요소를 고려해야 한다.
③ 등속도 운동의 일종이다.
④ 물체의 형태가 낙하 속도에 영향을 준다.

03
자유 낙하 운동에서는 중력 외의 힘은 고려하지 않으며, 공기 저항도 무시하기 때문에 물체의 형태나 질량 등의 요소에 무관하게 낙하하며, 이때의 낙하 운동은 등가속도 운동이다.

ANSWER
01. ③ 02. ③ 03. ①

04 질량이 각각 m, $2m$, $3m$인 세 물체를 건물 옥상에서 떨어뜨렸다. 지면에 도달하기 직전 세 물체의 속력의 비는? (단, 공기 저항은 무시한다.)

① 1 : 1 : 1　　② 1 : 2 : 3
③ 1 : 4 : 9　　④ 3 : 2 : 1

05 다음 그래프에 대한 설명으로 옳은 것만을 〈보기〉에서 있는 대로 고른 것은?

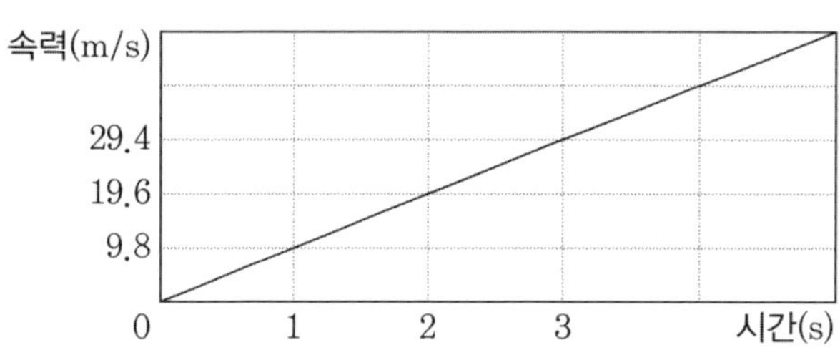

보기
ㄱ. 자유 낙하 운동을 나타내는 그래프이다.
ㄴ. 5초가 경과했을 때의 가속도는 49m/s^{2}이다.
ㄷ. 그래프의 기울기는 낙하하는 속도를 의미한다.

① ㄱ　　② ㄱ, ㄴ
③ ㄱ, ㄷ　　④ ㄴ, ㄷ

06 지구 주변을 돌고 있는 인공위성에 대한 설명으로 옳지 않은 것은?

① 인공위성에 작용하는 힘의 방향은 계속해서 바뀐다.
② 인공위성에 작용하는 힘의 크기는 일정하다.
③ 대기권에서는 궤도를 형성할 수 없다.
④ 인공위성이 현재 속도보다 빠르게 가속한다면 점차 지구에 가까워져 추락할 것이다.

04
공기 저항을 무시한다고 하였으므로 물체들은 자유 낙하 운동을 한다. 자유 낙하하는 물체는 같은 가속도를 받기 때문에 같은 높이에서 낙하한다면 지면에 도달하는 속력은 같을 것이다.

05
문제의 그래프는 자유 낙하 운동을 나타내는 그래프로, 그래프의 기울기 9.8m/s는 가속도를 의미한다. 5초가 지나면 물체의 속력이 49m/s가 될 것이다.

06
인공위성에는 지구의 중력이 작용하고 그 크기는 일정하나, 인공위성이 위치가 바뀜에 따라 힘의 방향은 계속해서 바뀐다. 또한 인공위성이 대기권에 있을 경우, 공기저항이 작용하여 속도가 계속해서 감소하기 때문에 궤도를 형성하지 못한다. 인공위성이 궤도상의 속도보다 빠르게 가속한다면 지구의 중력으로 인한 구심력보다 원심력이 더 커져 궤도 바깥으로 벗어날 것이다.

ANSWER
04. ①　05. ①　06. ④

07 다음과 같이 물체를 수평 방향으로 던졌다.

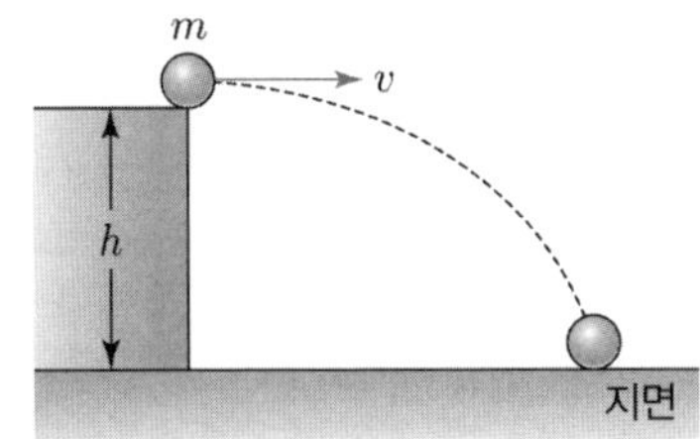

이에 대한 설명으로 옳지 않은 것은? (단, 공기 저항은 무시한다.)

① 물체의 질량을 2배로 높여도 같은 위치에 떨어진다.
② 수평 속도 v는 낙하하면서 점차 줄어든다.
③ 물체에는 연직 방향으로 중력이 작용한다.
④ 수평 방향으로는 최초의 가속 외에 다른 힘이 작용하지 않는다.

08 다음 그림은 뉴턴의 사고 실험을 나타낸 것으로, 충분히 높은 곳에서 수평 방향으로 발사한 포탄의 궤도에 대한 추측이다. 이에 대한 설명으로 옳지 <u>않은</u> 것은?

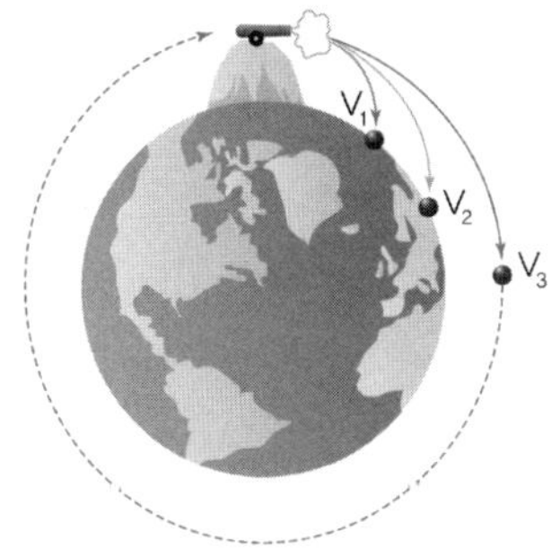

① 포탄이 지면에 떨어지는 것은 중력에 의한 것이다.
② 달이 지구 주변을 도는 원리를 설명할 수 있는 실험이다.
③ 포탄이 충분히 강하게 발사되면 포탄은 본래의 자리로 되돌아올 수 있다.
④ 궤도를 형성한 포탄은 계속해서 가속한다.

07
수평 방향으로는 최초의 가속 외에 다른 힘이 작용하지 않으므로 등속 직선 운동을 한다. 따라서 낙하하는 도중의 어느 순간이라도 수평 속도는 v로 일정하다.

08
포탄은 지속적으로 중력이라는 힘을 받지만 힘의 방향과 진행 방향이 달라 궤도를 도는 속력 자체에는 간접적으로만 영향을 미치며, 궤도를 형성한 경우에는 힘이 균형을 이뤘기 때문에 일정한 속력으로 운동한다. 이를 등속 원운동이라 한다.

ANSWER
07. ② 08. ④

09 **공기의 대류 현상과 중력의 관계를 나타낸 설명으로 옳은 것은?**

① 차가운 공기에는 더 큰 중력이 작용한다.
② 공기가 차가워질수록 밀도는 감소한다.
③ 공기가 따뜻해지면 무게가 증가한다.
④ 상승 기류가 발생하는 지역의 지표 온도는 주변보다 낮을 것이다.

09

공기가 차가워지면 분자의 움직임이 줄어들어 밀도가 높아지고, 작용하는 중력이 커져 무게가 증가한다. 반대로 따뜻한 공기는 밀도가 낮아지고, 작용하는 중력은 작아져, 무게는 감소한다. 따라서 지표가 주변보다 따뜻하다면 지표면의 공기가 데워져 가벼워지고, 상층으로 떠오르게 되어 상승 기류를 형성한다.

10 **다음 중 중력이 생명 시스템에 미치는 영향이 아닌 것은?**

① 생명체는 중력에 의해 형성된 대기 속에서 살아간다.
② 식물은 중력을 통해 뿌리를 내려야 할 방향을 감지한다.
③ 가벼운 동물일수록 중력에 저항하기 위한 신체 구조를 갖는다.
④ 중력은 위, 아래를 비롯해 균형 감각을 잡는 수단으로 이용된다.

10

중력은 질량이 클수록 강하게 작용하므로 무거운 생물체일수록 중력의 영향을 크게 받는다. 때문에 무거운 동물일수록 중력에 저항하기 위한 단단한 골격을 필요로 한다.

ANSWER

09. ① 10. ③

02 운동량과 충격량

1 관성

(1) 관성 법칙(뉴턴의 제1법칙)

① 외부에서 아무런 힘이 작용하지 않거나 작용하는 힘의 합이 0이라면, 물체는 본래의 운동 상태를 그대로 유지하려고 한다.

② 정지해 있는 물체는 정지 상태를 유지하려고 하고, 운동하던 물체는 운동하던 방향으로 계속 등속 직선 운동을 한다.

버스가 갑자기 출발하면 몸은 정지 상태를 유지하려고 하므로 몸이 뒤로 쏠린다.

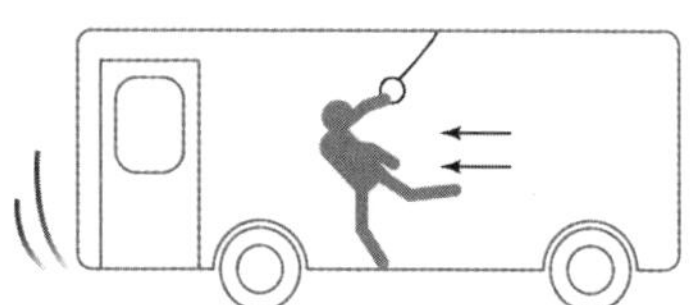

버스가 갑자기 정지하면 몸은 계속 앞으로 나아가려고 하므로 몸이 앞으로 쏠린다.

기초학습 등속 직선 운동과 가속도

등속 직선 운동은 같은 속도를 유지하며 한 방향으로 계속해서 이동하는 것으로, 물체에 아무런 외부의 힘이 작용하지 않는다면 등속 운동 상태에 있게 된다(정지 상태도 넓은 의미에서는 속도가 0인 등속 직선 운동이다). 다만, 우리 주변 환경에서는 공기 저항, 마찰력, 중력 등 배제할 수 없는 외부 힘이 너무나도 많기 때문에 힘이 작용하지 않으면 속도를 유지하지 못하는 것처럼 보인다.

외부의 힘은 곧 가속도가 된다($F=ma$). 가속도란 기존에 속도에 대한 변화를 의미하며, 외부의 힘이 작용하지 않는다는 것은 가속도도 0이라는 것이고, 이는 곧 속도의 변화가 발생하지 않는다는 의미가 된다. 따라서 외부의 힘이 없다면 등속 운동이 유지된다.

(2) 관성의 크기

관성은 질량이 클수록 커진다. 따라서 질량이 큰 물체는 움직이는 상태에서 정지시키거나 방향 전환하는 것이 어렵다.

기초학습 안전띠

빠른 속도로 주행 중인 차량에 타고 있는 사람은 차량과 같은 속도로 운동하고 있다. 이 상태에서 차량이 급브레이크, 충돌 등의 이유로 속도를 급격히 줄이며 정지 상태가 되면 사람은 관성에 의해 앞으로 튀어나가고, 전면 유리창에 충돌하거나 차량 밖으로 튀어나갈 수 있다. 안전띠는 이러한 경우에 탑승자가 관성에 의해 급격하게 튀어나가지 않도록 붙잡아주는 역할을 한다.

2 운동량과 충격량

(1) 운동량

물체의 운동 정도를 나타내는 물리량이다.

① 운동량의 크기

운동량(p)=물체의 질량(m)×속도(v) (단위 : kg·m/s)

② 운동량의 방향 : 물체의 속도의 방향, 즉 운동 방향과 같다.

(2) 충격량

물체가 받은 충격의 정도를 나타내는 물리량이다.

① 충격량의 크기

충격량(I)=물체가 받은 힘(F)×힘이 작용한 시간(Δt) (단위 : N·s, kg·m/s)

② 충격량의 방향 : 물체에 작용하는 힘의 방향과 같다.

(3) 운동량과 충격량의 관계

① 물체에 충격이 가해지면 물체의 운동 상태가 변화한다. 즉, 충격량은 운동량을 변화시킨다.

② 운동량과 충격량은 단위가 kg·m/s로 같다. 따라서 물체의 운동량 변화량은 물체에 가한 충격량과 같다.

③ (충격량)=(운동량의 변화량)=(충격 후 운동량)−(충격 전 운동량)

$$I = F\Delta t = mv_2 - mv_1$$

3 충격의 완화

(1) 충격량은 물체가 받은 힘과 힘이 작용한 시간의 곱으로, 충격량이 일정하다면 물체가 받은 힘과 힘이 작용한 시간 사이에는 반비례 관계가 성립한다.

(2) 충돌 시에 실질적인 피해는 힘의 크기에 영향을 받으므로 힘이 작용하는 시간을 최대한 길게 한다면 힘의 크기가 줄어들어 충격에 의한 피해를 완화할 수 있다.

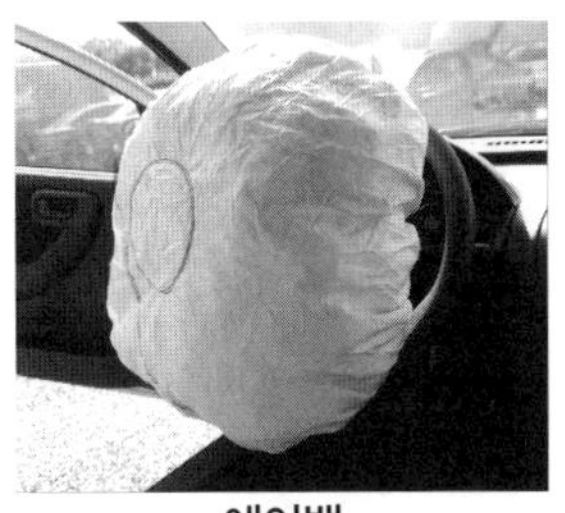
에어백

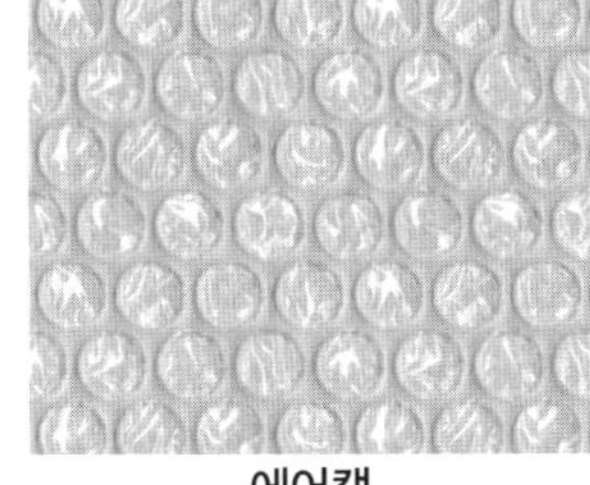
에어캡

헬멧

충돌 시간을 늘려 받는 충격을 줄이는 예시들

심화학습 힘-시간 그래프

충돌이 일어난 순간을 나타낸 힘-시간 그래프의 면적은 충격량의 크기를 의미한다.

따라서 그래프의 면적이 같다면($S_1 = S_2$) 받은 힘의 차이가 크더라도 같은 충격량을 받은 것이다. 이때 충격량을 작용한 시간으로 단순히 나누어 얻은 힘의 크기는 가해진 힘의 평균값이 되며(F_1, F_2), 이 평균값을 충격력이라고 한다.

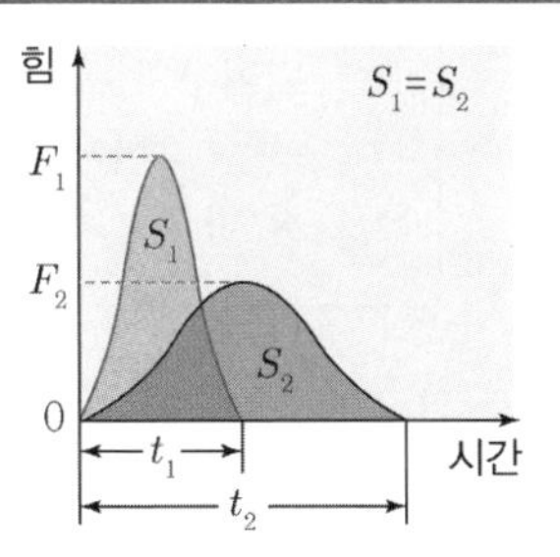

실력 탄탄 다지기

실전 예상문제

01 관성에 대한 설명으로 옳지 않은 것은?

① 정지해 있는 물체가 계속해서 정지하고 있으려는 성질이다.

② 속도가 일정하게 증가하던 물체가 계속해서 가속하려는 성질이다.

③ 질량이 큰 물체일수록 방향 전환이 어렵다.

④ 덤프트럭은 같은 속도로 주행 중인 경차보다 정지하기 위해 필요한 힘이 더 크다.

01 물체의 속도가 변화한다는 것은 외부 힘이 작용한다는 것이다. 관성에 의한 운동은 등속 직선 운동이다.

02 관성에 의해 나타나는 현상만을 〈보기〉에서 있는 대로 고른 것은?

보기

ㄱ. 범선이 돛을 펼쳐 항해한다.
ㄴ. 달리던 중 발이 걸리자 앞으로 고꾸라져 넘어졌다.
ㄷ. 열기구의 공기를 데워 상승시킨다.
ㄹ. 옷을 강하게 털어 먼지를 떼어낸다.
ㅁ. 잘 나오지 않는 화장품을 손바닥에 탁탁 두드린다.

① ㄱ, ㅁ　　② ㄴ, ㄹ

③ ㄱ, ㄷ, ㄹ　　④ ㄴ, ㄹ, ㅁ

02 범선이 바람을 돛으로 받아 항해하는 것은 작용-반작용에 의한 것이고 열기구가 상승하는 것은 대류에 의한 것으로 중력의 영향을 받는다.

03 다음 중 운동량이 가장 큰 것은?

① 5m/s의 속도로 달려드는 체중 100kg의 미식축구 선수

② 공중에서 떨어뜨려 충돌 직전 속도가 40m/s인 12kg의 이삿짐

③ 800m/s의 속도로 발사된 중량 500g의 포탄

④ 모두 같다.

03
① 100kg×5m/s=500kg · m/s
② 12kg×40m/s=480kg · m/s
③ 0.5kg×800m/s = 400kg · m/s

ANSWER
01. ②　02. ④　03. ①

04 고층 빌딩에서 질량이 m인 물체 A와 $2m$인 물체 B를 자유 낙하시켰다. 두 물체의 운동량을 비교하면?

① 두 물체의 운동량은 같다.
② B의 운동량은 A의 2배이다.
③ B의 운동량은 A의 4배이다.
④ 주어진 조건만으로는 비교할 수 없다.

04
운동량을 계산하는데 있어 필요한 조건은 물체의 질량과 속도이다. 단, 자유 낙하 조건이므로 두 물체의 속도는 같다. 따라서 운동량은 물체의 질량에 정비례하게 된다.

05 충격량에 대한 설명으로 옳지 않은 것은?

① 방향은 물체에 작용하는 힘의 방향과 같다.
② 단위로 N·s를 사용한다.
③ 물체가 힘을 받은 시간에 비례한다.
④ 물체가 힘을 받아 이동한 거리에 비례한다.

05
충격량은 물체가 받은 힘과 힘이 작용한 시간의 곱으로 이동한 거리와는 직접적인 연관이 없다.

[06~07] 마찰이 없는 지면에서 5kg의 물체가 1m/s의 속도로 이동하고 있다.

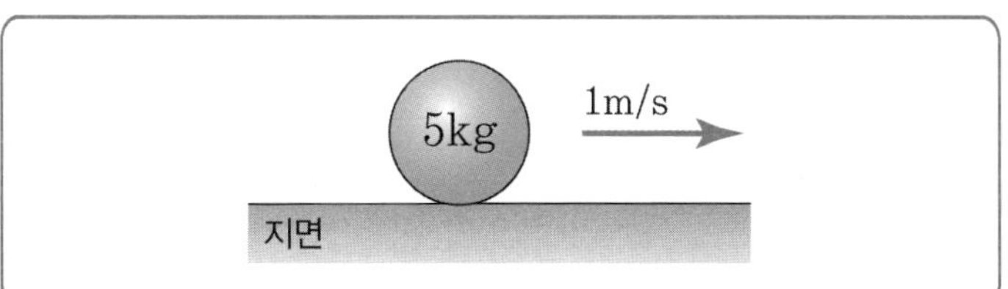

06 위 물체가 이동하는 방향의 반대 방향으로 2초간 힘을 가할 때, 물체가 정확히 정지하기 위해 필요한 힘의 크기는?

① 1N　　② 1.5N
③ 2.5N　　④ 5N

06
물체가 가진 운동량은 5kg×1m/s = 5kg·m/s = 5N·s이다.
반대 방향으로 5N·s의 충격량을 가하면 이 운동량을 소거하여 물체를 정지시킬 수 있으므로 (힘)×2s = 5N·s에 따라 2.5N의 힘이 필요하다.

ANSWER
04. ② 05. ④ 06. ③

07 위 물체가 진행하는 방향으로 물체에 1초간 10N의 힘을 가했다. 이후 물체의 속도는 얼마인가?

① 2m/s ② 3m/s
③ 4m/s ④ 5m/s

08 200g의 공을 20m/s의 속도로 벽에 던졌더니 공은 0.1초간 충돌한 뒤 10m/s의 속도로 튕겨져 나왔다. 다음 설명 중 옳은 것은? (단, 공은 벽과 수직으로 충돌하였다.)

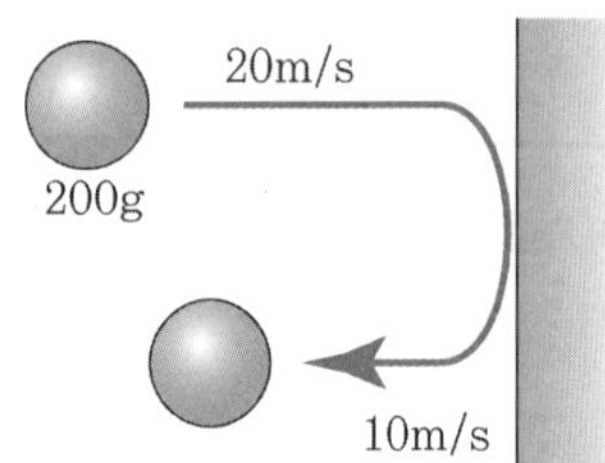

① 충돌 전후 공의 운동량은 변하지 않았다.
② 벽이 공으로부터 받은 충격량은 2N・s이다
③ 공이 벽으로부터 받은 평균 힘의 크기는 60N이다.
④ 공이 더 짧은 시간 동안 벽과 충돌하면 벽으로부터 받는 평균 힘의 크기는 줄어든다.

07
물체가 갖고 있던 운동량은 5N・s이고, 10N의 힘을 1초간 가해 발생한 충격량은 10N・s이다. 충격량은 곧 운동량의 변화량이므로 운동량은 5N・s에서 10N・s만큼 변화해 15N・s가 된다. 따라서 물체의 속도는 15N・s=15kg・m/s=5kg×(속도)에 따라 3m/s가 된다.

08
충돌 전 공의 운동량은 4kg・m/s=4N・s, 충돌 후 공의 운동량은 2kg・m/s=2N・s이다. 운동량의 변화는 벽과의 충돌에서 유발되었으므로 벽과 공은 충돌 전후의 운동량 차이만큼의 충격량을 받았다. 다만, 충돌 전후로 운동의 방향이 반대 방향이 되었기 때문에 부호가 달라진다. 즉, 충돌 전의 운동량을 4N・s라 한다면 충돌 후 운동량은 −2N・s가 된다. 따라서 운동량의 변화량, 즉 충격량은 6N・s가 되며 벽과는 0.1초간 충돌하였으므로 받은 평균 힘의 크기는 60N이 된다.

ANSWER
07. ② 08. ③

09 A와 B 두 재질로 만들어진 바닥에 같은 물체를 같은 높이에서 떨어뜨리고 충돌하는 동안 받은 힘과 충돌한 시간을 측정했더니 다음과 같은 그래프가 나타났다. 그래프에 대한 설명으로 옳지 않은 것은? (단, 공기 저항은 무시한다.)

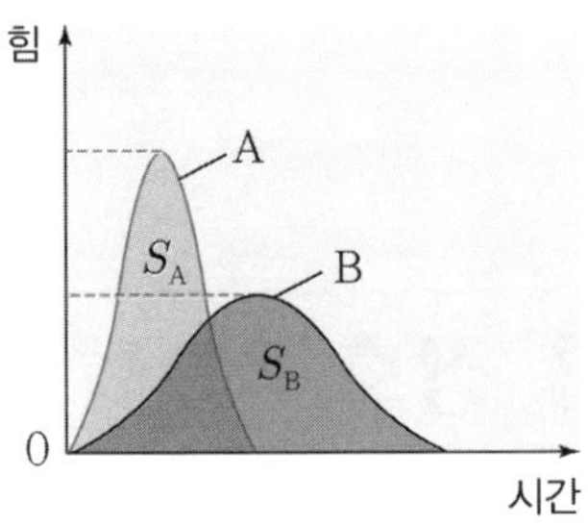

① S_A와 S_B의 면적은 같다.
② A재질 바닥은 B재질 바닥보다 딱딱할 것이다.
③ A재질 바닥에 물건을 떨어뜨렸을 때 물건이 파손될 확률이 더 높다.
④ B재질 바닥에 충돌했을 때 충격량이 더 적다.

09
같은 높이에서 같은 물체를 떨어뜨렸으므로 물체의 질량과 낙하 시간이 같고, 낙하 시간이 같으므로 충돌 직전의 속도도 같다. 따라서 바닥과의 충돌 시간에 따른 충격력의 차이는 있지만 물체가 받는 충격량은 바닥의 재질에 무관하게 같다.

10 다음 중 생활 속에서 충격에 의한 피해를 줄이기 위한 행동으로 그 방법이 다른 하나는?

① 자전거를 탈 때, 내피가 푹신푹신한 헬멧을 쓴다.
② 복싱 선수가 상체를 뒤로 젖히며 상대의 펀치를 받아낸다.
③ 자동차가 정지선과 충분한 거리를 두고 제동한다.
④ 야구의 포수는 다른 포지션의 선수보다 두꺼운 글러브를 착용한다.

10
①, ②, ④는 충돌 시간을 최대한 늘리는 방법으로 충돌에 따른 평균 힘을 줄이고 있지만, ③은 속도를 줄이는 것으로 운동량 자체를 줄여서 충격량의 크기 또한 줄이는 것이다.

ANSWER
09. ④ 10. ③

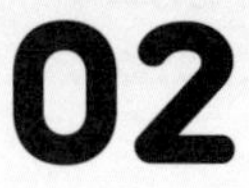

Chapter 02 지구 시스템

학습 point⁺

수많은 생명체를 포함하는 지구와 태양계의 구성 요소로서의 지구 시스템에 대해 이야기할 수 있고, 지구 시스템 상의 기권, 수권 등의 상호 작용으로 나타나는 물질의 순환과 에너지 흐름을 이해하며, 지권의 변화를 판 구조론적 관점에서 바라볼 수 있어야 합니다.

01 지구 시스템의 구성과 상호 작용

1 지구 시스템

(1) 지구 시스템

① 지구는 태양계의 역학적 시스템에 포함되어 태양의 중력의 영향으로 그 주변을 공전하고, 태양의 빛과 열을 받는다.

② 지구 내적으로는 생명체가 살아갈 수 있는 환경을 갖춘 시스템이며, 이러한 환경을 지구 시스템이라고 한다.

(2) 지구 시스템의 구성 요소

① **기권** : 지구 표면을 둘러싸고 있는 대기

② **수권** : 해수, 빙하, 지하수, 지표수 등 지구에 존재하는 물

③ **지권** : 흙, 암석 등으로 이루어진 지구 표면과 지구 내부

④ **생물권** : 지구에 살고 있는 모든 생명체

⑤ **외권** : 기권 바깥의 우주 공간

(3) 생명체가 존재하는 행성

지구는 태양계에서 유일하게 생명체가 존재하는 행성으로, 생명체가 살아갈 수 있는 여러 가지 조건을 갖추고 있다.

① 태양과 적절한 거리를 두고 지속적으로 태양 에너지를 공급받는다.

② 표면에 액체 상태의 물이 존재하며, 대기의 기압과 구성비가 적절하다.

③ 자기장이 형성된 행성으로, 지구 자기장은 태양풍과 우주선(방사선) 등 우주의 유해한 요소로부터 표면을 보호해 준다.

2 기권

(1) 지구 대기의 분포와 구성

① 지구의 대기는 지표로부터 높이 약 1000km까지 분포한다. 그 중 대부분은 중력의 영향으로 약 32km 높이 아래로 분포하며, 그 위로는 대기의 분포가 상당히 희박하다.

② 지구의 대기는 질소(약 78%), 산소(약 21%)가 약 99%를 차지하며, 나머지 약 1%에 아르곤, 이산화 탄소 등이 포함되어 있다.

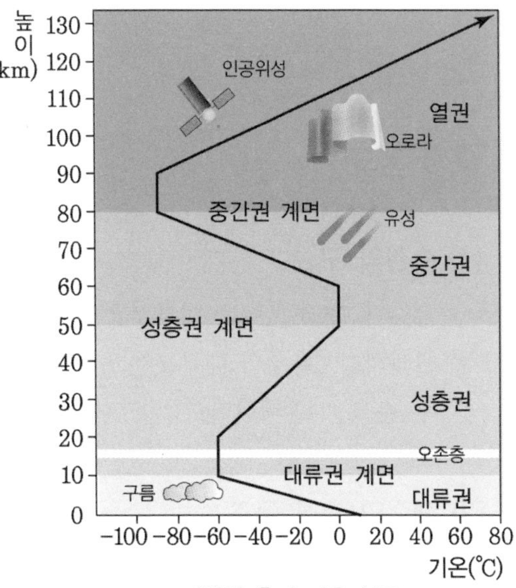

기권의 층과 기온 분포

(2) 기권의 층상 구조

① 대류권(지표~약 11km) : 태양 에너지는 지표면에서 다시 복사되기 때문에 지표면의 온도가 가장 높고, 위로 올라갈수록 기온이 낮아진다. 그렇기 때문에 지표면의 공기가 상승하고 상층부의 공기가 하강하는 대류가 활발하게 일어나며, 수증기가 있어 구름, 비, 눈 등의 기상 현상이 나타난다.

② 성층권(약 11~50km) : 오존층이 존재하는 층으로, 오존층이 태양 자외선을 흡수하기 때문에 위로 올라갈수록 기온이 높아진다. 상층부가 고온이고 하층부가 저온이므로 대류는 일어나지 않는다.

③ 중간권(약 50~80km) : 대류권과 마찬가지로 지구 복사 에너지의 영향을 받는 층으로, 위로 올라갈수록 기온이 낮아진다. 대류가 일어나지만 수증기가 거의 없어 기상 현상은 거의 나타나지 않는다.

④ 열권(약 80~1000km) : 공기가 태양 에너지를 직접 흡수하므로 위로 올라갈수록 기온이 높아지고, 대류는 일어나지 않는다. 공기가 희박하기 때문에 일교차가 상당히 크게 나타난다. 고위도 지방에서는 오로라가 나타나고, 전파를 반사하는 전리층이 있어 전파 통신에 이용된다. 우주정거장이나 각종 인공위성의 궤도가 존재하는 영역이다.

(3) 기권의 역할

① 기권은 우주에서 떨어지는 운석으로부터 지상을 보호한다. 기권을 통과하는 운석의 대부분은 대기와의 마찰열로 인해 타서 소멸하거나 크기가 매우 작아진다.

② 온실 효과를 일으켜 생명체가 살기 적합한 온도를 유지한다.

③ 외부의 우주선이나 자외선, 기타 전자기파를 차단하여 생명체를 보호한다.

④ 생물이 호흡하고 광합성 하는 데 필요한 산소와 이산화 탄소를 공급한다.

⑤ 기상 현상을 통해 물질 순환을 돕는다.

3 수권

(1) 수권의 구성

해수가 약 97.2%로 대부분을 차지하며, 육수는 약 2.8%에 불과하다. 육수의 대부분은 빙하이고 지하수, 호수와 하천수 순으로 존재한다.

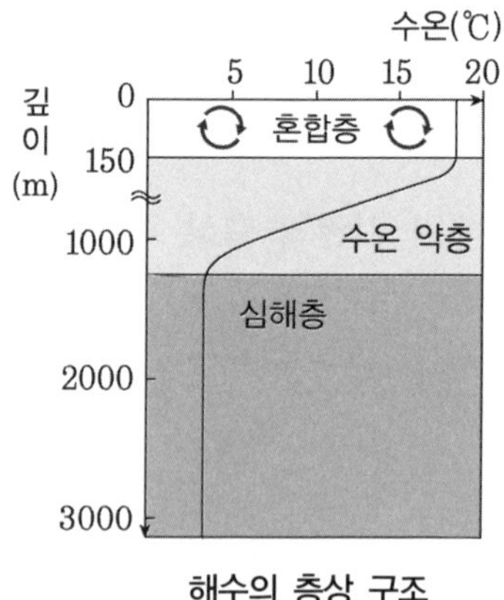

해수의 층상 구조

(2) 해수의 층상 구조

① **혼합층** : 태양 에너지를 흡수하여 수온이 높고, 바람으로 인해 계속해서 섞이기 때문에 층 전체의 수온이 거의 일정하다. 바람이 강하면 더 깊은 곳까지 섞일 수 있으므로 혼합층의 두께는 두꺼워지며, 반대로 바람이 약하면 혼합층의 두께가 얇아진다. 그 외에 계절, 위도 등의 조건에 따라 두께가 달라질 수 있다.

② **수온 약층** : 해수의 깊이가 깊어질수록 수온이 낮아지므로 해수의 대류가 일어나지 않는 안정한 층이다. 혼합층과 심해층 사이의 물질이나 에너지 교환을 차단하는 역할을 한다.

③ **심해층** : 태양 에너지가 도달하지 않아 수온이 낮고, 태양 에너지 외에도 다른 열원이 거의 없어 깊이에 따른 수온 변화가 거의 없다.

(3) 수권의 역할

① 물은 생물의 몸을 구성할 뿐 아니라 생존에 필수불가결인 요소이다.

② 물은 다른 물질에 비해 비열이 커서 온도가 잘 변하지 않아 생명체가 체온을 거의 일정하게 유지하는 데 중요한 역할을 한다.

③ 수중 생물들의 생태 공간이 된다.

④ 지권 위를 흐르며 지권의 광물질들을 해양으로 운반하여 물질을 순환시킨다.

⑤ 태양으로부터 얻은 열에너지를 해류를 통해 지구 전역으로 분산시킨다.

4 지권

(1) 지권의 층상 구조

① **지각** : 지표에서부터 깊이 약 5~35km까지의 구간으로, 규산염 물질로 구성되어 있다. 대륙 지각은 비교적 밀도가 낮은 화강암질 암석으로, 해양 지각은 비교적 밀도가 높은 현무암질 암석으로 이루어져 있다.

② **맨틀** : 깊이 약 35~2900km의 구간으로, 지각을 구성하는 암석보다 밀도가 높은 감람암질 암석으로 이루어져 있어 지각이 맨틀 위에 뜬다. 지구 전체 부피의 약 80%를 차지하고, 고체 상태이지만 유동성이 있어 대류가 일어난다.

③ **외핵** : 깊이 약 2900~5100km의 구간으로, 주로 철과 니켈 등의 무거운 물질로 구성되어 있으며 액체 상태이다.

④ **내핵** : 깊이 약 5100~6400km의 구간으로, 지구 최중심부이다. 내핵은 온도가 가장 높고, 외핵과 마찬가지로 철과 니켈 등의 무거운 물질로 구성되어 있으며, 압력과 밀도가 매우 커서 고체 상태이다.

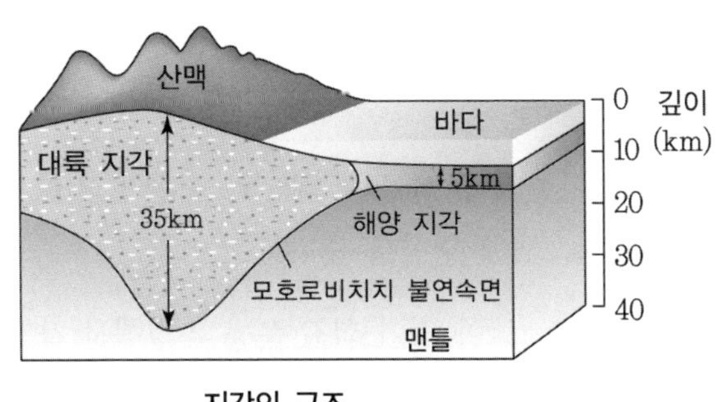

지각의 구조

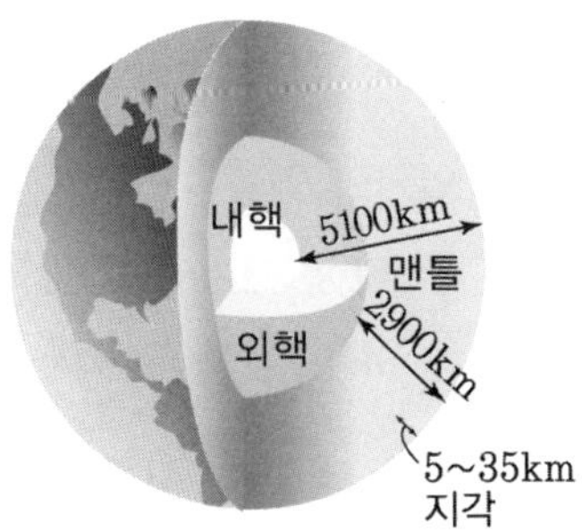

지권의 층상 구조

기초학습 모호로비치치 불연속면

모호로비치치 불연속면, 또는 모호면은 크로아티아의 안드리아 모호로비치치가 지진파의 속도 차를 통해 예측한 지각과 맨틀 사이의 경계면이다.

(2) 지권의 역할

① 생명체에게 서식 공간을 제공하며, 생명 활동에 필요한 물질을 공급한다.

② 화산 활동에 의해 기권으로 방출된 물질은 기후 변화를 일으킨다.

③ 대륙과 해양의 분포 및 지형은 대기의 순환과 해수의 흐름에 영향을 미친다.

④ 지표에서 일어나는 풍화·침식 작용과 해저의 화산 활동으로 수권에 공급된 물질은 해수에 녹아 있는 염류의 근원이 된다.

5 생물권과 외권

(1) 생물권

미생물을 포함한 지구상의 모든 생명체와 유기물을 포함하는 영역이다.

① 생물권의 분포 : 기권, 수권, 지권과 영역을 공유한다.

② 생물권의 역할

㉠ 광합성과 호흡으로 기권의 성분을 변화시킨다.

㉡ 수권 내에 녹아 있는 성분을 흡수하고 배출한다.

㉢ 미생물은 토양 속에서 생물의 사체와 배설물을 분해하여 지권의 성분을 변화시킨다.

(2) 외권

지구를 둘러싸고 있는 우주 공간으로, 태양과 달 등의 천체가 존재한다.

① 외권의 역할

㉠ 태양 에너지는 식물의 광합성에 이용되며, 대기와 해수의 순환에 영향을 미친다.

㉡ 유성 등은 지표에 떨어져 지구 시스템에 영향을 준다.

② 지구 자기장 : 지구는 외핵이 액체 상태로 남아 있어 회전 운동 과정에서 자기장을 갖는 특이한 행성이다. 지구 자기장은 태양풍과 유해한 각종 우주선으로부터 지구를 보호하는 것으로, 기권과 생명권의 유지에 큰 역할을 한다.

6 지구 시스템의 상호 작용

(1) 지구 시스템의 상호 작용

① 지구 시스템을 구성하는 기권, 수권, 지권, 생물권, 외권은 물질과 에너지를 주고받는 상호 작용을 하며 균형을 이룬다.

② 상호 작용은 각 권 내에서도 일어나고, 서로 다른 권 사이에도 일어난다. 따라서 어느 한 권에서 변화가 발생하면 그 변화는 다른 권에도 영향을 준다.

(2) 상호 작용의 예

근원 \ 영향	기권	수권	지권	생물권
기권	• 전선의 형성 • 기단의 상호 작용	• 바람에 의한 해류의 발생	• 바람에 의한 풍화, 침식 작용	• 산소, 이산화 탄소 공급 • 바람에 의한 종자, 포자 운반
수권	• 태풍 생성 • 수증기 공급	• 해수의 혼합 • 해수의 순환	• 물과 빙하의 침식 작용을 통한 지형 변화	• 세포 내 물 공급 • 생물의 서식처 제공
지권	• 지구 복사 에너지 방출 • 화산 활동에 의한 화산 가스 방출	• 지진 해일의 발생 • 지권 물질이 물에 용해되어 수권으로 이동	• 판의 운동 • 대륙의 이동	• 영양분 공급 • 생물의 서식처 제공
생물권	• 증산 작용 • 호흡과 광합성 작용	• 생물체에 의한 용해	• 풍화 작용 • 화석 연료 생성	• 먹이 사슬 유지

7 지구 시스템의 에너지원과 물질 순환

(1) 지구 시스템의 에너지원

① 태양 에너지 : 가장 많은 양의 에너지원이며, 대기와 해수의 순환, 날씨의 변화, 식물의 광합성 등 지구 환경 전역에 걸쳐 영향을 미친다. 위도에 따라 불균형하게 흡수되는 에너지로 대기와 해수의 순환을 통해 에너지 평형을 이룬다.

② 지구 내부 에너지 : 지구 내부의 방사성 원소 붕괴로 발생하며, 맨틀 대류를 만들어내 지진 및 해일, 화산 활동 등으로 영향을 미친다.

③ **조력 에너지** : 달과 태양의 인력으로 발생하는 에너지이며, 밀물과 썰물로 인한 해안선 변화 등의 영향을 미친다.

(2) 물의 순환

① 물의 순환은 주로 태양 에너지에 의해 일어난다.

② **기권 ⇒ 지권** : 대기 중의 수증기가 구름을 형성하고 비나 눈의 형태로 지표에 내린다.

③ **지권 ⇒ 수권** : 지표에 내린 물은 하천이나 호수를 이루고 바다로 흘러간다.

④ **수권 ⇒ 기권** : 태양 에너지에 의해 증발한 물이 수증기 형태로 대기를 구성한다.

⑤ 각 순환 과정에서 물은 태양 에너지를 흡수하거나 방출하면서 에너지가 함께 순환한다.

심화학습 **물수지 평형**

기권, 수권, 지권에서 각각 유입되는 물의 양과 유출되는 물의 양은 같다.

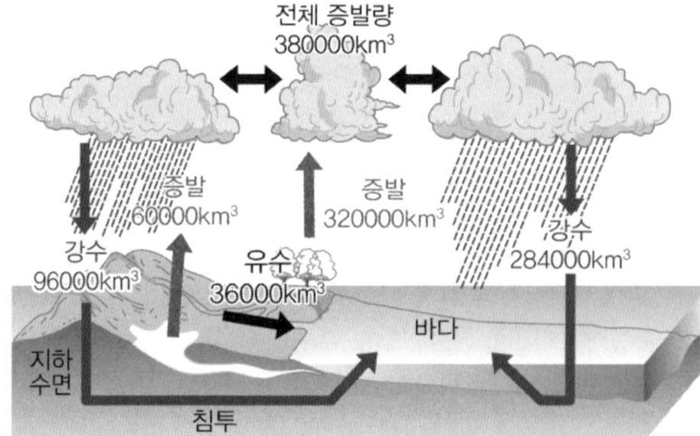

	유입량(×10³ km³)		유출량(×10³ km³)
기권	해양에서 증발(320)+육지에서 증발(60)	=	해양으로 강수(284)+육지로 강수(96)
수권	강수(284)+육지에서 유입(36)	=	증발(320)
지권	강수(96)	=	증발(60)+해양으로 유출(36)

(3) 탄소의 순환

① **탄소의 존재 형태** : 탄소의 대부분은 지권에서 석회암과 같은 탄산염 광물 형태로 존재하고 있다. 그 외에 미량이 지권에서 화석 연료로, 기권에서 이산화 탄소로, 수권에서 탄산 이온으로, 생물권에서 유기물로 존재한다.

② **기권 – 수권** : 기권의 이산화 탄소가 해수에 용해되는 한편, 수온이 상승하면 탄산 이온 형태로 용해되어 있던 탄소가 이산화 탄소로 방출된다.

③ **기권 – 지권** : 화석 연료를 연소하거나 화산 분출로 인해 이산화 탄소가 공기 중으로 배출된다.

④ **기권 – 생물권** : 식물은 공기 중의 이산화 탄소로 광합성을 하고, 생물은 호흡으로 이산화 탄소를 배출한다.

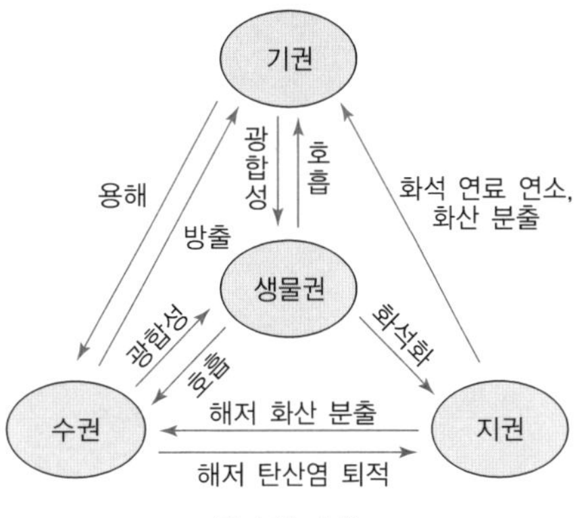

탄소의 순환

⑤ **수권 – 지권** : 화산 분출은 해저에서도 발생할 수 있으며, 이 경우 분출물이 수권으로 유입된다. 수권의 탄산 이온은 탄산염 형태로 침전되어 지권에 퇴적될 수 있다.

⑥ **수권 – 생물권** : 수중 생물은 수중 광합성과 수중 호흡으로 수권과 탄소 교환을 한다.

⑦ **지권 – 생물권** : 생물의 사체가 지층에 묻히면 화석 형태로 지권에 포함된다.

⑧ 탄소 순환 과정에는 태양 에너지와 지구 내부 에너지가 관여한다.

01 지구 시스템에 대한 설명으로 옳지 <u>않은</u> 것은?

① 지구 시스템의 구성 요소끼리는 물질과 에너지를 주고받는다.
② 수권은 모두 액체로 구성되어 있다.
③ 지권은 지각뿐 아니라 지구 내부까지 포함한다.
④ 생물권은 기권, 수권, 지권에 걸쳐 존재한다.

01 수권에는 극지방의 빙하가 포함되어 있으며, 이는 고체이다.

02 지구가 다른 행성과 달리 생명체가 존재할 수 있도록 하는 조건이 <u>아닌</u> 것은?

① 액체 상태의 물이 존재한다.
② 태양과 적절한 거리만큼 떨어져 있어 안정적으로 에너지를 공급받는다.
③ 강력한 온실 효과로 태양 에너지의 손실을 막는다.
④ 자기장이 존재하여 우주의 유해한 요소로부터 표면을 보호해준다.

02 온실 효과가 지나치게 강한 경우 지표면이 너무 뜨거워져 액체 상태의 물이 존재할 수 없다. 금성은 강력한 온실 효과로 지표 기온이 460℃에 달한다.

03 기권의 층상 구조에서 일어나는 현상과 층을 바르게 연결한 것은?

(가) 낮과 밤의 기온 차이가 가장 크다.
(나) 대류는 발생하지만 기상 현상은 거의 나타내지 않는다.
(다) 저기압에 의해 태풍이 발생한다.

	(가)	(나)	(다)
①	열권	중간권	대류권
②	성층권	열권	중간권
③	대류권	성층권	열권
④	중간권	대류권	성층권

03 열권은 공기가 희박해 적은 에너지에도 온도가 급격하게 변하므로 일교차가 크다. 대류는 대류권과 중간권에서 일어나지만 태풍 등의 기상 현상은 대류권에서만 나타나며, 중간권에서는 기상 현상이 거의 나타나지 않는다.

ANSWER
01. ② 02. ③ 03. ①

04 다음 그림은 기권의 층상 구조를 나타낸 것이다.

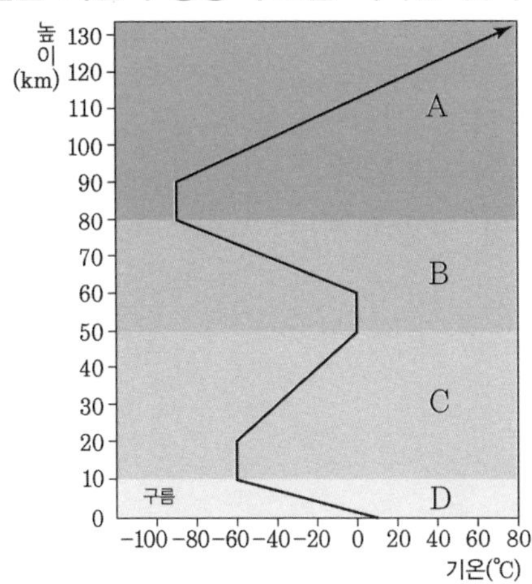

이에 대한 설명으로 옳은 것은?

① A와 C에서는 대류 현상이 활발하게 일어난다.
② B에는 오존층이 형성되어 우주선으로부터 지표를 보호한다.
③ C에서는 대부분의 기상 현상이 발생한다.
④ 대기의 밀도는 D에서 가장 높다.

04
A~D는 각각 열권, 중간권, 성층권, 대류권이다. 대류는 대류권, 중간권에서 발생하고, 오존층은 성층권에 형성되어 있으며, 대부분의 기상 현상은 대류권에서 발생한다.

05 기권에 대한 설명으로 옳은 것만을 〈보기〉에서 있는 대로 고른 것은?

보기
ㄱ. 태양풍과 우주에서 들어오는 우주선을 막아주는 지구 자기장이 분포한다.
ㄴ. 생물의 호흡과 광합성에 필요한 기체를 공급한다.
ㄷ. 온실효과를 만들어 적절한 온도를 유지한다.

① ㄱ, ㄴ
② ㄴ, ㄷ
③ ㄱ, ㄷ
④ ㄱ, ㄴ, ㄷ

05
지구 자기장은 외권에 분포한다.

ANSWER
04. ④ 05. ②

06 수권에 대한 설명으로 옳지 않은 것은?

① 비열이 작은 특징이 있다.
② 해수가 차지하는 비율이 육수에 비해 크다.
③ 지구상의 에너지를 고르게 분산시키는 역할을 한다.
④ 해수는 수온과 대류 여부에 따라 3가지 층상 구조로 나눌 수 있다.

06
물은 비열이 큰 물질로, 생물의 몸을 구성하여 열을 보존하는 역할을 수행한다.

07 다음 그림은 해수의 층상 구조를 나타낸 것이다.

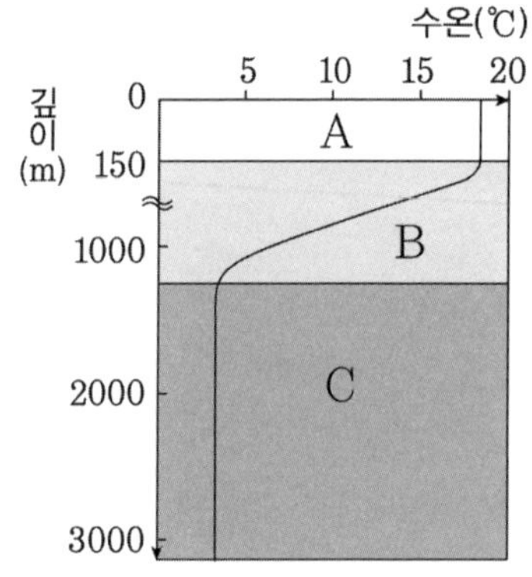

각 층에 대한 설명으로 옳은 것은?

① A의 두께는 어느 곳에서 측정해도 일정하다.
② B에서 대류가 가장 활발하게 일어난다.
③ C의 수온은 계절의 영향을 크게 받는다.
④ B의 존재로 A과 C 사이의 물질 교환이 차단된다.

07
A는 혼합층, B는 수온 약층, C는 심해층이다. 혼합층은 대류가 가장 활발하게 일어나는 층으로 계절, 위도, 바람 등의 영향으로 그 두께가 일정하지 않다. 수온 약층은 깊은 곳에서는 저온, 얕은 곳에서는 고온 상태를 유지하고 있기 때문에 대류가 거의 일어나지 않아 혼합층과 심해층 사이의 물질 교환이 잘 이뤄지지 않는다. 심해층은 바다 깊은 곳이기 때문에 태양 에너지가 거의 도달하지 않아 계절에 의한 영향을 거의 받지 않는다.

ANSWER
06. ① 07. ④

08 다음 그림은 지권의 층상 구조를 나타낸 것이다. 이에 대한 설명으로 옳은 것은?

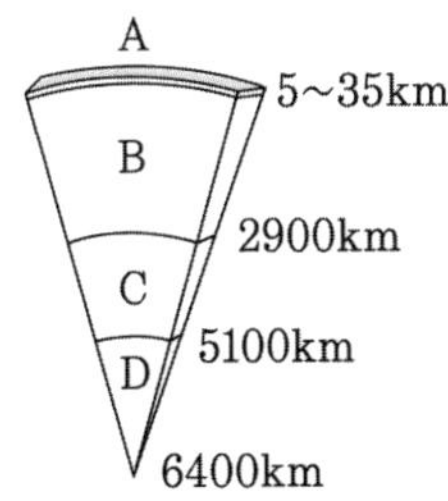

① A의 두께는 육지보다 해양에서 두껍다.
② B는 대류가 일어나는 액체 상태의 층이다.
③ C는 액체, D는 고체 상태의 층이다.
④ C와 D의 최대 구성 성분은 헬륨이다.

08
C와 D는 각각 외핵과 내핵으로 철, 니켈과 같은 무거운 물질로 구성되어 있다. 외핵은 엄청난 고온 때문에 액체 상태이지만, 내핵은 외핵보다 더 고온임에도 압력이 외핵 이상으로 높아 고체 상태로 존재한다.

09 다음 지구 시스템의 상호 작용과 그 상호 작용이 일어난 권을 바르게 연결한 것은?

(가) 적도 부근에서 태풍이 발달하였다.
(나) 대멸종 이전 생물들의 사체가 석탄과 석유를 형성하였다.
(다) 사막의 바위가 긴 세월 동안 깎여나가 기이한 형태를 만들었다.

	(가)	(나)	(다)
①	지권–수권	외권–지권	생물권–지권
②	수권–기권	생물권–지권	기권–지권
③	생물권–기권	생물권–지권	수권–기권
④	기권–지권	수권–지권	생물권–지권

09
태풍은 적도 부근에서 증발한 수증기에 의해 형성되므로 수권이 기권에 영향을 미치는 것으로 볼 수 있으며, 화석 연료는 생물권이 지권에 영향을 미친 것이고, 사막의 바위는 바람에 의해 깎여나가므로 기권이 지권에 영향을 미친 것으로 볼 수 있다.

ANSWER
08. ③ 09. ②

10 지구 시스템의 에너지원에 대한 설명으로 옳지 않은 것은?

① 지구 시스템의 에너지원으로는 태양 에너지, 조력 에너지, 지구 내부 에너지가 있다.

② 가장 많은 양의 에너지원은 태양 에너지이다.

③ 해수의 순환은 조력 에너지에 의해 발생한다.

④ 지구 내부 에너지는 맨틀의 대류 형태로 지권에 영향을 미친다.

10

해수의 순환은 태양 에너지에 의해 발생한다.

11 다음은 물의 증발량과 강수량을 대륙과 해양에서 측정한 것이다.

	대륙	해양
강수량($\times 10^3$ km^3)	96	284
증발량($\times 10^3$ km^3)	60	320

이 내용을 분석한 것으로 옳은 것은?

① 전체적으로 강수량은 증발량과 같다.

② 대륙의 강수량과 증발량의 차이는 지하로 스며들고 있는 양이다.

③ 해양은 강수량과 증발량의 차이 때문에 지속적으로 말라가고 있다.

④ 물의 순환은 지권과 수권 사이에서만 발생한다.

11

대륙과 해양에서 증발된 물은 그대로 강수로 이어져 증발량과 강수량은 평형을 이룬다. 대륙에서 강수량과 증발량의 차이는 유수로 대륙에서 해양으로 흘러가기 때문에 해양의 수량은 계속해서 유지된다. 물이 증발하는 과정에서 수증기는 기권으로 흘러들어가게 되므로 물의 순환에는 지권과 수권뿐 아니라 기권도 관여한다.

ANSWER

10. ③ 11. ①

12 다음 중 탄소의 순환 과정으로 볼 수 없는 것은?

① 해양에 공기 중의 이산화 탄소가 용해된다.
② 해양 동물들이 아가미 호흡을 한다.
③ 화산 폭발로 지구 내부의 물질이 토출된다.
④ 바다에서 거대한 용오름이 발생한다.

12 용오름은 저기압성 소용돌이로 탄소의 순환과 직접적인 연관은 없다.

13 다음 중 인간과 탄소 순환과의 관계를 설명한 것으로 옳지 않은 것은?

① 화석 연료를 채굴하여 연소시키는 것으로 지권의 탄소를 기권으로 이동시킨다.
② 지구 온난화가 발생하면 해수의 온도가 높아져 이산화 탄소의 용해량이 증가한다.
③ 숲을 조성하는 것으로 기권의 이산화 탄소를 생물권으로 이동시킬 수 있다.
④ 대리석으로 만든 석상이 산성비에 의해 용해되는 것은 지권의 탄소가 수권으로 이동하는 것으로 볼 수 있다.

13 수온이 높아지면 이산화 탄소의 용해도는 줄어든다. 해수의 온도가 지나치게 높아지면 오히려 용해되어 있던 탄산 이온을 이산화 탄소 형태로 공기 중으로 배출할 수도 있다.

ANSWER
12. ④ 13. ②

02 지권의 변화와 판의 운동

1 지권의 변화

(1) 변동대

화산 활동이나 지진과 같은 지각 변동이 자주 일어나는 지점을 변동대라고 한다. 자주 일어나는 지각 변동 활동에 따라 화산대와 지진대, 조산대 등이 있다.

(2) 화산대와 지진대

① 화산대와 지진대의 분포는 대체로 일치하고, 좁고 긴 띠 모양으로 분포한다.

② 주요 화산대와 지진대

㉠ 환태평양 화산대와 지진대 : 태평양 주변부를 따라 분포하며, 전 세계 화산 활동과 지진의 대부분이 지역에서 발생한다. 일명 '불의 고리'라고도 한다.

㉡ 알프스-히말라야 화산대와 지진대 : 지중해에서 히말라야 산맥, 인도네시아로 이어지는 지역에 분포한다.

㉢ 해령 화산대와 지진대 : 태평양, 대서양, 인도양의 해저에 발달한 해령을 따라 분포한다.

2 판 구조론

(1) 판 구조론

지각이 여러 개의 판으로 나누어져 있어 판이 맨틀을 따라 상대적인 운동을 하며 발생하는 경계면에서의 마찰, 충돌이 지각 변동을 일으킨다는 이론이다.

(2) 판의 구조

① **암석권** : 지각과 상부 맨틀 일부를 포함하는 두께 약 100km의 단단한 암석으로 이루어진 부분으로, 여러 개의 조각(판)으로 나누어져 있다.

② **연약권** : 암석권 아래의 약 100~400km의 맨틀의 일부가 녹은 구간으로, 유동성을 가지며, 상부와 하부의 온도 차로 인해 대류가 일어난다.

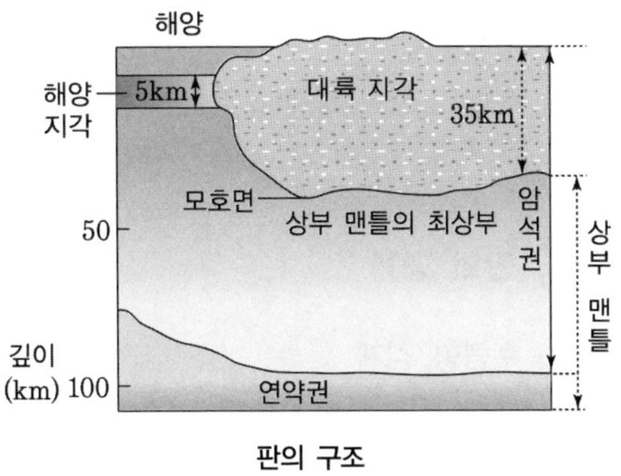

판의 구조

(3) 판의 구분

① **대륙판** : 화강암질 암석으로 구성된 대륙 지각으로 이루어져 있으며, 밀도가 작고 두께가 두껍다.

② **해양판** : 현무암질 암석으로 구성된 해양 지각으로 이루어져 있으며, 밀도가 크고 두께가 얇다.

(4) 전 세계 판의 분포와 이동 방향

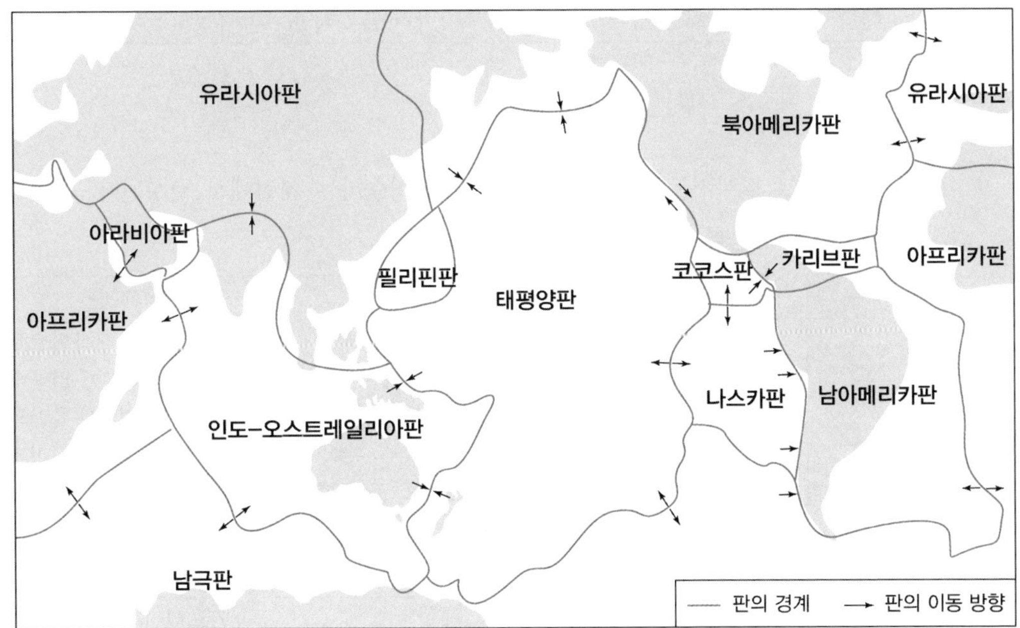

각각의 판은 서로 다른 방향으로 움직이기 때문에 판 경계에서는 두 판이 서로 멀어지거나 충돌하거나 어긋난다. 이때 이 충격으로 인하여 지각 변동이 일어나기 때문에 대부분의 변동대는 판의 경계와 일치한다.

3 판의 경계

(1) 수렴형 경계

① 판과 판이 충돌하는 경계로, 맨틀 대류가 하강하는 지점에서 형성된다.

② 수렴형 경계의 종류

구분	대륙판-해양판(섭입형)	해양판-해양판(섭입형)	대륙판-대륙판(충돌형)
발달 지형	밀도가 큰 해양판이 밀도가 작은 대륙판 아래로 섭입하면서 해구가 형성되고, 이때 생성된 마그마가 대륙판 쪽에서 분출하여 호상 열도나 습곡 산맥이 형성된다.	두 해양판 중 밀도가 상대적으로 큰 해양판이 아래로 섭입하면서 해구가 형성되고, 이때 생성된 마그마가 분출하여 호상 열도가 생성된다.	대륙판과 대륙판이 충돌하면서 사이에 있던 퇴적층이 양쪽에서 미는 힘에 의해 습곡되고 융기하여 습곡 산맥이 형성된다.
지각 변동	지진, 화산 활동	지진, 화산 활동	지진
예시	일본 열도, 안데스산맥	마리아나 해구	히말라야산맥

(2) 발산형 경계

① 두 판이 서로 멀어지는 경계로, 맨틀 대류가 상승하는 지점에서 형성된다.

② 발산형 경계의 종류

구분	해양판-해양판	대륙판-대륙판
발달 지형	해양판과 해양판이 서로 멀어지면서 틈새로 마그마가 상승하여 해령이 형성되고, 해령의 중심부에는 열곡이 발달한다.	하나의 대륙판이 2개의 대륙판으로 갈라지면서 열곡대가 형성된다. 열곡대는 대륙판보다 낮게 형성되며, 대륙판과 대륙판이 서로 멀어질수록 점점 깊어져 해양을 형성한다.
지각 변동	지진, 화산 활동	지진, 화산 활동
예시	대서양 중앙 해령, 동태평양 해령	동아프리카 열곡대

(3) 보존형 경계

① 두 판이 서로 반대 방향으로 이동하면서 어긋나는 경계로, 판의 생성이나 소멸은 일어나지 않는다.

② 지진은 자주 발생하지만, 화산 활동은 일어나지 않는다.

③ 주로 해령과 해령 사이에 변환 단층이 발달하지만 대륙 지각에서도 발생한다.

예 산안드레아스 단층

판의 경계	수렴형 경계		발산형 경계	보존형 경계
	충돌형	섭입형		
모양	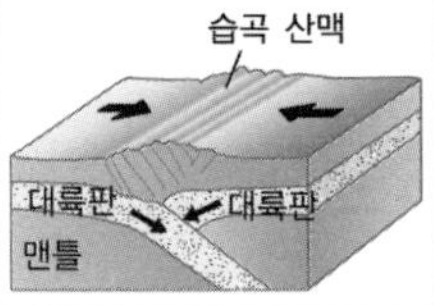 습곡 산맥, 대륙판, 대륙판, 맨틀	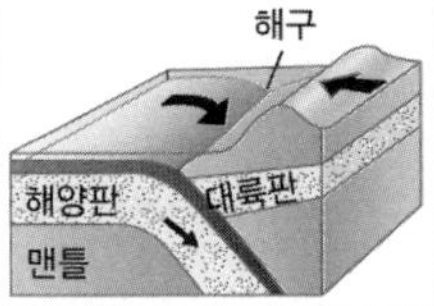 해구, 해양판, 대륙판, 맨틀	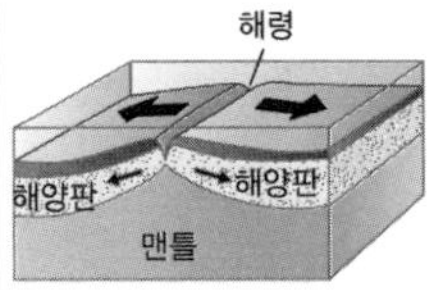 해령, 해양판, 해양판, 맨틀	 판, 판, 맨틀, 맨틀

4 지권의 변화가 지구 시스템에 미치는 영향

(1) 화산 활동

① 지하 깊은 곳에서 생성된 고온의 마그마가 지각의 약한 틈을 뚫고 지표로 분출되는 현상이다.

② 지구 내부 에너지를 통해 발생하며 지구 내부 물질이 지표로 나온다.

③ 화산 활동에 의한 피해

㉠ 용암에 의해 화재가 발생하며 직접적으로 시설물이 파괴된다.

㉡ 화산재가 햇빛을 차단하여 기온이 내려간다.

㉢ 고체 입자인 화산 쇄설물은 산을 타고 흘러내리며 산사태를 유발한다.

㉣ 가스로 분출된 유독한 염소나 황에 의해 동물들은 직접 피해를 입고, 토양이 산성화된다.

④ 화산의 이용

㉠ 화산 지대의 지열은 온수, 난방, 발전 등의 에너지원이 된다.

㉡ 화산 분출물에는 여러 광물질이 포함되어 있어 토양을 비옥하게 한다.

㉢ 화산과 온천은 유용한 관광 자원이 된다.

(2) 지진

① 지구 내부 에너지가 지층에 작용하여 지층이 끊어지면서 방출된 에너지가 진동으로 퍼져 나가면서 땅을 흔드는 현상이다.

② 지진 활동에 의한 피해

㉠ 땅의 진동으로 지표가 갈라지고 산사태가 발생한다.

㉡ 건물과 수도, 가스관, 전선 등 사회 기반 시설이 붕괴된다.

㉢ 해저에서 발생한 지진은 지진 해일(쓰나미)을 유발하여 해안 지역에 큰 규모의 피해를 준다.

③ 지진파의 이용

㉠ 지진파는 지구 내부의 조성과 구조를 파악하는 수단이 된다.

㉡ 지하에 매장된 지하자원을 탐색하는 용도로 이용할 수 있다.

㉢ 지질 구조를 파악하여 대규모 토목 공사를 계획할 때 이용할 수 있다.

④ 지진의 대비

㉠ 지진은 주기성이 있어 과거의 지진 기록을 분석해 대략적인 지진 발생 가능성을 예측할 수 있다.

㉡ 지형 변화를 관측하고, 지진계를 이용하여 가까운 시점의 지진에 대비한다.

㉢ 건물에 내진 설계를 하고, 안전 교육을 실시하여 피해를 최소화한다.

01 화산대와 지진대의 활동에 대한 설명으로 옳은 것만을 〈보기〉에서 있는 대로 고른것은?

> ㄱ. 화산대와 지진대의 분포는 대체로 일치한다.
> ㄴ. 화산대와 지진대는 넓게 분포되는 형태로 나타난다.
> ㄷ. 전 세계 화산 활동과 지진의 대부분이 환태평양 화산대와 지진대에서 발생한다.

① ㄱ　　② ㄱ, ㄴ
③ ㄱ, ㄷ　　④ ㄴ, ㄷ

01
화산대와 지진대는 좁고 긴 띠 형태로 분포한다.

02 다음 그림은 판의 구조를 나타낸 것이다. 이에 대한 설명으로 옳은 것은?

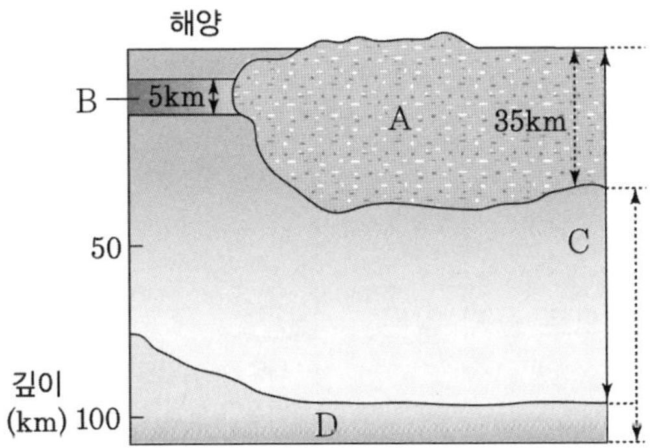

① A로 만들어진 판은 밀도가 크다.
② B는 화강암질 암석으로 구성된다.
③ C는 연약권이다.
④ D는 유동성을 가진다.

02
A~D는 각각 대륙 지각, 해양 지각, 암석권, 연약권이다. 현무암질 암석으로 구성된 해양 지각은 화강암질 암석으로 구성된 대륙 지각보다 밀도가 크다.

ANSWER
01. ③ 02. ④

03 판 구조론에 대한 설명으로 옳지 않은 것은?

① 암석권은 지각과 상부 맨틀 일부로 구성된 단단한 암석층이다.

② 판을 움직이는 원동력은 지구 내부 에너지로 인한 맨틀 대류이다.

③ 지각은 30여 개가 넘는 크고 작은 판으로 구성되어 있다.

④ 각각의 판은 서로 다른 방향과 속도로 이동한다.

04 다음 그림은 판의 경계를 나타낸 것이다. 이에 대한 설명으로 옳은 것은?

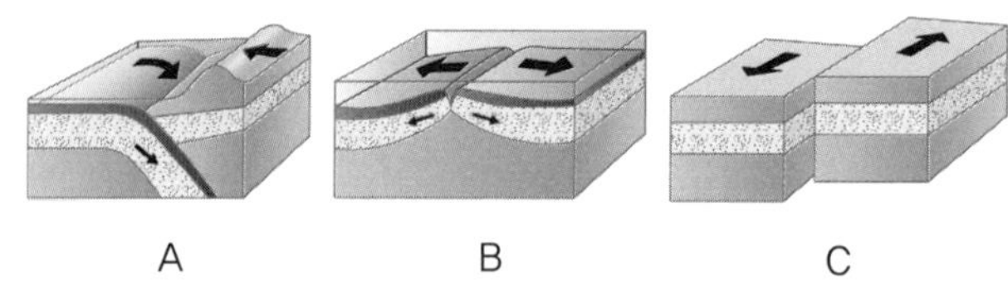

① A에서는 판이 소멸한다.

② B는 맨틀 대류가 하강하는 곳에서 볼 수 있다.

③ C에서 화산 활동이 가장 활발하게 일어난다.

④ A는 보존형 경계이다.

05 판의 경계와 나타나는 지형을 연결한 것으로 옳지 않은 것은?

① 대륙판－대륙판 충돌형 경계 : 습곡 산맥

② 해양판－해양판 섭입형 경계 : 해구

③ 해양판－해양판 발산형 경계 : 호상 열도

④ 대륙판－대륙판 보존형 경계 : 단층

03 지각을 구성하는 판은 10여 개이다.

04 A는 해양판과 대륙판의 섭입형 경계로 밀도가 큰 해양판이 밀도가 작은 대륙판 아래로 섭입하면서 판이 소멸된다.

05 해양판－해양판 발산형 경계에서는 해령과 열곡이 발달한다.

ANSWER

03. ③ 04. ① 05. ③

06 어느 판 경계의 움직임이 다음과 같다.

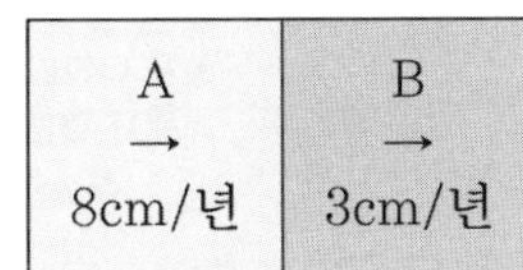

판 경계

이 경계에 대한 설명으로 옳은 것은?

① 수렴형 경계이다.
② A 판이 해양판, B 판이 대륙판이라면 A 판 아래에서 심발 지진이 발생할 수 있다.
③ 두 판이 모두 해양판이라면 판의 경계에서는 해령이 발달할 것이다.
④ 두 판이 모두 대륙판이라면 변환 단층이 나타날 것이라 예상할 수 있다.

06
두 판의 이동 방향이 같지만 A 판이 B 판보다 빠르게 이동하므로 수렴형 경계를 형성하게 된다.

07 일본은 여러 개의 섬이 줄지어 이어진 열도이며, 바로 부근에 일본 해구가 있다. 이것을 바탕으로 추측한 내용으로 볼 수 <u>없는</u> 것은?

① 일본은 판의 수렴형 경계에 위치하고 있다.
② 해양판 방향에서 열도가 발생하고, 대륙판 방향에서 해구가 발생하였다.
③ 일본은 지진과 화산 활동 모두가 자주 일어날 수 있는 지정학적 조선이다.
④ 쓰나미(지진 해일)가 열도에서 멀지 않은 곳에서 발생할 수 있다.

07
일본 해구는 열도의 동쪽에 위치하고 있으며, 이쪽은 태평양판(해양판)이다. 열도는 유라시아판(대륙판)에 가까운 위치에 형성되었다.

ANSWER
06. ① 07. ②

08 다음은 판의 경계에서 형성된 지형이다. 판 경계의 형태가 나머지와 가장 다른 것은?

① 대서양 중앙 해령
② 히말라야 산맥
③ 마리아나 해구
④ 일본 열도

08
해구, 습곡 산맥, 열도는 모두 수렴형 경계에서 나타나는 지형이나, 해령은 발산형 경계에서 나타난다.

09 화산 활동에 따른 영향으로 볼 수 없는 것은?

① 지구의 평균 기온을 떨어뜨릴 수 있다.
② 산사태를 유발해 기반 시설을 파괴한다.
③ 비옥한 땅을 덮어 토양의 영양분이 줄어든다.
④ 유독 가스나 화산재가 지표수를 오염시킨다.

09
화산 분출물에는 지구 내부에 묻혀 있던 광물질이 풍부하게 포함되어 있어 주변 지형에 영양을 공급하여 장기적으로 토양을 비옥하게 한다.

10 지진에 대한 설명으로 옳지 않은 것은?

① 태양 에너지에 의해 발생한다.
② 근시일 내의 정확한 예측은 어렵지만 장기적인 예측은 가능하다.
③ 내진 설계를 통해 피해를 줄일 수 있다.
④ 지진파의 이용으로 지하자원의 탐색이 용이해졌다.

10
지진은 지구 내부 에너지에 의해 발생한다.

ANSWER
08. ① 09. ③ 10. ①

Chapter 03 생명 시스템

학습 point⁺

생명체의 기본 단위인 세포가 외부와 물질을 주고받는 원리를 이해하고 생명 시스템을 유지하는 화학 반응에서의 촉매의 역할에 대해 말할 수 있으며 생명체의 유전 정보의 흐름을 이해해야 합니다.

01 생명 시스템의 기본 단위

1 생명 시스템과 세포

(1) 생명 시스템

① 여러 구성 요소가 상호 작용하여 다양한 생명 활동을 수행하는 시스템이다.

② 생명 시스템은 세포라는 기본 단위로 이루어져 있다.

(2) 생명체의 구성 체제

① 생명체의 구성 단계 : 세포 → 조직 → 기관 → 개체

㉠ 세포 : 생명 시스템을 구성하는 구조적 · 기능적 단위

㉡ 조직 : 모양과 기능이 비슷한 세포의 모임

㉢ 기관 : 여러 조직이 모여 특정 기능을 나타내는 것

㉣ 개체 : 여러 기관이 모여 독립된 구조와 기능을 가지고 생명 활동을 하는 하나의 생명체

② 동물과 식물의 구성 단계 차이 : 동물은 관련된 기능을 하는 여러 기관이 모여 기관계를 이루며, 식물은 여러 조직이 특정한 기능을 목적으로 조직계를 이룬다.

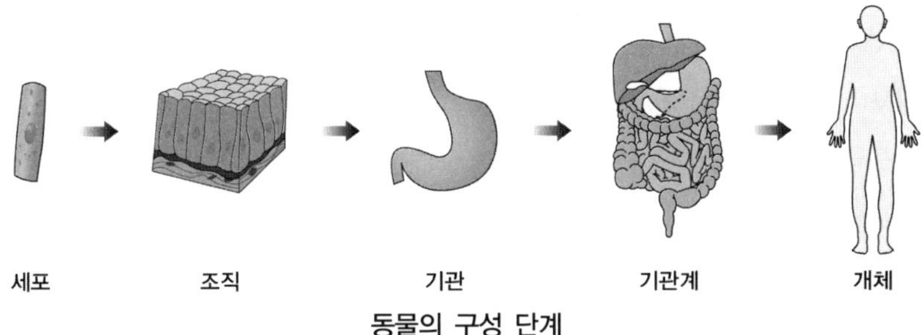

동물의 구성 단계

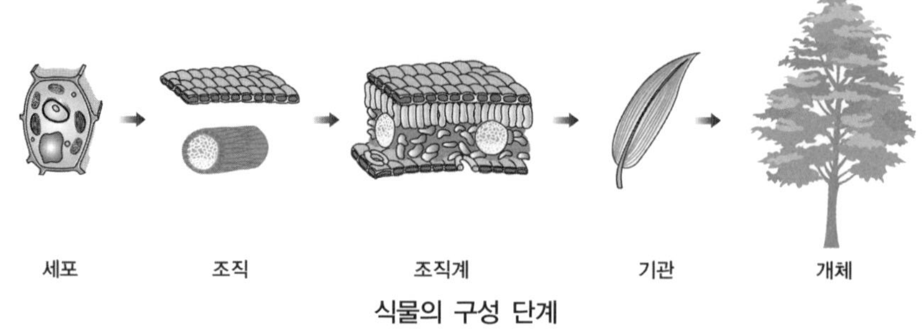

식물의 구성 단계

(3) 세포의 구조와 기능

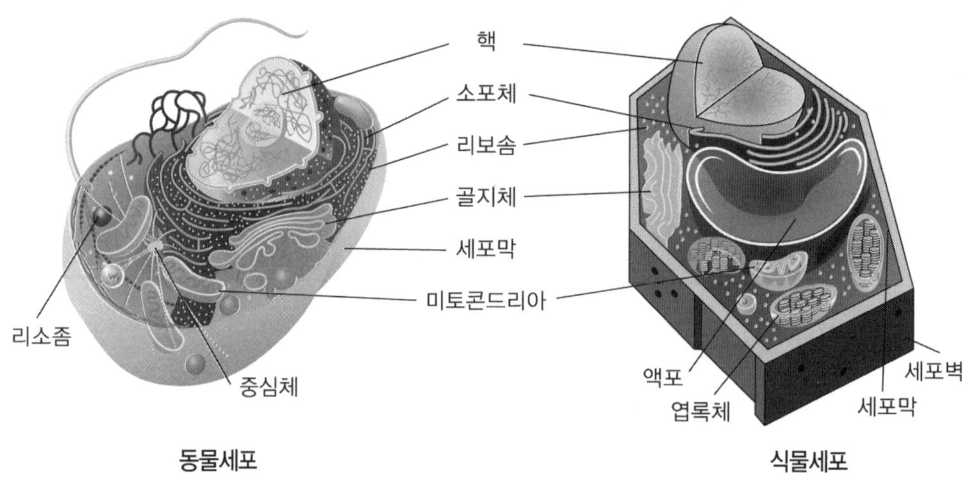

① **핵** : 유전 물질인 DNA가 있어 세포의 생명 활동을 조절한다.

② **미토콘드리아** : 세포 호흡이 일어나는 장소로, 세포가 생명 활동을 하는 데 필요한 에너지를 공급한다.

③ **엽록체** : 광합성이 일어나는 장소로, 식물 세포에만 있다.

④ **리보솜** : DNA의 유전 정보에 따라 단백질을 합성한다.

⑤ **소포체** : 리보솜에서 합성한 단백질을 골지체 등 세포의 다른 부위로 운반한다.

⑥ **골지체** : 소포체에서 운반된 단백질을 저장했다가 막으로 싸서 세포 밖으로 분비한다.

⑦ **액포** : 물과 노폐물 등을 저장하는 주머니로, 식물 세포에만 있다.

⑧ **세포막** : 세포를 둘러싸는 얇은 막으로, 세포 안팎으로의 물질 출입을 조절한다.

⑨ **세포벽** : 식물 세포에서 세포막 바깥을 싸고 있는 두꺼운 막으로, 세포 모양을 유지한다.

2 세포막의 구조와 물질 출입

(1) 세포막의 구조와 선택적 투과성

① 세포막의 구조 : 인지질 2중층에 단백질이 파묻혀 있거나 관통하고 있는 구조이다.

㉠ 인지질 : 머리 부분은 친수성, 꼬리 부분은 소수성이다.

㉡ 단백질 : 물질의 이동 통로가 되는 것도 있다.

② 선택적 투과성 : 세포막은 물질의 종류에 따라 물질을 선택적으로 통과시키는 특성이 있어 세포 안팎으로의 물질 출입을 조절한다. 일반적으로 분자의 크기가 작고, 지질에 잘 용해되며, 전하를 띠지 않으면 세포막을 잘 투과한다.

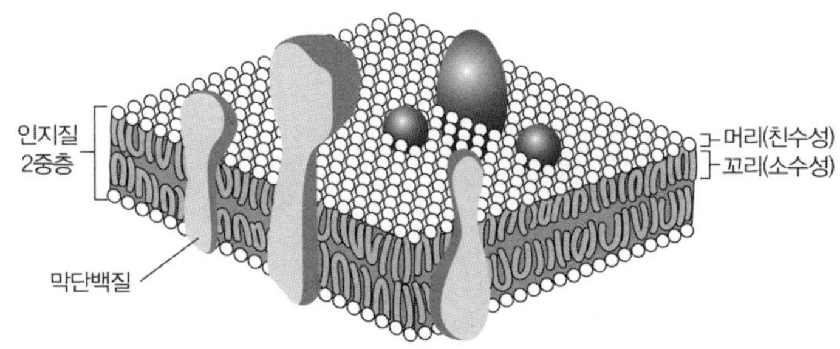

(2) 세포막을 통한 물질 이동

① 확산

㉠ 분자 스스로 농도가 높은 곳에서 낮은 곳으로 퍼져 나가는 현상이다.

㉡ 확산은 물질의 농도가 평형에 도달할 때까지 일어나며, 분자 스스로 일어나므로 별도의 에너지가 필요하지 않다.

㉢ 분자의 크기가 작을수록, 온도가 높을수록, 농도 차가 클수록 확산이 빠르게 일어난다.

㉣ 폐포와 모세 혈관 사이에서 일어나는 산소와 이산화 탄소의 교환이 대표적인 확산의 예이다.

심화학습 확산의 경로

확산은 분자의 종류에 따라 2가지 경로를 통해 일어난다.

- **인지질 2중층을 통한 확산** : 분자의 크기가 매우 작거나(산소, 이산화 탄소 등), 지용성 물질인 경우(호르몬 등)에는 인지질 2중층을 통해 확산이 일어난다. 단, 크기가 매우 작더라도 전하를 띠는 이온들은 통과하지 못한다.
- **단백질을 통한 확산** : 분자의 크기가 큰 수용성 물질(포도당, 아미노산 등)이나 전하를 띠는 물질(칼륨 이온, 칼슘 이온 등)은 막단백질을 통해 확산이 일어난다.

② 삼투

㉠ 세포막을 경계로 농도가 낮은 용액에서 농도가 높은 용액으로 용매인 물이 이동하는 현상이다.

㉡ 식물의 뿌리가 물을 빨아들이는 것이나 혈관 내 수분의 이동은 삼투를 통해 이루어진다.

㉢ 세포를 농도가 낮거나 높은 용액에 두면 삼투를 통해 물이 이동하고 그에 따라 세포가 팽창하거나 수축한다.

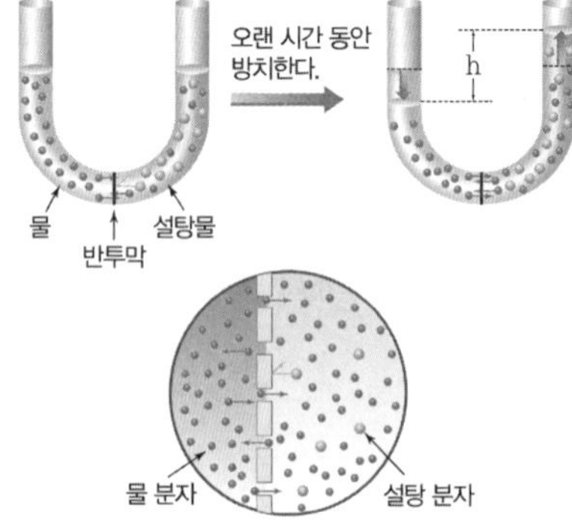

삼투 현상

구분	농도가 낮은 용액	농도가 같은 용액	농도가 높은 용액
동물 세포	H_2O 물이 세포 안으로 들어와 세포 부피가 커져 세포가 터짐	H_2O H_2O 세포 부피 변화 없음	H_2O 세포에서 물이 빠져나와 세포 부피가 줄어듦
식물 세포	H_2O 물이 세포 안으로 들어와 세포 부피가 커지다가 일정해짐	H_2O H_2O 세포 부피 변화 없음	원형질막 H_2O 세포에서 물이 빠져나와 세포 부피가 줄어들다가 세포막이 세포벽에서 분리됨

실력 탄탄 다지기 실전 예상문제

01 그림은 생명 시스템의 하나인 동물체 구성 단계를 나타낸 것이다.

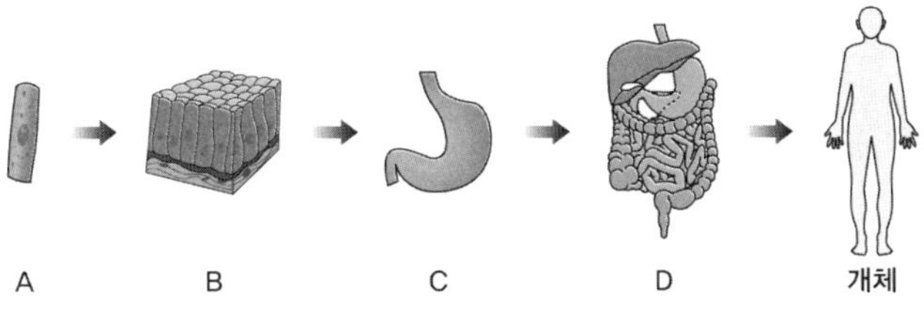

이에 대한 설명으로 옳지 않은 것은?

① A는 생명 시스템의 기본 단위이다.
② B는 모양과 기능이 비슷한 세포의 모임이다.
③ C는 1가지 조직으로 이루어진 구성 단계이다.
④ D는 식물에는 없고 동물에만 있는 구성 단계이다.

01 A는 세포, B는 조직, C는 기관, D는 기관계이다. 기관은 여러 조직이 모여 특정 기능을 나타내는 것이다.

02 생명체는 다음과 같은 구성 단계를 띄고 있다. 다음 중 생명체의 구성 단계에 대한 설명으로 옳지 않은 것은?

> 세포 → 조직 → A → B → 개체

① 동물의 경우 A는 기관, B는 기관계이다.
② 심장, 위 등은 A에 속한다.
③ 식물의 잎, 줄기 등은 A에 속한다.
④ 하나의 생명체로 지칭할 수 있는 단계는 개체이다.

02 식물의 잎, 줄기는 기관이다. A는 동물의 구성 단계에서는 기관이지만, 식물의 구성 단계에서는 조직계이며, B가 기관이다.

ANSWER
01. ③ 02. ③

03 **세포와 생명 시스템에 대한 설명으로 옳지 <u>않은</u> 것은?**

① 동물과 식물, 세균 등 생명체의 생명 시스템은 모두 세포로 구성된다.

② 여러 구성 요소가 상호 작용하여 다양한 생명 활동을 수행하는 시스템을 생명 시스템이라고 한다.

③ 세포에서 물질 출입은 세포벽을 경계로 하여 일어난다.

④ 생명체는 물질대사를 통해 얻은 에너지로 생명을 유지한다.

03
물질 출입의 경계는 세포막이다.

04 **다음 그림은 식물 세포를 나타낸 것이다.**

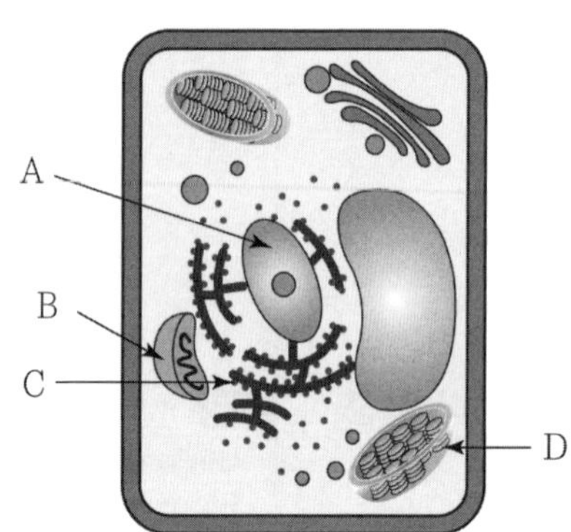

A~D의 각 세포 소기관의 명칭과 역할로 옳은 것은?

① A : 액포 – 세포의 형태를 유지한다.

② B : 미토콘드리아 – 유기물을 분해하여 에너지를 합성한다.

③ C : 리소좀 – 세포 내 소화를 담당한다.

④ D : 엽록체 – 빛에너지를 흡수하여 물, 산소를 이용하여 포도당을 합성한다.

04
A~D는 각각 핵, 미토콘드리아, 리보솜, 엽록체이다. 엽록체는 물과 이산화 탄소를 이용하여 포도당을 합성한다.

ANSWER
03. ③ 04. ②

05 골지체에 대한 설명으로 옳은 것은?

① 물질의 저장과 분비에 관여한다.
② 리보솜에서 합성한 물질의 이동 통로이다.
③ 세포 호흡의 중심이며, 에너지의 생성 장소이다.
④ 핵으로부터 전달된 유전 정보를 통해 단백질을 합성하는 곳이다.

05
골지체는 소포체에서 운반된 단백질을 저장했다가 막으로 싸서 세포 밖으로 분비한다. 핵으로부터 전달된 유전 정보를 통해 단백질을 합성하는 곳은 리보솜으로, 이곳에서 합성된 단백질의 이동 통로가 되는 곳은 소포체이며, 세포 호흡의 중심인 세포 소기관은 미토콘드리아이다.

06 세포 내에서 에너지와 가장 밀접한 관계를 갖고 있는 소기관으로 미토콘드리아와 엽록체가 있다. 이에 대한 설명으로 옳은 것은?

① 미토콘드리아는 동물 세포에서만 발견된다.
② 엽록체는 식물의 잎 색상과 밀접한 관련이 있다.
③ 미토콘드리아와 엽록체 모두 같은 기체 분자를 대사에 이용한다.
④ 조직에 관계없이 모든 세포는 미토콘드리아와 엽록체를 균일하게 갖고 있다.

06
엽록체 내의 엽록소 때문에 식물의 잎은 녹색을 띈다. 미토콘드리아는 동물 세포와 식물 세포 모두에 있다. 미토콘드리아는 산소를, 엽록체는 이산화 탄소를 이용해 반응을 일으키며, 근육처럼 에너지가 많이 필요한 곳일수록 미토콘드리아가 많고, 잎 외에 광합성을 하지 않는 세포에는 엽록체가 적다.

07 세포소기관의 기능으로 옳지 <u>않은</u> 것은?

① 엽록체 – 광합성
② 리보솜 – 지질 합성
③ 미토콘드리아 – 세포 호흡
④ 핵 – 세포의 생명 활동 조절

07
리보솜은 DNA의 유전 정보에 따라 단백질을 합성한다.

ANSWER
05. ① 06. ② 07. ②

08 동물 세포와 식물 세포에 공통적으로 있는 세포 소기관만을 〈보기〉에서 있는 대로 고른 것은?

보기	
ㄱ. 리보솜	ㄴ. 세포벽
ㄷ. 엽록체	ㄹ. 소포체

① ㄱ　　② ㄱ, ㄷ
③ ㄱ, ㄹ　　④ ㄴ, ㄹ

08 세포벽과 엽록체는 식물 세포에만 있는 세포 소기관이다.

09 세포막을 경계로 한 물질의 이동에 대한 설명으로 옳지 <u>않은</u> 것은?

① 세포막 밖의 농도가 낮다면 물은 세포막 안에서 세포막 밖으로 빠져나간다.
② 이산화 탄소는 세포막의 인지질 2중층을 직접 통과한다.
③ 물질의 이동은 물질의 종류에 따라 선택적으로 일어난다.
④ 수용성 물질은 주로 막단백질을 통해 이동한다.

09 세포막 바깥의 농도가 더 낮으면 삼투에 의해 세포 안쪽으로 물이 흡수된다.

10 세포막을 사이에 두고 물질의 농도 경사로 인해 해당 물질이 출입하는 현상은 무엇인가?

① 확산　　② 삼투
③ 능동 수송　　④ 팽압

10 물질이 농도가 높은 곳에서 낮은 곳으로 이동하는 것은 확산이다. 삼투 역시 농도 차에 의해 발생하나 삼투에서 이동하는 것은 해당 물질이 아닌 용매이다.

ANSWER
08. ③　09. ①　10. ①

11 다음 그림은 세포막의 구조를 나타낸 것이다.

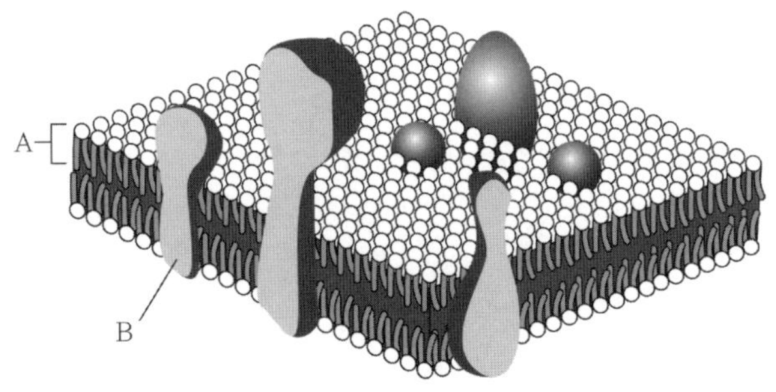

이에 대한 설명으로 옳은 것은?

① A는 아미노산으로 구성되어 있다.
② B는 물질 수송을 담당하는 인지질이다.
③ A와 B는 위치가 고정되어 유동성이 없다.
④ A는 친수성 부분과 소수성 부분으로 구분되어 있다.

12 어느 세포를 관찰했더니 A라는 물질은 세포 밖으로 빠져나오고, B라는 물질은 세포 안으로 들어가는 것을 볼 수 있었다. 이에 대한 설명으로 옳은 것은?

① A의 농도는 세포 밖이 세포 안보다 높다.
② B가 세포 내로 이동하는 속도는 점점 느려진다.
③ A와 B는 서로 다른 원리에 의해 출입한다.
④ A와 B는 수용성 물질이다.

13 다음 중 삼투에 의한 현상은?

① 폐포와 모세 혈관 사이의 산소 교환
② 세포에 대한 포도당 공급
③ 대장의 수분 흡수
④ 신장의 이온 재흡수

11
A는 인지질로 인산과 지방산으로 구성되어 있고, B는 막단백질이다. 막단백질은 인지질층 위에서 어느 정도 유동성을 갖고 움직일 수 있다.

12
A와 B가 확산에 의해 이동한다면 A의 농도는 세포 안이 세포 밖보다 높아야 한다. 주어진 단서만으로는 A와 B가 확산과 삼투 중 어떤 수단에 의해 움직이는지, 수용성 물질인지는 알 수 없다. 물질이 움직임에 따라 세포막 안팎의 농도 차가 줄어들며, 물질의 이동 속도가 줄어든다.

13
대장의 수분 흡수는 삼투에 의한 것이다. 소장에서 흡수가 잘 되지 않는 성분을 섭취하면 대장 내 농도가 높아져 수분 흡수를 하지 못하고 설사를 유발한다.

ANSWER
11. ④ 12. ② 13. ③

14 적혈구를 혈관 내부보다 농도가 높은 용액에 넣었을 때 나타나는 현상으로 옳은 것은?

① 적혈구가 팽창한다.
② 적혈구가 폭발한다.
③ 적혈구가 쭈그러든다.
④ 적혈구의 표면과 내부가 분리된다.

14
삼투에 의해서 적혈구는 내부의 수분을 빼앗기게 되어 쭈그러든다.

15 증류수가 들어 있는 비커에 식물 세포와 동물 세포를 각각 넣었을 때 일어나는 현상을 차례대로 바르게 나열한 것은?

① 변화 없음 / 찌그러짐
② 찌그러짐 / 변화 없음
③ 팽윤 / 터짐
④ 터짐 / 팽윤

15
증류수의 농도가 세포 내부의 농도보다 낮으므로 삼투에 의해 물은 세포 내부로 이동한다. 세포벽이 있는 식물 세포는 부피가 늘어난 뒤 팽윤 상태가 되지만, 동물 세포는 계속해서 물을 흡수하여 부피가 커지다가, 세포막이 압력을 견디지 못하고 터지게 된다.

ANSWER
14. ③ 15. ③

02 생체 촉매와 물질대사

1 물질대사

(1) 물질대사

① 생명체 내에서 물질이 분해되거나 합성되는 모든 화학 반응을 물질대사라고 한다.

② 물질대사는 동화 작용과 이화 작용으로 구분된다.

㉠ 동화 작용 : 저분자 물질을 고분자 물질로 합성하는 과정 예 단백질 합성, 광합성 등

㉡ 이화 작용 : 고분자 물질을 저분자 물질로 분해하는 과정 예 소화, 호흡 등

(2) 에너지의 출입

물질대사가 일어날 때 물질의 형태가 바뀔 뿐만 아니라 에너지가 출입한다. 동화 작용이 일어날 때는 외부에서 에너지를 흡수해 물질 합성에 이용하고, 이화 작용이 일어날 때는 물질을 분해하여 얻은 에너지를 외부로 방출한다.

심화학습 생명체 밖에서 일어나는 화학 반응과 물질대사의 차이

포도당을 이산화 탄소와 물로 분해하는 같은 과정이라도 생명체 내에서는 세포 호흡이라는 물질대사, 생명체 밖에서는 연소라는 화학 반응이 이용되고 둘 사이에는 큰 차이가 있다. 포도당을 연소할 때는 400℃ 이상의 온도가 필요하고, 연소가 시작되면 화학 반응이 진행되는 짧은 시간 동안 에너지가 한꺼번에 방출된다. 반면, 세포 호흡을 통한 포도당의 분해는 연소 온도보다 훨씬 낮은 37℃ 가량의 체온에서 일어나며, 반응이 한번에 일어나는 연소와 달리 점진적으로 발생, 에너지도 소량씩 점진적으로 방출된다.

생명체 밖에서 일어나는 화학 반응	물질대사
고온, 고압의 환경에서 일어남	체온과 대기압 정도의 환경에서 일어남
반응이 시작되면 빠른 속도로 진행되어 에너지를 한꺼번에 방출함	반응이 점진적으로 천천히 진행되어 에너지를 소량씩 단계적으로 방출함
촉매가 있으면 반응이 더 잘 일어날 수는 있으나, 반드시 필요하지는 않음	촉매(효소)가 반드시 필요

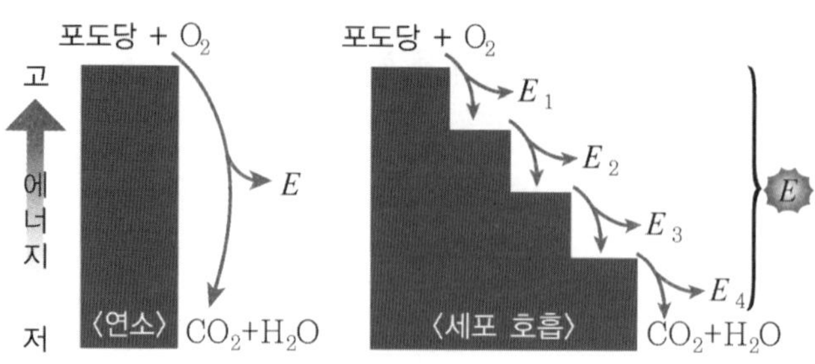

연소와 세포 호흡

2 효소

(1) 효소(생체 촉매)

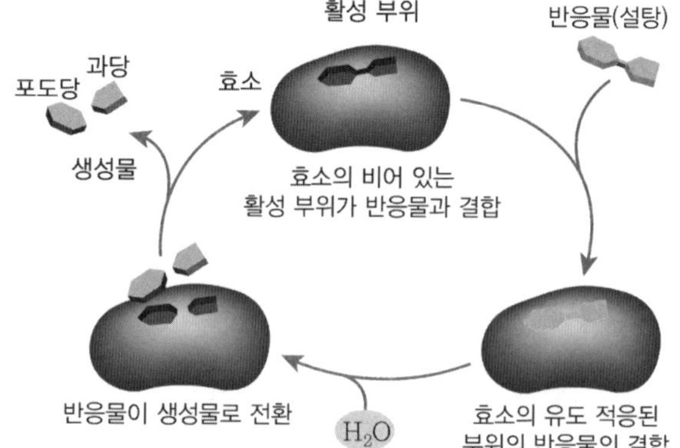

효소의 작용 과정

① 촉매 : 화학 반응에서 자기 자신은 변하지 않지만 반응 중간에 관여하여 화학 반응의 속도를 변화시키는 물질이다. 촉매에는 활성화 에너지를 낮추어 반응 속도를 빠르게 하는 정촉매와 활성화 에너지를 높여 반응 속도를 느리게 하는 부촉매가 있다.

② 효소 : 생명체 내의 물질대사에 관여하여 촉매 역할을 하는 단백질로, 체내에서 합성되어 생체 촉매라고도 한다.

③ 효소의 작용 : 활성화 에너지를 낮춤으로써 반응 속도를 증가시킨다.

④ 효소의 특성

㉠ 기질 특이성 : 효소는 입체적 구조를 가진 단백질로, 한 종류의 효소는 입체 구조에 들어맞는 한 종류의 반응물하고만 결합한다.

㉡ 재사용 : 효소는 방은 전후에 변하지 않으므로 새로운 반응물과 결합하여 다시 반응에 참여할 수 있다.

⑤ 효소는 특정 환경(온도, pH, 반응물 농도)에서만 활성화된다. 때문에 효소는 체내에서 정해진 장소에서만 역할을 수행하고, 다른 영역에서는 활동을 중지한다.

기초학습 활성화 에너지

활성화 에너지는 화학 반응이 일어나기 위해 필요한 최소한의 에너지를 말한다. 활성화 에너지가 작으며 반응 속도가 빠르고, 활성화 에너지가 크면 반응 속도가 느리다. 효소(정촉매)는 이러한 활성화 에너지를 낮춰 반응 속도를 증가시킨다. 반응물과 생성물의 에너지 차이를 반응열이라고 하는데, 반응열의 크기는 촉매를 사용하더라도 변하지 않는다.

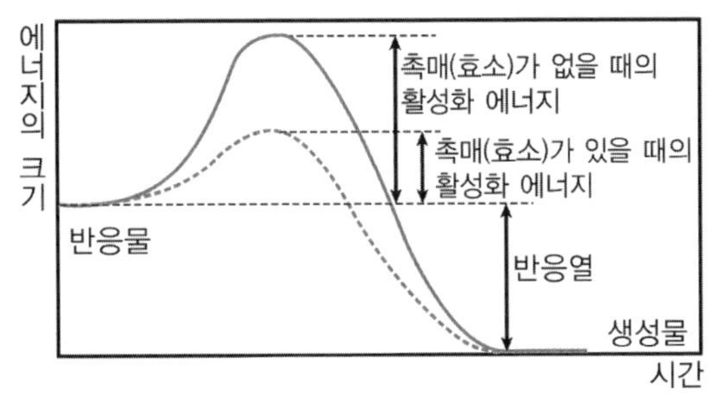

(2) 효소의 체내 역할

① **소화** : 음식물 내의 고분자 영양소를 저분자로 분해하여 세포막을 통과할 수 있도록 만든다.

② **단백질 합성** : 세포에서 새로운 단백질을 합성하고 결합하는 데 관여하여 신체가 생장할 수 있도록 한다.

③ **해독 작용** : 암모니아, 아세트알데하이드 등 체내에서 독성을 갖는 물질을 독성이 적은 물질로 바꾸는 것에 관여한다. 항염, 항바이러스 역할을 수행하는 효소도 있다.

④ 그 외에 화학 반응이 발생하는 대부분의 생명 활동에 효소가 관여한다.

3 효소의 활용

(1) 효소 활용의 장점

효소는 활성화될 수 있는 환경만 갖춰진다면 생명체 밖에서도 작용할 수 있다. 다른 촉매들보다 그 위험성이 작은 편이고, 효율이 높아 경제적이다.

(2) 효소의 다양한 활용 예시

① **발효 식품** : 인류는 오래 전부터 효모균, 유산균 등 미생물이 가진 효소를 이용하여 식품을 발효시키는 방법을 터득하여 된장, 술, 치즈, 김치, 요구르트 등 다양한 발효식품을 만들었다.

② **연육제** : 고기를 가공하는 과정에서 단백질 분해 효소를 이용해 육질을 부드럽게 한다. 주로 파인애플, 배 등에 포함된 효소를 이용한다.

③ **세제** : 신체 노폐물에 의한 오염은 대체로 단백질, 지방이므로 이를 분해할 수 있는 효소를 이용할 수 있다. 친환경 세제나 렌즈 세정액 등이 해당된다.

④ **환경** : 하수 처리 과정에서 효소를 이용해 오염 물질을 분해할 수 있고, 해상 원유 유출 사고에서도 유류를 분해할 수 있는 효소를 가진 미생물을 이용할 수 있다.

⑤ **의약** : 소화 효소를 포함한 소화제나 영양 성분과 반응하는 효소를 이용한 검사지 등으로 이용된다.

⑥ **생명 공학** : 유전자 재조합 과정에서 DNA를 자르고 붙이는 용도로 사용될 수 있다.

탄탄 실력 다지기 실전 예상문제

01 물질대사에 대한 설명으로 옳지 않은 것은?

① 생명체 내에서 일어나는 화학 반응이다.
② 효소가 관여한다.
③ 고온, 고압 환경에서 일어난다.
④ 물질을 분해하는 이화 작용과 물질을 합성하는 동화 작용이 있다.

01
물질대사는 생명체 내에서 일어나는 화학 반응으로, 체온과 대기압 정도의 환경에서 일어난다.

02 동화 작용에 대한 설명으로 옳지 않은 것은?

① 에너지가 적은 반응물에서 시작된다.
② 반응이 시작되면 생성물은 주변으로부터 에너지를 흡수한다.
③ 반응물과 생성물 사이의 에너지 차이만큼의 에너지를 방출한다.
④ 생성물은 반응물보다 높은 에너지를 갖는다.

02
동화 작용은 반응물과 생성물 사이의 에너지 차이만큼의 에너지를 흡수한다.

03 다음 반응 중 이화 작용에 해당하는 것만을 〈보기〉에서 있는 대로 고른 것은?

보기
ㄱ. 위에서 단백질이 아미노산으로 분해된다.
ㄴ. 식물이 햇빛을 통해 광합성을 한다.
ㄷ. 골수 조직의 조혈모 세포가 혈구를 생성한다.
ㄹ. 식물이 필요한 에너지를 얻기 위해 호흡을 한다.
ㅁ. 운동으로 손상된 근섬유 사이에서 새로운 근섬유가 성장한다.

① ㄱ, ㄴ　　② ㄱ, ㄹ
③ ㄴ, ㄷ　　④ ㄷ, ㅁ

03
위에서는 펩신이라는 소화 효소가 단백질을 분해하는 과정에 참여한다. 식물도 대사를 위해 세포 호흡을 하며, 그 과정은 이화 작용이다.

ANSWER
01. ③　02. ③　03. ②

04 **같은 반응물에 대한 생명체 밖에서 일어나는 화학 반응과 물질대사를 비교한 것으로 옳지 않은 것은?**

① 생명체 밖 화학 반응은 물질대사보다 높은 온도에서 일어난다.
② 생명체 밖 화학 반응에서 방출되는 에너지의 총량이 물질대사보다 적다.
③ 반응물이 포도당인 연소와 세포 호흡의 생성물은 같다.
④ 생명체 밖 화학 반응에서 촉매는 반드시 필요하지 않지만, 물질대사에서 효소는 반드시 필요하다.

04
반응물과 생성물이 같다면 방출되는 에너지의 총량은 과정과 무관하게 같다.

05 **다음은 같은 양의 포도당이 세포 호흡과 연소에 의해 각각 분해되는 과정을 순서 없이 (가)와 (나)로 나타낸 것이다.**

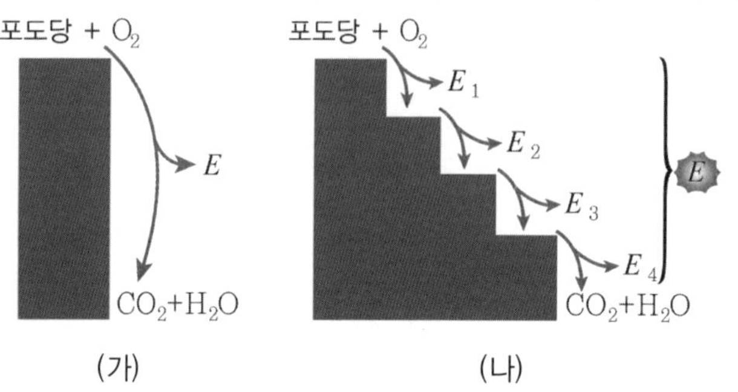

이에 대한 설명으로 옳은 것은?

① (가)는 세포 호흡, (나)는 연소이다.
② (가)는 (나)보다 높은 온도에서 일어난다.
③ 생성된 에너지의 총합은 (나)가 더 크다.
④ (가)에는 여러 종류의 효소가 필요하다.

05
(가)는 연소, (나)는 세포 호흡으로 두 과정에서 발생하는 에너지 총량은 같다. 연소는 세포 호흡보다 높은 온도에서 일어나며, 과정에서 효소가 필요한 것은 세포 호흡이다.

ANSWER
04. ② 05. ②

06 생체 내에서 효소의 작용은?

① 반응물의 활성화 에너지를 증가시킨다.
② 반응물의 활성화 에너지를 감소시킨다.
③ 반응물 분자 사이의 친화력을 감소시킨다.
④ 반응물 분자 사이의 친화력을 증가시킨다.

06 효소는 생체 촉매로, 반응이 일어나는 데 필요한 활성화 에너지를 감소시켜 반응 속도를 증가시킨다.

07 효소에 대한 설명으로 옳지 않은 것은?

① 주성분은 단백질이다.
② 고온, pH, 염의 농도 변화에 의해 변성될 수 있다.
③ 모든 반응물과 결합하는 기질 특이성이 있다.
④ 효소는 반응 속도를 증가시킨다.

07 한 종류의 효소는 한 종류의 반응물과만 결합한다. 효소는 최적의 온도, pH, 염 농도에서 활성화되며, 그 영역을 벗어나면 활성이 떨어지거나 변성될 수도 있다.

08 효소 활성에 대한 설명으로 옳은 것은?

① 모든 소화 효소는 산성 pH에서 최고의 활성을 가진다.
② 반응물의 농도가 증가할수록 효소의 반응 속도는 감소한다.
③ 효소는 반응물과 결합하고, 반응이 완료되면 변성되지 않고 분리된다.
④ 온도가 증가할수록 효소 활성은 증가한다.

08 소화 효소는 각 소화 효소마다 최적 pH가 다르다. 반응물의 농도가 증가하면 효소의 반응 속도는 증가하고, 모든 효소가 반응에 관여할 정도가 되면 그 이후로는 반응물의 농도가 더 높아져도 일정한 반응 속도를 유지한다. 효소마다 최적의 활성 온도가 있기 때문에 해당 온도가 될 때까지는 활성이 증가하겠지만, 그 이후로는 활성이 감소할 것이다.

ANSWER
06. ② 07. ③ 08. ③

09 감자에는 카탈레이스라는 효소가 들어 있다. 이 효소의 작용을 알아보기 위해 다음과 같은 실험을 준비하였다.

> 시험관 3개를 준비하여 각각 50mL의 과산화 수소수(H_2O_2)를 넣어 두었다. 시험관 각각에 10mL씩의 묽은 염산, 증류수, 수산화 나트륨 용액을 넣고 시험관 바닥에 거름종이 조각 하나를 가라앉혀 두었다. 감자를 강판에 갈아 준비해 둔 뒤, 각 시험관에 같은 양을 넣고 경과를 관찰하였다. 그 결과 증류수를 섞은 시험관의 거름종이 조각이 기포에 의해 가장 먼저 떠오르고, 이후 수산화 나트륨을 넣은 시험관, 묽은 염산을 넣은 시험관 순으로 거름종이 조각이 떠올랐다. 시험관 입구에 꺼져가는 불씨를 올려보았더니 격렬하게 타오르는 것을 발견할 수 있었다.

이 실험에 대한 분석으로 옳지 않은 것은?

① 거름종이 조각을 띄운 기포는 수소(H_2)일 것이다.
② 증류수를 섞은 시험관에서 가장 많은 기포를 관찰할 수 있다.
③ 카탈레이스는 과산화 수소수를 분해하는 효소이다.
④ 카탈레이스는 pH가 중성일 때 가장 활성이 높다.

09
카탈레이스는 과산화 수소수(H_2O_2)를 분해하는 효소로 감자 외에도 동물의 간에 주로 존재한다. 과산화 수소수는 분해되면 $2H_2O_2 \rightarrow 2H_2O + O_2$ 의 과정을 거치므로 생성된 기체는 O_2이다.

10 다음 중 효소에 의한 현상으로 볼 수 없는 것은?

① 간에서 암모니아를 요소로 전환한다.
② 밥을 오래 씹으면 단맛이 난다.
③ 리보솜에서 단백질을 합성한다.
④ 신장에서 혈액을 여과한다.

10
신장의 혈액 여과는 삼투에 의한 현상이다.

ANSWER
09. ① 10. ④

11 다음은 식혜를 만드는 과정이다.

> 밥, 엿기름(싹 튼 보리), 물을 준비한다. 엿기름에 물을 부어 불린 뒤 짜낸다. 엿기름에서 짜낸 물을 밥에 섞어 전기밥솥의 보온 기능을 켜거나 따뜻한 아랫목에 두어 삭힌다. 밥알이 떠오를 때까지 기다린 후, 끓여서 식힌다.

이 과정에 대한 분석으로 옳지 않은 것은?

① 식혜의 단맛은 밥의 다당류를 이당류나 단당류로 분해하여 발생한 것이다.
② 보리의 싹에는 탄수화물을 분해하는 효소가 포함되어 있을 것이다.
③ 전기밥솥의 취사 기능을 켠다면 효소가 기능하지 못할 것이다.
④ 끓이는 과정과 삭히는 과정의 순서는 바꿀 수 있다.

11 식혜를 끓이는 것은 이미 충분히 당화가 이루어졌을 때, 엿기름의 효소인 아밀레이스가 더 이상 활성화되지 않도록 파괴하기 위함이다. 삭히는 것과 끓이는 것의 순서를 바꾼다면, 삭히는 시점에는 이미 아밀레이스가 파괴되었으므로 식혜가 만들어지지 않는다.

12 다음 중 효소를 이용한 예로 볼 수 없는 것은?

① 파인애플을 이용해 고기를 연하게 만든다.
② 양파를 볶아 검게 만들면 맛이 달아진다.
③ 소화 효소가 포함된 세제로 단백질 얼룩을 씻어낸다.
④ 맥아와 홉에 효모를 섞어 맥주를 양조한다.

12 양파를 볶아 검게 만드는 것은 캐러멜화 반응으로 산화에 따른 비효소적 반응이다.

ANSWER
11. ④ 12. ②

03 생명 시스템에서 정보의 흐름

1 유전자와 단백질

(1) DNA와 유전자

① 세포의 핵 속에 있는 DNA는 단백질과 결합한 상태로 실처럼 풀어져 있지만, 세포 분열이 일어나면 응축되어 염색체가 된다.

② DNA의 특정 부분에는 생물의 형질을 결정하는 유전 정보가 저장되어 있고, 이 부분을 유전자라고 한다.

(2) 유전자와 단백질

① 세포는 유전자에 저장된 유전 정보에 따라 다양한 단백질을 합성한다. 합성된 단백질은 유전자마다 각각 특정한 형질을 띄게 된다.

② 생명체의 생명 활동은 단백질로 조절되므로 DNA에 들어 있는 유전 정보에 따라 생명 시스템이 유지된다고 할 수 있다.

③ 유전자에 담긴 유전 정보는 부모에게 물려받은 것이므로 그에 따라 자손에게서 부모에게 물려받은 형질이 나타난다.

2 유전 정보의 흐름

(1) 생명 중심 원리

① 생명 시스템 내에서 유전 정보의 흐름을 설명하는 원리로, DNA의 유전 정보는 RNA로 전달되고(전사), RNA의 유전 정보에 따라 단백질이 합성되는 과정(번역)을 말한다.

② 유전 정보는 핵 내부의 DNA에 있지만, 단백질 합성은 핵 외부에 위치한 리보솜에서 일어나므로 RNA는 핵 안쪽에서 바깥쪽으로 이동하며 유전 정보를 전달한다.

(2) 유전 정보의 저장

① DNA를 구성하는 아데닌(A), 구아닌(G), 사이토신(C), 타이민(T) 4종류로 이루어진 염기 서열에 단백질을 구성하는 아미노산의 배열 순서가 저장되어 있다.

② DNA에서 하나의 아미노산을 지정하는 연속된 3개의 염기를 3염기 조합이라고 하고, RNA에서 하나의 아미노산을 지정하는 연속된 3개의 염기를 코돈(codon)이라고 한다. 코돈에는 각 아미노산을 나타내는 코돈 외에 번역을 시작하는 신호인 개시 코돈과 끝을 나타내는 종결 코돈이 있다.

심화학습 3염기 조합

단백질을 구성하는 아미노산의 종류는 20가지이다. 따라서 염기는 적어도 20가지 이상의 패턴을 만들 수 있어야 단백질을 만드는 데 필요한 모든 정보를 표현할 수 있다.

- 1개의 염기가 지정할 수 있는 정보는 A, G, C, T의 4가지
- 2개의 염기가 지정할 수 있는 정보는 AA, AG, AC, … TT의 4^2=16가지
- 3개의 염기가 지정할 수 있는 정보는 AAA, AAG, AAC, …, TTT의 4^3=64가지

따라서 최소한 3개의 염기가 있어야 20가지의 표현이 가능하므로 염기는 3개씩 짝을 이루게 된다.

(3) 유전 정보의 전사와 번역

① 전사

㉠ DNA 이중 나선 중 한쪽 가닥에 상보적인 염기 서열을 가진 RNA가 합성된다.

㉡ DNA의 아데닌(A)은 유라실(U)로, 구아닌(G)은 사이토신(C)으로, 사이토신(C)은 구아닌(G)으로, 타이민(T)은 아데닌(A)으로 전사된다.

② 번역

㉠ 전사된 RNA의 코돈이 지정하는 아미노산이 리보솜으로 운반되어 아미노산이 펩타이드 결합으로 연결되어 폴리펩타이드가 합성된다.

㉡ 합성된 폴리펩타이드는 소포체를 지나면서 단백질의 형태를 갖추게 되어 해당 단백질이 특정 기능을 수행할 수 있는 형질이 나타난다.

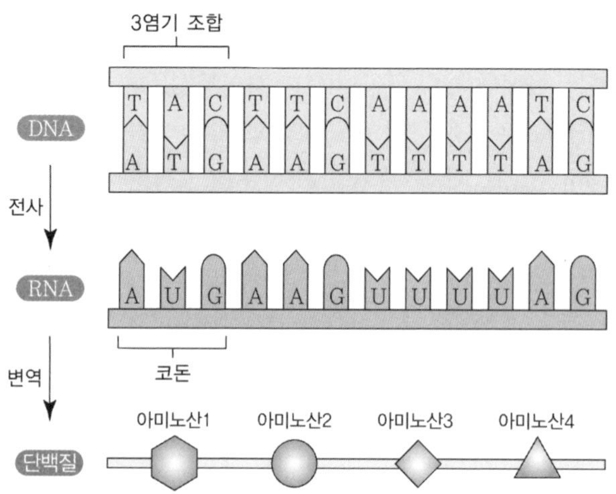

심화학습 **유전 암호 체계의 공통성**

인슐린은 혈당을 낮추는 기능을 하는 단백질성 호르몬으로, 스스로 인슐린을 합성하는 능력이 떨어지는 경우에는 당뇨병에 걸리게 된다. 그렇기 때문에 당뇨병 환자들은 인슐린을 외부에서 투여하는데, 다른 사람이나 동물이 합성한 인슐린을 이식받는 것에는 한계가 있을 수밖에 없다.

이를 해결하고자 하는 연구 과정에서 대장균의 DNA 일부를 잘라내고, 그 부분에 인간의 인슐린 합성 유전자를 끼워넣어 다시 대장균에게 투입하였더니 유전자가 조작된 이 대장균은 인간의 인슐린을 합성한다는 사실을 알아냈다.

인간의 DNA이지만 대장균의 체내에서 정상적으로 작동한다는 것은 인간의 DNA와 대장균의 DNA의 유전 암호 체계가 같다는 것을 의미한다. 인간과 대장균뿐 아니라 지구상 거의 모든 생명체는 동일한 유전 암호 체계를 사용한다. 이는 지구상의 생명체가 공통 조상에서 진화해왔음을 나타내는 근거로 사용된다.

3 유전자 이상과 유전 질환

(1) 유전자 이상

① 유전자를 구성하는 DNA의 염기 서열에 이상이 생기는 것을 말한다.

② 유전 정보는 부모로부터 물려받으므로 부모에게 이상이 있는 유전자를 물려받았을 때 자손도 유전자에 이상이 발생한다.

③ 정상적인 유전자를 물려받았음에도 외적 요인으로 DNA가 손상되거나 돌연변이 등의 요인으로 유전자에 이상이 발생할 수 있다.

(2) 유전자 이상에 의한 유전 질환

① **낫 모양 적혈구 빈혈증** : 헤모글로빈을 합성하는 유전자에 이상이 생겨 단백질의 구조가 원형이 아닌 찌그러진 낫 모양이 되는 질환이다. 정상 적혈구에 비해 산소 운반 능력이 떨어져 빈혈을 일으키고, 적혈구끼리 엉켜 혈액 순환을 방해할 수 있다. 그러나 말라리아에 강한 저항성을 지닌다는 특성도 있다.

② **페닐케톤뇨증** : 아미노산의 일종인 페닐알라닌을 분해하는 효소를 합성하는 유전자에 이상이 생겨 페닐알라닌을 분해하지 못하는 질환이다. 분해되지 않은 페닐알라닌이 페닐케톤으로 변환된 후 축적되어 중추 신경에 악영향을 미쳐 정신적·지적 장애를 유발한다.

정상 적혈구

낫 모양 적혈구

적혈구 모양

탄탄 실력 다지기

실전 예상문제

01 생명체의 유전 정보에 대해 바르게 설명한 것은?

① 인간의 형질에 관한 유전 정보는 RNA에 저장된다.
② DNA 한 분자마다 한 종류의 형질에 대한 정보가 보존된다.
③ 유전자에 저장된 유전 정보에 따라 다양한 단백질을 합성한다.
④ DNA는 평소 응축된 염색체 상태로 있으나 분열을 준비하면 실 형태로 풀린다.

02 다음은 세포 내에서 발생하는 유전 정보의 흐름을 나타낸 것이다.

DNA ➡(가) ㉠ ➡(나) 단백질

이에 대한 설명으로 옳은 것은?

① ㉠은 단백질을 직접 합성한다.
② (가) 과정은 핵 외부에서 일어난다.
③ (나) 과정의 명칭은 전사이다.
④ (나) 과정은 리보솜에서 일어난다.

03 생명체의 유전 정보에 대한 설명으로 옳은 것은?

① 생명체는 단백질로 유전 정보를 다음 세대에 전달한다.
② 같은 단백질을 생성하기 위한 염기 배열은 인간의 것과 대장균의 것이 서로 같다.
③ 한 가닥의 DNA에 기록된 유전 정보로 한 종류의 단백질만 형성된다.
④ 형질은 환경에 의해 발현하며, 유전자와는 무관하다.

01
유전 정보는 DNA에 기록되며, DNA는 한 분자에도 여러 유전자가 들어 있어 여러 형질을 기억할 수 있다. 세포가 분열을 준비할 때 DNA는 응축되어 염색체 상태가 된다.

02
㉠은 RNA, (가)는 전사, (나)는 번역이다. RNA는 유전 정보를 운반할 뿐, 단백질의 합성은 번역을 통해 리보솜에서 일어난다. DNA에서 RNA로 전사되는 과정은 핵 내부에서 일어난다.

03
생명체는 유전자를 통해 유전 정보를 다음 세대로 전달한다. 인간에서부터 세균에 이르기까지 지구상 대부분의 생물은 특정 아미노산을 생성하는 것에 대해 같은 염기 배열의 코돈을 이용한다. 일부 형질은 환경의 영향을 받을 수도 있지만 눈 색, 머리카락 형태, 귀 모양 등 개체의 특징을 나타내는 대부분의 형질은 단백질에 의해 발현된다.

ANSWER
01. ③ 02. ④ 03. ②

04 다음과 같은 염기 배열을 갖고 있는 DNA로부터 단백질을 합성하였다.

−AACCATGGCAACGAC−

이 염기 배열에서 생성된 단백질에 대한 설명으로 옳지 않은 것은?

① 단백질을 구성하는 아미노산의 종류는 4가지이다.
② 단백질은 이 DNA를 전사한 RNA를 번역하여 합성된다.
③ 왼쪽으로부터 1~3번째 염기가 지정한 아미노산의 코돈은 UUG이다.
④ 왼쪽으로부터 14번째 염기 A가 G로 바뀌면 단백질을 구성하는 아미노산의 종류가 5가지가 된다.

04
왼쪽으로부터 14번째 염기가 A에서 G로 바뀌면 GGC가 되어 7~9번째 염기가 지정한 아미노산과 같은 아미노산을 나타내게 된다. 따라서 아미노산의 종류는 3가지로 줄어든다.

[05~06] 어떤 DNA로부터 전사된 RNA의 염기 가닥을 분석하였더니 다음과 같았다.

GGCUACACUCGA

05 이 RNA이 전사된 DNA 가닥의 염기 서열로 옳은 것은?

① CCGATGTGAGCT　　② UUAGCACAGAGC
③ CCGAUGUGAGCU　　④ TTGACGCGAGTC

05
A–U, G–C의 상보 결합을 고려해서 분석하되, DNA에서는 유라실(U)이 아닌 타이민(T)을 이용한다는 점을 기억한다.

06 이 RNA가 번역되어 만들어지는 아미노산은 몇 개인가? (단, 개시 코돈과 종결 코돈은 고려하지 않는다.)

① 3개　　② 4개
③ 6개　　④ 12개

06
RNA의 코돈은 3개가 한 조를 이루고 코돈 하나당 1개의 아미노산이 만들어진다. 개시 코돈, 종결 코돈을 고려하지 않으므로 4개의 코돈이 각각 1개씩의 아미노산을 생성하여 4개의 아미노산이 만들어진다.

ANSWER
04. ④　05. ①　06. ②

07 단백질 합성 과정에 대한 설명으로 옳은 것만을 〈보기〉에서 있는 대로 고른 것은?

보기
ㄱ. DNA는 직접 단백질로 합성된다.
ㄴ. 유전 정보의 전사와 번역 과정을 거쳐 단백질이 합성된다.
ㄷ. DNA의 유전 정보를 RNA로 전달하는 과정은 핵 속에서 일어난다.

① ㄱ, ㄴ ② ㄱ, ㄷ
③ ㄴ, ㄷ ④ ㄱ, ㄴ, ㄷ

07
DNA는 직접 단백질로 합성되지 않으며, 단백질 합성이 필요한 정보만 제공한다.

08 오늘날 당뇨병 치료제로 사용하는 인슐린은 대장균의 유전자에 인간의 인슐린 유전자를 집어넣고 대장균에 이식하여 만든다. 이 사실로부터 알 수 있는 사실은?

① 대장균은 인간과 유전적으로 가까운 관계이다.
② 인체는 대장균에 대한 거부 반응을 일으키지 않는다.
③ 대장균은 인간과 동일한 유전 암호 체계를 이용한다.
④ 대장균을 인체에 이식하여 당뇨병을 치료할 수 있다.

08
인슐린을 만들어내는 염기 서열이 대장균 유전자 내에서도 인간의 유전자에서와 마찬가지로 정상적으로 작동하기 때문에 유전자를 이식받은 대장균은 인슐린을 생성한다.

09 낫 모양 적혈구 빈혈증은 헤모글로빈 유전자 중 글루탐산을 만들어야 할 염기 부분에 돌연변이가 발생해 발린을 만드는 경우에 발생한다. 이에 대한 설명으로 옳은 것은?

① 1개의 염기가 바뀌는 정도로는 개체에 큰 영향을 주지 못한다.
② 낫 모양 적혈구 빈혈증은 적혈구 하나하나의 산소 운반 능력은 떨어지나 혈액 순환에서는 이점을 갖는다.
③ 돌연변이는 DNA 복제 과정에서만 발생한다.
④ 아미노산이 바뀌는 것으로 단백질의 입체 구조가 바뀔 수 있다.

09
낫 모양 적혈구 빈혈증은 헤모글로빈 유전자에서 하나의 염기가 바뀐 것으로 인해 나타나는 질환이다. 적혈구의 산소 운반 능력이 떨어질 뿐 아니라 혈액 순환에도 악영향을 미친다. 돌연변이는 DNA 복제 과정뿐 아니라 방사선, 자외선, 타르 같은 외부 물질이나 환경에 의해서도 발생할 수 있다.

ANSWER
07. ③ 08. ③ 09. ④

변화와 다양성

Chapter

01 화학 변화

학습 point+

지구와 생명의 역사에 큰 변화를 가져온 광합성, 화석 연료의 연소, 철의 제련에서 산소 이동의 역할에 대해 이해하고 산화와 환원에서 나타나는 규칙성을 학습하며 일상생활에서 볼 수 있는 산과 염기를 구분, 둘을 섞었을 때 일어나는 변화와 중화 반응에 대해 설명할 수 있어야 합니다.

01 화학 반응과 산화 환원 반응

1 지구와 생명의 역사에 변화를 가져온 화학 반응

(1) 광합성과 세포 호흡

① 광합성

㉠ 식물의 엽록체에서 빛 에너지를 이용하여 이산화 탄소(CO_2)와 물(H_2O)로 포도당($C_6H_{12}O_6$)과 산소(O_2)를 만드는 반응이다.

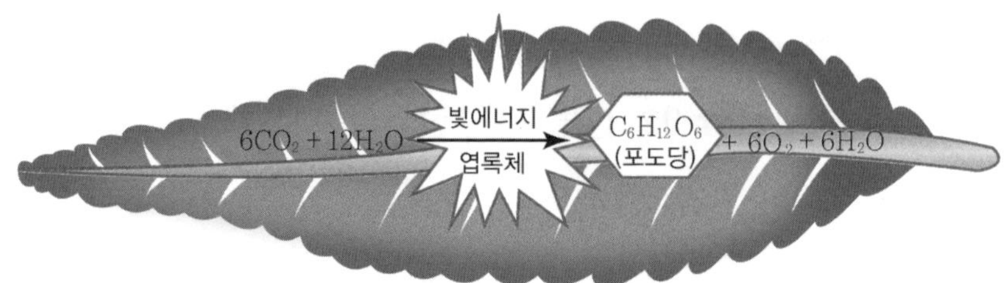

㉡ 원시 지구에는 본래 대기에 산소나 오존(O_3)이 없었으나, 광합성을 하는 생물이 출현하여 이를 형성하였다. 이로 인해 포도당과 산소를 이용해 호흡하는 생물이 출현하였고, 오존이 유해한 자외선을 차단하면서 생물들이 육상으로 진출하게 되었다.

② 세포 호흡 : 광합성의 반대 반응으로 포도당과 산소로부터 이산화 탄소, 물, ATP라는 형태의 에너지를 생성한다.

(2) 화석 연료의 연소

① 동식물의 사체를 구성하는 유기물이 땅속의 고온 · 고압 환경에서 변성되어 형성된 석유, 석탄, 천연가스 등을 화석 연료라고 한다.

② 화석 연료의 주성분은 탄소(C)와 수소(H)로, 화석 연료가 공기 중에서 연소하면 산소(O_2)와 반응하여 이산화 탄소(CO_2)와 물(H_2O)이 생성되고, 열이 방출된다.

③ 화석 연료는 주로 교통 산업에 사용되며, 분해하여 유기 화학 공업의 재료로 사용하거나 플라스틱, 합성 섬유 등의 원료로 사용되어 인류 발달에 큰 영향을 미쳤다.

(3) 철의 제련

① 철은 자연계에서는 산소와 결합한 형태로 존재한다(Fe_2O_3, 산화 철). 이를 이용하기 위해 산소를 제거하여 순수한 철을 얻는 과정을 철의 제련이라고 한다.

② 탄소가 주성분인 코크스와 산화 철을 같이 용광로에 넣어 가열한 공기를 넣는 것으로 철을 얻을 수 있다.

③ 철은 비교적 가공이 쉽고 강도가 높아 각종 무기와 도구를 만드는 데 적합하다. 그렇기 때문에 철의 제련이 가능해진 철기 시대 이후로 인류는 급속히 발전하였고, 현재에도 철은 다양한 분야에 이용되고 있다.

심화학습 철의 제련 과정

용광로에 열풍이 들어가면 코크스가 가장 먼저 연소된다. 그러나 열풍에 포함된 산소가 부족하여 코크스는 불완전 연소한다.

$$2C + O_2 \longrightarrow 2CO$$

채취한 철광석은 산화 철 외에 규산염(SiO_2) 광물이 포함되어 있다. 이것을 분리하기 위해 석회석($CaCO_3$)을 투입한다.

$$CaCO_3 \longrightarrow CaO + CO_2$$
$$CaO + SiO_2 \longrightarrow CaSiO_3$$

$CaSiO_3$은 슬래그로 배출되고, 남은 산화 철은 코크스로부터 만들어진 일산화 탄소와 반응한다.

$$Fe_2O_3 + 3CO \longrightarrow 2Fe + 3CO_2$$

이러한 과정을 통해 용광로에서 순수한 철이 제련된다.

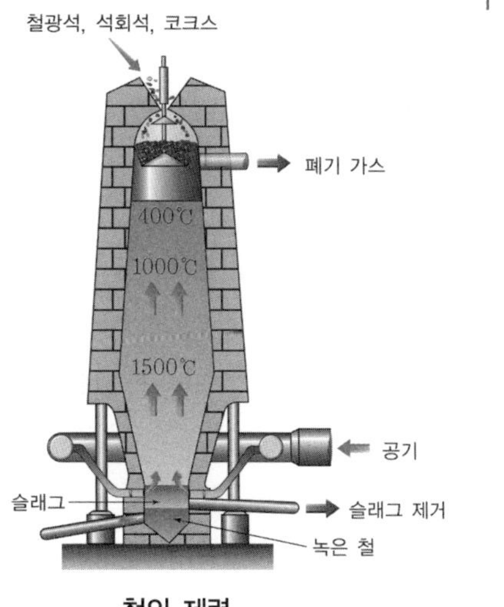

철의 제련

(4) 지구와 생명의 역사에 변화를 가져온 화학 반응의 공통점

반응	반응물	생성물
광합성	CO_2, H_2O	$C_6H_{12}O_6$, O_2
호흡	$C_6H_{12}O_6$, O_2	CO_2, H_2O
연소	C_xH_y, O_2	CO_2, H_2O
철의 제련	Fe_2O_3, C	Fe, CO_2

반응물과 생성물은 각각 다르지만 모두 산소가 관여하는 반응이다.

2 산화 환원 반응

(1) 산소의 이동과 산화 환원 반응

산화	산소를 얻는 반응	산화: C → CO_2 $2CuO + C \longrightarrow 2Cu + CO_2$ 산화 구리(Ⅱ) 탄소 → 구리 이산화 탄소 환원: CuO → Cu
환원	산소를 잃는 반응	

(2) 전자의 이동과 산화 환원 반응

산화	전자를 잃는 반응	산화: Mg → Mg^{2+} $Mg + Cu^{2+} \longrightarrow Mg^{2+} + Cu$ 마그네슘 구리 이온 → 마그네슘 이온 구리 환원: Cu^{2+} → Cu
환원	전자를 얻는 반응	

(3) 산화 환원 반응의 동시성

어떤 물질이 산소를 얻거나 전자를 잃고 산화되면, 다른 물질은 산소를 잃거나 전자를 얻어 환원된다. 따라서 산화와 환원은 항상 동시에 일어난다.

심화학습 **금속의 산화 환원 반응**

금속이 다른 금속과 이온으로 접할 수 있는 경우, 둘 중 상대적으로 이온화 경향(반응성)이 큰 금속은 전자를 내놓고자 하며(산화), 반응성이 작은 금속은 전자를 받아들이려고 한다(환원). 대표적인 금속들의 이온화 경향은 다음과 같다.

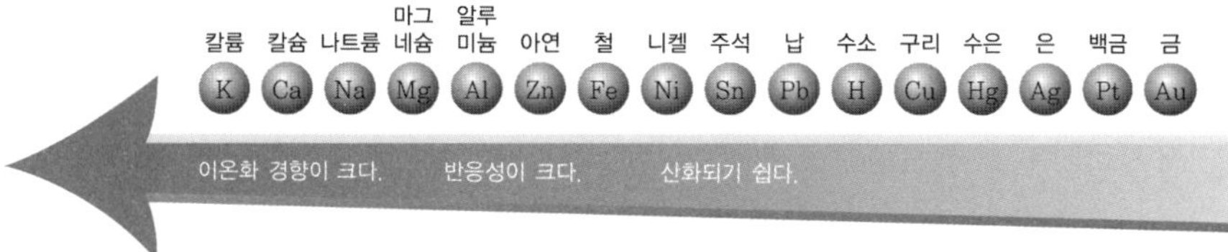

여러 가지 금속의 이온화 경향

대표적인 예시로 질산 은($AgNO_3$) 수용액에 구리 조각을 넣으면 구리의 반응성이 은보다 크기 때문에(Cu > Ag) 구리조각은 전자를 잃고 이온화되며 수용액의 은 이온은 그 전자를 얻어 환원되어 구리 조각 표면에 은이 석출된다.

구리와 질산 은 수용액의 반응

(4) 우리 주변의 산화 환원 반응

① 광합성과 세포 호흡

광합성	산화: $H_2O \rightarrow O_2$ $6CO_2 + 6H_2O \longrightarrow C_6H_{12}O_6 + 6O_2$ 이산화 탄소, 물 → 포도당, 산소 환원: $CO_2 \rightarrow C_6H_{12}O_6$
세포 호흡	산화: $C_6H_{12}O_6 \rightarrow CO_2$ $C_6H_{12}O_6 + 6O_2 \longrightarrow 6CO_2 + 6H_2O +$ 에너지 포도당, 산소 → 이산화 탄소, 물 환원: $O_2 \rightarrow H_2O$

② 화석 연료의 연소

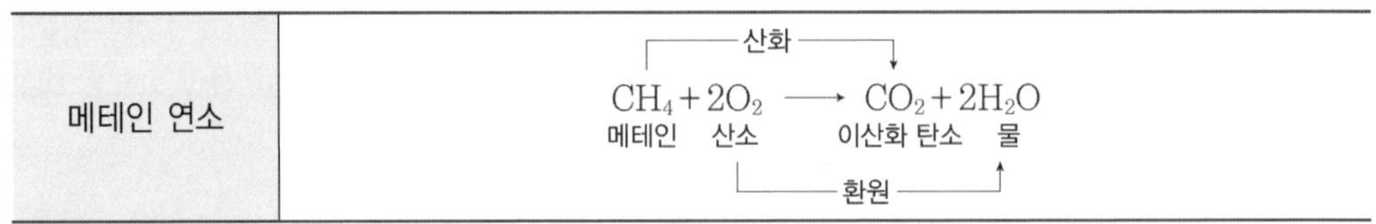

메테인 연소	산화: $CH_4 + 2O_2 \longrightarrow CO_2 + 2H_2O$ (메테인, 산소 → 이산화 탄소, 물), 환원

메테인 외에도 화석 연료는 기본적으로 탄소와 수소의 결합체(C_xH_y)이므로 같은 양상으로 연소된다.

③ 철의 제련과 부식

철의 제련	산화: $Fe_2O_3 + 3CO \longrightarrow 2Fe + 3CO_2$ (산화 철(Ⅲ), 일산화 탄소 → 철, 이산화 탄소), 환원
철의 부식	산화: $4Fe + 3O_2 \longrightarrow 2Fe_2O_3$ (철, 산소 → 산화 철(Ⅲ))

심화학습 **철의 부식 방지**

철의 부식은 산소와의 반응으로 일어나나, 보통 상태에서는 철과 산소 기체가 쉽게 반응하지는 않는다. 그러나 둘 사이에 이온 교환이 이루어질 수 있는 매개체가 있다면 빠르게 부식이 일어날 수 있다. 대표적인 것이 물로, 철제 제품을 물이 묻은 채로 방치하면 녹이 더 빠르게 스는 것을 볼 수 있다. 특히, 물속에 다른 이온이 있어 전해질 역할을 한다면 부식이 더욱 가속된다(바닷물, 제설제가 녹은 물 등).

따라서 금속과 공기와의 접촉을 차단할 수 있다면 부식을 방지할 수 있다. 가장 간단한 방법은 표면에 기름이나 페인트를 칠하는 것이다. 그러나 이는 영구적이지 못하며, 주기적으로 다시 칠해주어야 한다는 단점이 있다.

때문에 반영구적으로 공기와의 접촉을 차단할 목적으로 철 표면 위에 다른 금속을 입히는데, 이를 도금이라 한다. 이때, 도금에 사용될 금속의 반응성 크기에 따라 2가지로 나눌 수 있다.

철보다 반응성이 작은 금속으로 도금하는 경우, 도금된 금속은 외부 공기와 반응하지 않으며, 철을 완전히 보호하는 것을 목적으로 한다. 그러나 도금에 흠집 등이 발생해 철이 노출될 경우, 오히려 빠르게 녹이 슬 수 있다. 주석을 도금한 양철이 대표적이다.

철보다 반응성이 큰 금속으로 도금하는 경우, 도금된 금속은 산소와 반응해 산화하여 산화물 피막을 생성한다. 생성된 피막은 외부와 차단하는 역할을 하여 그 이상의 산화는 일어나지 않는다. 아연을 도금한 함석이 대표적이다.

만약 외부에 흠집이 발생해서 철이 노출될 경우, 철보다 반응성이 큰 도금 금속이 먼저 공기와 반응하거나, 철의 산화 반응에 자신의 전자를 공급하는 것으로 철의 산화를 막는다. 이러한 보호 방법을 음극화 보호라고 한다. 매립한 금속 도관이나 선박 바닥에 마그네슘을 연결하는 것 등이 대표적인 예이다.

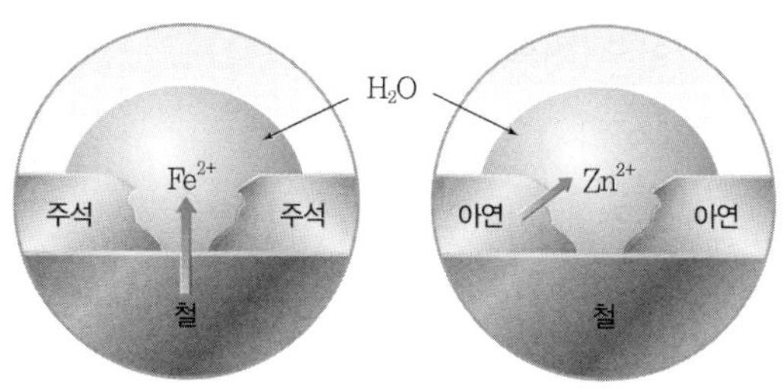

④ 그 밖의 산화 환원 반응

㉠ 오래된 음식물이 부패한다.

㉡ 손난로를 흔들면 철가루가 산화하며 열을 낸다.

㉢ 과산화 수소수를 상처에 뿌리면 활성 산소가 발생하여 세균을 죽인다.

㉣ 반딧불이는 루시페린이라는 물질을 산화시켜 빛을 낸다.

탄탄 실력 다지기

실전 예상문제

01 다음은 어떤 반응들의 화학식이다.

(가) $C_6H_{12}O_6 + 6(\text{㉠}) \longrightarrow 6CO_2 + 6H_2O$
(나) $CH_4 + 2(\text{㉠}) \longrightarrow CO_2 + 2H_2O$
(다) $4Fe + 3(\text{㉠}) \longrightarrow 2Fe_2O_3$

이에 대한 설명으로 옳지 않은 것은?

① ㉠에 알맞은 내용은 O_2이다.
② (가)를 통해 생명체가 활동하기 위한 에너지를 얻을 수 있다.
③ (나)에서 CH_4은 반응 중에 산화되었다.
④ (다)를 통해 산화된 철을 환원시킨다.

01 (가)는 세포 호흡, (나)는 메테인의 연소, (다)는 철의 산화이다. 즉, (다)에서 철은 산소를 얻어 산화된다.

02 다음 화학 반응들에 대한 설명으로 옳지 않은 것은?

① 광합성은 엽록체, 세포 호흡은 미토콘드리아에서 일어난다.
② 산화 철로부터 순수한 철을 얻기 위해서는 산소만 투입하여 가열해야 한다.
③ 화석 연료를 연소시키면 이산화 탄소와 물이 생성된다.
④ 철을 산화시키면 열이 발생한다.

02 산화 철에는 이미 산소가 포함되어 있으며, 순수한 철을 얻기 위해서는 철 대신 산화되어줄 환원제가 필요하다. 철의 제련 과정에서는 코크스가 이 역할을 한다.

03 산화 환원 반응에 대한 설명으로 옳지 않은 것은?

① 산화는 물질이 산소를 얻거나 전자를 잃을 때 발생한다.
② 산화 반응은 발열 반응이다.
③ 산화와 환원은 각각 독립적으로 일어난다.
④ 산소가 관여하지 않아도 산화와 환원이 일어날 수 있다.

03 산화 환원 반응은 하나만 일어날 수 없으며, 어떤 물질이 환원되었다면 그 과정에서 반응에 참여한 다른 물질이 산화된다.

ANSWER
01. ④ 02. ② 03. ③

04 **붉은색의 구리 조각을 가열했더니 검게 변하였고, 질량은 가열하기 전보다 늘어났다. 이에 대한 설명으로 옳은 것은?**

① 구리 조각은 환원되었고, 전자를 얻어 질량이 커졌다.
② 구리 조각은 산화된 것으로 늘어난 질량은 산소이다.
③ 순수한 구리의 색은 검은색이다.
④ 가열 과정에서 생긴 검은 그을음이며, 물질의 변화는 없다.

04
산화 구리는 여러 종류가 있지만 검은색은 산화 구리(Ⅱ)로 CuO이다. Cu였던 구리 조각이 CuO로 산화하면서 산소만큼 질량이 증가한다.

05 **푸른색을 띠고 있는 황산 구리(Ⅱ) 수용액에 아연판을 넣고 기다리자 수용액의 색이 점차 옅어졌다. 이에 대한 설명으로 옳은 것은?**

① 아연판은 산화된다.
② 아연판 표면에는 산화 구리가 석출된다.
③ 수용액의 푸른색은 황산 이온에 의한 것이다.
④ 황산 구리(Ⅱ) 수용액에 백금판을 넣어도 같은 현상을 보일 것이다.

05
수용액 내의 구리 이온은 아연이 산화되며 내놓은 전자를 얻고 환원되어 순수한 구리로 아연판 표면에 석출된다. 푸른색은 구리 이온에 의한 것으로 아연판 표면에 구리가 석출되며, 수용액 내의 구리 이온이 줄어듦에 따라 푸른색이 옅어진다. 백금은 구리보다 이온화 경향이 작은 금속으로 구리보다 산화되려는 성질이 작다. 따라서 황산 구리(Ⅱ) 수용액에 백금판을 넣어도 아무런 반응이 일어나지 않는다.

06 **질산 은 수용액에 구리판을 넣었더니 구리판 표면에 결정이 자랐으며, 수용액의 색은 점차 푸른색을 띠었다. 이에 대한 설명으로 옳지 <u>않은</u> 것은?**

① 표면에 생긴 결정은 은이다.
② 푸른색을 띠는 수용액에는 구리 이온이 포함되어 있다.
③ 수용액 내의 질산 이온은 점차 줄어든다.
④ 수용액의 은 이온은 환원되었다.

04
구리는 은보다 이온화 경향이 높아 산화되려는 성질이 강하므로 스스로 산화되어 전자를 내놓고 은 이온은 이 전자를 얻어 환원되어 석출된다. 이 과정에서 질산 이온은 관여하지 않으며, 반응 이후 수용액의 색상이 푸른색을 띈다는 점에서 산화된 구리는 수용액 내에서 이온 상태로 존재한다는 것이므로 질산 이온 역시 그대로 이온 상태로 존재할 것이다. 따라서 질산 이온의 양은 변하지 않는다.

ANSWER
04. ② 05. ① 06. ③

07 여러 가지 금속 조각에 황산 구리(Ⅱ) 수용액을 떨어뜨려 보았다. 다음 중 그 결과가 가장 다른 하나는?

① 마그네슘(Mg) 조각　② 납(Pb) 조각
③ 은(Ag) 조각　④ 철(Fe) 조각

07
마그네슘, 납, 철은 구리보다 이온화 경향이 큰 금속들로, 수용액이 떨어진 부분에 환원된 구리가 석출될 것이다. 하지만 은은 구리보다 이온화 경향이 작으므로 아무런 반응이 일어나지 않는다.

08 다음의 화학 반응식에서 밑줄 친 물질이 산화되는 경우는?

① $\underline{CH_4}+2O_2 \longrightarrow CO_2+2H_2O$
② $\underline{Fe_2O_3}+3CO \longrightarrow 2Fe+3CO_2$
③ $2Na+\underline{Cl_2} \longrightarrow 2NaCl$
④ $4Al+\underline{3O_2} \longrightarrow 2Al_2O_3$

08
$CH_4+2O_2 \longrightarrow CO_2+2H_2O$에서 메테인의 탄소는 산소를 얻었고, 산소 분자는 산소를 잃었다. 따라서 메테인은 산화, 산소 분자는 환원된다.

09 다음은 철의 제련 과정에서 나타나는 화학 반응이다.

- $C+O_2 \longrightarrow$ (A)
- Fe_2O_3+(A) $\longrightarrow Fe+$(B)

*계수는 고려하지 않음

위 반응에 대한 설명으로 옳은 것은?

① A는 코크스가 완전 연소되어 생성된다.
② A는 Fe_2O_3를 환원시킨다.
③ B는 광합성의 결과로 생성되는 물질이다.
④ B는 상온에서 액체이다.

09
A는 일산화 탄소, B는 이산화 탄소이다. 일산화 탄소는 탄소의 불완전 연소로 발생하며, 철의 제련 과정에서는 산화 철을 환원시키는 역할을 한다. 이산화 탄소는 광합성의 생성물이 아닌 반응물이며, 상온에서 기체이다.

ANSWER
07. ③　08. ①　09. ②

10 다음 사례에 대한 과학적 설명으로 옳은 것은?

> 주유소에서는 주유기에 공급할 기름을 저장하기 위해 지하에 철제 기름 탱크를 묻어둔다. 땅속에 묻혀 있더라도 흙 사이로 산소가 스며들면 철제 탱크에는 산화가 일어나 녹이 슬 수 있다. 이를 방지하기 위해 철제 탱크에 구리선을 연결하고, 그 끝에는 마그네슘 덩어리를 연결한다.

① 마그네슘의 산화막이 철제 탱크 표면을 보호한다.
② 마그네슘 대신 주석으로 대체할 수 있다.
③ 구리선은 이온의 이동 통로 역할을 한다.
④ 마그네슘이 산화되고, 철이 환원된다.

10
음극화 보호에 대한 설명으로 철제 탱크가 산소와 접촉, 산화되기 위해 전자를 잃으면 마그네슘 덩어리가 산화되며 전자를 잃고, 그 전자가 구리선을 타고 철제 탱크에 공급되어 환원을 일으킨다.

11 다음 중 산화 환원 반응의 예로 볼 수 없는 것은?

① 식물이 빛을 받아 광합성을 한다.
② 통조림 깡통의 표면을 주석으로 도금한다.
③ 상처에 과산화 수소수를 뿌리면 기포가 발생한다.
④ 바닷가에 방치한 철근의 표면에 붉게 녹이 슬었다.

11
철을 주석으로 도금하여 보호하는 것은 산화 환원 반응이 일어나 철에 녹이 스는 것을 방지하는 것으로, 산화 환원 반응을 차단하는 조치에 해당한다.

ANSWER
10. ④ 11. ②

02 산과 염기의 중화 반응

1 산과 염기

(1) 산

① 산은 물에 녹아 수소 이온(H^+)을 내놓는 물질로, 산의 공통적인 성질은 수소 이온 때문에 나타난다.

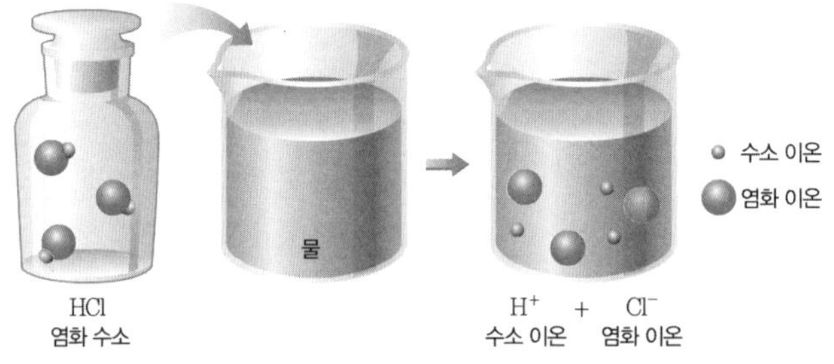

② 산의 공통적인 성질

맛	신맛이 난다.
금속과의 반응	마그네슘(Mg), 아연(Zn), 철(Fe) 등 수소보다 산화되기 쉬운 금속과 반응하여 수소(H_2)기체를 발생시킨다. 금속은 수소 이온과 반응하여 금속 이온으로 산화되고 수소 이온은 수소 기체로 환원된다. 예 $Mg + 2HCl \longrightarrow MgCl_2 + H_2$
탄산 칼슘과의 반응	달걀 껍데기의 주성분인 탄산 칼슘($CaCO_3$)과 반응하여 이산화 탄소(CO_2) 기체를 발생시킨다. 예 $CaCO_3 + 2HCl \longrightarrow CaCl_2 + H_2O + CO_2$
전기 전도성	수용액 상태에서 이온화되어 전류가 흐른다.
지시약의 색 변화	• 리트머스 종이 : 푸른색 → 붉은색 • BTB 용액 : 노란색 • 페놀프탈레인 용액 : 무색 • 메틸 오렌지 용액 : 빨간색

③ 대표적인 산으로 염산(HCl), 황산(H_2SO_4), 질산(HNO_3), 아세트산(CH_3COOH), 탄산(H_2CO_3), 폼산(HCOOH) 등이 있다.

(2) 염기

① 염기는 물에 녹아 수산화 이온(OH^-)을 내놓는 물질로, 염기의 공통적인 성질은 수산화 이온 때문에 나타난다.

② 염기의 공통적인 성질

맛	쓴맛이 난다.
단백질과의 반응	단백질을 녹이는 성질이 있어 손으로 만지면 피부의 단백질이 녹아 미끈거린다.
전기 전도성	수용액 상태에서 이온화되어 전류가 흐른다.
지시약의 색 변화	• 리트머스 종이 : 붉은색 → 푸른색 • BTB 용액 : 파란색 • 페놀프탈레인 : 붉은색 • 메틸 오렌지 용액 : 노란색

③ 대표적인 염기로 수산화 나트륨($NaOH$), 수산화 칼륨(KOH), 수산화 칼슘($Ca(OH)_2$), 암모니아수(NH_4OH), 수산화 마그네슘($Mg(OH)_2$), 탄산수소 나트륨($NaHCO_3$) 등이 있다.

(3) 지시약

① 지시약은 용액의 액성에 따라 색이 변하기 때문에 용액의 액성을 확인하는 데 사용된다.

② 대표적인 지시약의 색 변화

구분	리트머스 종이	BTB 용액	페놀프탈레인 용액	메틸 오렌지 용액
산성	푸른색 → 붉은색	노란색	무색	빨간색
중성	변화 없음	초록색	무색	노란색
염기성	붉은색 → 푸른색	파란색	붉은색	노란색

기초학습 pH

수용액에 들어 있는 수소 이온(H^+)의 농도를 수치로 나타내는 값으로, 0~14의 값을 가진다. 수소 이온의 농도가 높을수록 pH는 작아진다. pH 7을 중성으로 하여 7보다 작으면 산성, 7보다 크면 염기성을 띤다.

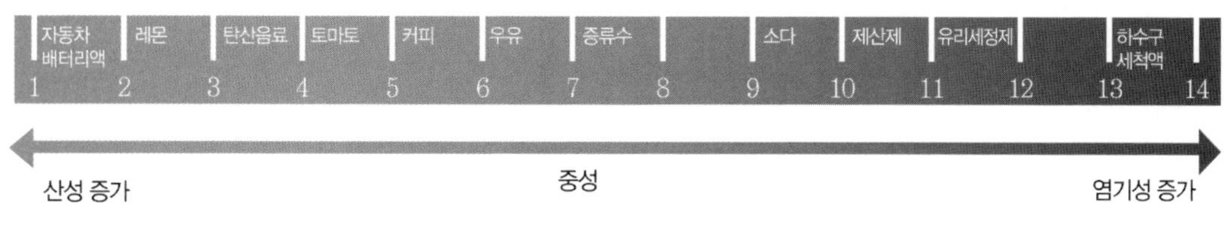

2 중화 반응

(1) 중화 반응

① 산의 수소 이온(H^+)과 염기의 수산화 이온(OH^-)이 1:1의 개수비로 반응하여 물(H_2O)이 생성되는 반응이다. 그러므로 반응에 실제로 참여하는 이온으로만 나타낸 화학 반응식인 알짜 이온 반응식은 다음과 같다.

$$H^+ + OH^- \longrightarrow H_2O$$

② 혼합하는 수용액 속≫ 수소 이온(H^+)과 수산화 이온(OH^-)의 수에 따라 혼합 용액의 액성이 달라진다.

㉠ H^+ 수 > OH^- 수 : 산성

㉡ H^+ 수 = OH^- 수 : 중성

㉢ H^+ 수 < OH^- 수 : 염기성

③ 산과 염기가 중화 반응할 때 물과 함께 생기는 물질을 염이라고 한다. 염은 산의 음이온과 염기의 양이온이 결합하여 생성된다.

(2) 중화 반응의 모형과 화학 반응식

묽은 염산(HCl)의 수소 이온(H^+)과 수산화 나트륨(NaOH) 수용액의 수산화 이온(OH^-)이 반응하여 물(H_2O)이 생성된다.

① 중화 반응의 모험

② 화학 반응식

	HCl	⟶	H^+	+	Cl^-
+	NaOH	⟶	OH^-	+	Na^+
HCl + NaOH		⟶	H_2O	+	Na^+ + Cl^-
염산	수산화 나트륨		물		염화 나트륨(이온 상태)

(3) 중화열과 중화점

① 중화열

㉠ 산과 염기의 중화 반응이 일어날 때 발생하는 열이다.

㉡ 반응하는 수소 이온(H^+)과 수산화 이온(OH^-)의 수가 많을수록 중화열이 많이 발생하기 때문에 완전히 중화되었을 때 혼합 용액의 온도가 가장 높다.

② 중화점

㉠ 산의 수소 이온(H^+)과 염기의 수산화 이온(OH^-)이 모두 반응하여 중화 반응이 완결된 지점이다.

㉡ 중화점은 지시약이 중성을 나타내는 지점, 전기 전도도가 가장 낮은 지점, 온도가 가장 높은 지점으로 찾을 수 있다.

(4) 중화 반응의 이용

① **제산제** : 위벽은 점막을 통해 위산으로부터 보호받지만, 점막이 손상된 경우에는 위산에 의해 위벽 세포가 손상된다. 제산제는 염기성 물질로 만들어져 있어 위산을 중화시켜 위 내부의 산도를 낮춰 위벽을 보호하는 역할을 한다.

② **치약** : 구강 내 박테리아는 당을 분해하여 산을 만들고, 그 산이 치아를 부식시킨다. 치약은 염기성을 띄고 있어 구강 내의 산을 중화시킨다.

③ **산성비의 중화** : 산성비는 대기 중 이산화 탄소나 질소 산화물, 이산화 황이 비에 녹아 산성을 띄게 된 비로, 토양, 식물, 호수, 건축물에 피해를 입힌다. 원인이 되는 산화물의 배출을 막아 근본적인 원인을 제거하는 한편, 산성화된 토양에는 물에 녹아 염기가 되는 석회 가루(CaO)를 뿌려 중화시킨다.

④ **기타 생활 속 중화 반응** : 벌에 쏘인 곳에 암모니아수 바르기, 생선에 레몬즙을 뿌려 비린내 제거하기, 비누로 머리를 감은 후 식초를 섞은 물에 머리 헹구기 등

실력 탄탄 다지기

실전 예상문제

01 산의 공통적인 성질로 옳지 않은 것은?

① 물에 녹아 수소 이온을 내놓는다.
② 신맛이 난다.
③ 탄산 칼슘과 반응하여 이산화 탄소 기체를 생성한다.
④ 모든 금속과 반응한다.

01
산은 수소보다 산화되기 쉬운 금속인 마그네슘, 아연, 철 등과 반응하며, 구리, 수은, 은, 백금, 금 등과는 잘 반응하지 않는다.

02 염기의 공통적인 성질로 옳지 않은 것은?

① 피부에 묻으면 미끈거린다.
② 공기 중의 수분을 흡수한다.
③ 수용액 상태에서 전류가 흐른다.
④ 페놀프탈레인 용액을 붉게 변화시킨다.

02
수산화 나트륨과 수산화 칼륨이 공기 중의 수분을 흡수하여 녹는 성질(조해성)이 있지만, 모든 염기가 갖는 특성은 아니다.

03 유리병에 보관 중이던 산과 염기 수용액의 라벨이 떨어졌다. 둘을 구분하기 위한 방법으로 적절하지 않은 것은?

① 아연판을 넣어본다.
② 석회석 위에 떨어뜨려 본다.
③ 전기 전도도를 측정한다.
④ 페놀프탈레인 용액을 섞어본다.

03
아연은 수소보다 이온화 경향이 큰 금속으로 산과 반응하여 수소 기체를 발생시키지만, 염기와는 반응하지 않는다. 석회석은 탄산 칼슘이 주성분으로 산과 반응하여 이산화 탄소를 생성한다. 염기는 페놀프탈레인 용액을 붉은색으로 변화시킨다. 그러나 전기 전도도는 산과 염기 모두 갖고 있으며, 그 크기 차이는 산과 염기의 농도에 달렸기 때문에 둘을 구분하는 용도로는 사용할 수 없다.

ANSWER
01. ④ 02. ② 03. ③

04 산과 염기에 대한 설명으로 옳은 것만을 〈보기〉에서 있는 대로 고른 것은?

보기
ㄱ. 산의 공통적인 성질은 수소 이온 때문이다.
ㄴ. 염기의 공통적인 성질은 산소 이온 때문이다.
ㄷ. 수용액 상태에서 둘 다 전기 전도성을 갖는다.
ㄹ. 모두 인체에 유독한 물질이다.

① ㄱ, ㄴ　② ㄱ, ㄷ
③ ㄱ, ㄷ, ㄹ　④ ㄴ, ㄷ, ㄹ

04
산의 공통적인 성질은 수소 이온, 염기의 공통적인 성질은 수산화 이온 때문에 나타난다. 산과 염기 모두 수용액 상태에서 이온화되므로 전기 전도성을 띈다. 염산이나 수산화 나트륨 등의 강산과 강염기는 인체에 상당히 위험한 물질이지만, 식품에 사용할 정도로 안전한 아스코르브산(비타민C)이나 탄산수소 나트륨과 같은 약산과 약염기도 있으므로 모두 유독하다고 볼 수는 없다.

05 어떤 무색의 용액에 BTB 용액을 떨어뜨렸더니 노란색으로 나타났다. 이 용액에 다른 지시약을 시험한 내용으로 옳은 것은?

① 푸른색 리트머스 종이를 붉은색으로 변화시켰다.
② 붉은색 리트머스 종이를 푸른색으로 변화시켰다.
③ 페놀프탈레인 용액에 붉은색으로 반응했다.
④ 메틸 오렌지 용액에 노란색으로 반응했다.

05
BTB 용액에 노란색으로 반응한 용액은 산성을 띄므로 리트머스 종이는 푸른색을 붉은색으로, 페놀프탈레인 용액에는 반응하지 않은 무색으로 메틸 오렌지 용액에 빨간색으로 반응한다.

06 어떤 무색의 액체에 페놀프탈레인 용액을 떨어뜨렸더니 색상은 그대로 무색이었다. 이 용액을 달걀 껍데기에 떨어뜨려 보았지만 특이한 반응은 일어나지 않았다. 이 액체로 볼 수 있는 것은?

① HCl　② $NaOH$
③ $Ca(OH)_2$　④ H_2O

06
페놀프탈레인 용액을 떨어뜨렸을 때 무색이었으므로 염기성이 될 수 없다. 탄산 칼슘이 주성분인 달걀 껍데기에도 반응하지 않았으므로 산성도 아니다. 따라서 중성인 물이 될 수밖에 없다.

ANSWER
04. ② 05. ① 06. ④

07 **중화 반응에 대한 설명으로 옳은 것은?**

① 산에 염기를 섞을 시, 염기를 많이 섞을수록 중화열이 많이 발생한다.

② 산과 염기는 각 분자가 1:1로 반응한다.

③ 중화 반응에서는 물이 반드시 생성된다.

④ 중화 반응이 끝나면 용액에 전류가 흐르지 않는다.

07

중화 반응은 산의 수소 이온과 염기의 수산화 이온의 결합 반응이므로 물은 반드시 생성된다. 중화열은 완전히 중화되었을 때 가장 많이 발생하고, 산과 염기의 분자가 아닌 수소 이온과 수산화 이온이 1:1의 개수비로 반응하며, 중화 반응이 끝나도 염이 이온 상태로 녹아 있다면 전류가 흐를 수 있다.

08 **다음은 일정량의 묽은 염산(HCl)에 수산화 나트륨(NaOH) 수용액을 섞었을 때의 온도를 조사한 것이다.**

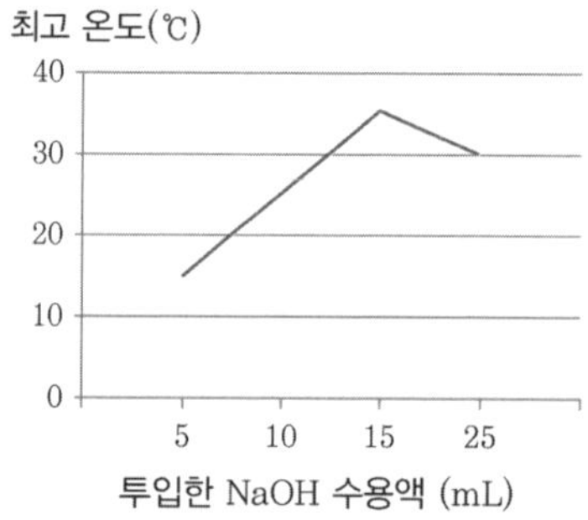

묽은 염산과 수산화 나트륨 수용액의 농도가 같다고 할 때, 이에 대한 설명으로 옳지 <u>않은</u> 것은?

① 묽은 염산의 양은 15mL였을 것이다.

② 혼합 용액에 마그네슘 조각을 넣으면 수산화 나트륨 수용액 투입량이 10mL일 때보다 20mL일 때 더 격렬하게 반응한다.

③ 혼합 용액은 수산화 나트륨 수용액의 투입량에 무관하게 전류가 흐른다.

④ 수산화 나트륨 수용액 투입량이 10mL일 때, 혼합 용액에 수산화 이온은 존재하지 않는다.

08

마그네슘은 산성 용액에서 격렬하게 반응한다. 혼합 용액의 산성도는 투입한 수산화 나트륨 수용액의 양이 적을수록 더 강하며, 20mL를 투입했을 때는 중화점을 지나쳤기 때문에 오히려 염기성을 띈다. 따라서 수산화 나트륨 수용액 20mL를 투입한 용액에서 마그네슘 조각은 반응하지 않는다.

ANSWER

07. ③ 08. ②

09 다음 표는 같은 온도인 묽은 염산과 수산화 나트륨 수용액을 혼합하며 그 온도를 측정한 내용이다.

구분	(가)	(나)	(다)	(라)	(마)
HCl(mL)	3	4	5	6	7
NaOH(mL)	7	6	5	4	3
최고 온도(℃)	27	29	31	29	㉠

이에 대한 설명으로 옳은 것은?

① 묽은 염산이 수산화 나트륨 수용액보다 고농도이다.
② ㉠은 29보다 크다.
③ (나)와 (라)의 pH는 같다.
④ 생성된 물 분자의 양은 (다)에서 가장 많다.

09

두 용액이 같은 양일 때 중화점이 나타났으므로 두 용액의 농도는 같다. (마)의 중화 반응은 (라)보다 적게 이뤄지므로 (마)의 중화열이 더 작을 수밖에 없어 ㉠은 29 미만이 될 것이다. (나)에서는 묽은 염산보다 수산화 나트륨 수용액이 더 많이 투입되어 중화 반응 후 수산화 이온이 남을 것이고, (라)에서는 묽은 염산이 더 많이 투입되어 수소 이온이 남을 것이다. 따라서 (나)의 pH는 7보다 클 것이고, (라)의 pH는 7보다 작을 것이다.

10 생활 속에서 중화 반응을 이용한 예로 볼 수 없는 것은?

① 농경지에 석회 비료를 뿌린다.
② 은수저의 녹을 제거하기 위해 알루미늄 호일과 함께 소금물에 끓였다.
③ 생선 구이에 레몬즙을 짜서 뿌린다.
④ 위산 과다 증상으로 제산제를 복용하였다.

10

알루미늄 호일을 이용해 은수저의 녹을 제거하는 것은 두 금속의 이온화 경향을 이용한 산화 환원 반응이다.

ANSWER

09. ④ 10. ②

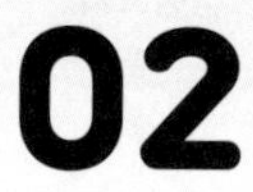

Chapter 02 생물 다양성과 유지

지층과 화석을 통해 지질 시대의 지구 환경 변화를 추론하고, 이로부터 오늘날의 생물 다양성이 형성되었음을 설명할 수 있으며, 변이와 자연 선택에 의한 진화의 원리와 항생제, 살충제에 내성을 갖는 병원균에 대해 이해하고, 생물 다양성을 유전적 다양성, 종 다양성, 생태계 다양성으로 나누어 설명하고 이를 보전하기 위한 실천 방안을 말할 수 있어야 합니다.

01 지질 시대의 환경과 생물

1 지질 시대

(1) 지질 시대

지구가 탄생한 약 46억 년 전부터 현재까지를 지질 시대라 한다.

(2) 지질 시대의 구분

① 지질 시대의 구분은 지구 전역에 걸친 환경의 급격한 변화를 기준으로 한다. 환경의 급격한 변화가 발생하면 생물계가 그 영향을 가장 크게 받으므로, 생물종의 급격한 변화를 토대로 지질 시대를 구분할 수 있다.

② 지층에서 발견되는 화석의 종류가 크게 변하는 시기를 기준으로 다음과 같이 구분한다.

시기	연대
선캄브리아 시대	약 46억 년 전 ~ 약 5억 4100만 년 전
고생대	약 5억 4100만 년 전 ~ 약 2억 5200만 년 전
중생대	약 2억 5200만 년 전 ~ 약 6600만 년 전
신생대	약 6600만 년 전 시작

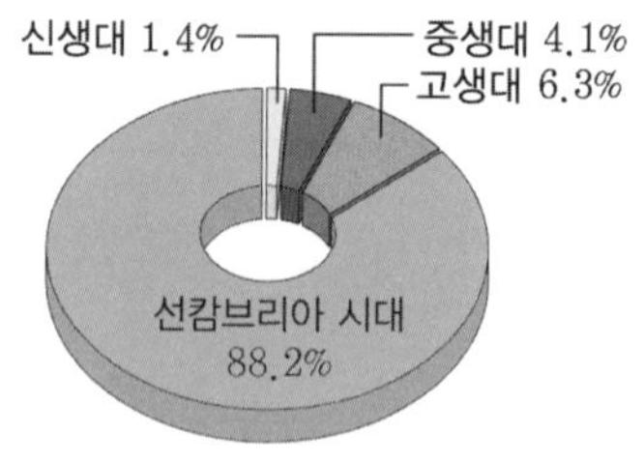

지질 시대의 구분

2 화석

(1) 화석

지질 시대에 살았던 생물의 유해나 흔적이 지층에 남아 있는 것을 말한다.

(2) 화석의 생성 조건

① 생물의 개체 수가 충분히 많아야 한다.

② 뼈나 껍데기처럼 단단한 부분이 있어야 한다.

③ 생물의 유해나 흔적이 훼손되기 전에 퇴적물에 빨리 매몰되어 화석화 작용을 받아야 한다.

(3) 화석의 종류

① **표준 화석** : 생존 기간이 짧은데 반해 넓은 지역에서 많은 개체 수가 번성했던 생물의 화석으로, 지층의 생성 시대를 알려주는 단서가 된다. 대표적으로 고생대에는 삼엽충, 중생대에는 암모나이트와 공룡, 신생대에는 화폐석과 매머드 화석이 발견된다.

② **시상 화석** : 생존 기간은 길지만, 제한된 환경에서만 살 수 있었던 생물의 화석으로, 지층이 생성될 당시의 환경을 알려주는 단서가 된다. 따뜻하고 얕은 바다에서만 발견되는 산호나 따뜻하고 습한 육지에서 자라는 고사리 등이 있다.

3 지질 시대의 환경과 생물

(1) 선캄브리아 시대

① 생물에 단단한 부분이 없고, 지각 변동을 많이 받아 화석이 거의 발견되지 않는 시기로, 대체로 온난하였고, 말기에 빙하기가 있었을 것으로 추정된다.

② 초기에는 대기에 오존층이 형성되지 않아 생물들은 바다에서 생활하였다.

③ 광합성을 하는 남세균에 의해 형성된 스트로마톨라이트와 에디아카라동물군 화석군이 발견되었다.

④ 단세포 생물과 원시 해조류가 출현하였고, 말기에는 다세포 생물이 출현하였다.

(2) 고생대

① 대기 중에 산소가 풍부해져 오존층이 형성되고, 대체로 온난하였으나 말기에는 빙하기가

있었다.

② 흩어져 있던 대륙이 말기에 하나로 합쳐져 초대륙 판게아를 형성하였다.

③ 초기에는 무척추동물인 삼엽충이나 완족류가 번성하였고, 중기 이후에는 척추동물인 어류(갑주어)가 번성하였다.

④ 생물들이 육지로 진출할 수 있게 되어 육지에서는 양서류, 곤충류, 고사리 등의 양치식물이 번성하였고, 겉씨식물이 출현하였다.

(3) 중생대

① 온실 기체로 인해 대체로 온난하였고 빙하기는 없었지만, 말기에는 한랭한 기후가 나타났다.

② 판게아가 분리되어 아프리카, 유라시아, 인도, 오스트레일리아, 아메리카 등의 대륙이 구분되었다.

③ 바다에서는 암모나이트가 번성하였고, 육지에서는 공룡과 같은 파충류와 소철, 은행나무 등의 겉씨식물이 번성하였다.

④ 속씨식물, 포유류, 조류가 출현하였다.

(4) 신생대

① 대체로 온난했지만 말기에는 빙하기와 간빙기가 반복되었다.

② 대륙이 더욱 이동하여 대서양과 인도양의 구분이 확실해지고, 인도와 아프리카 대륙은 유라시아 대륙과 충돌하여 산맥을 형성하여 현재와 유사한 형태의 수륙 분포를 만들었다.

③ 바다에서는 화폐석이 번성하였고, 육지에서는 매머드 등의 포유류와 참나무, 단풍나무 등의 속씨식물이 번성하였다.

④ 말기에는 인류의 조상이 출현하였다.

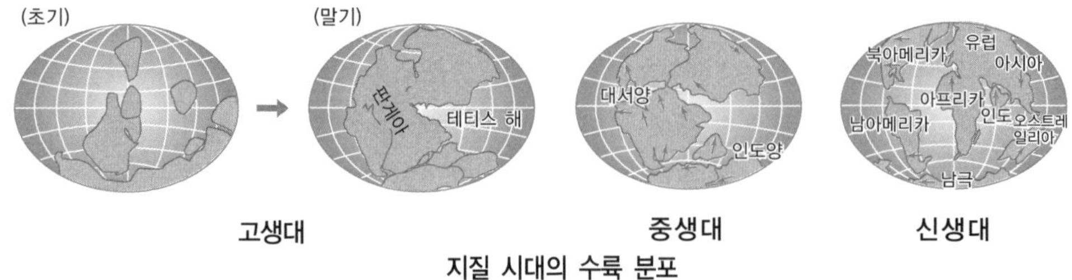

지질 시대의 수륙 분포

심화학습 **지질 시대의 환경과 생물 연표**

대	기	환경	생물	화석
선캄브리아 시대		유독한 대기, 빙하기 2회	남세균, 해조류, 단세포 생물, 다세포 생물 출현	스트로마톨라이트, 에디아카라 화석군
고생대	캄브리아기	산소량 증가	삼엽충 번성	삼엽충
	오르도비스기	빙하기 발생, 말기에 대멸종	원시 어류 출현	
	실루리아기	오존층 형성	육상 동물 출현	
	데본기	말기에 대멸종	경골어류 출현 산호초 형성 양서류 출현 육상 식물 번성	
	석탄기	산소 농도 높음 석탄 주 형성 시기 페름기까지 빙하기 발생	파충류 출현 거대 절지동물 양치식물 번성	
	페름기	최대의 대멸종	겉씨식물 출현	
중생대	트라이아스기	말기에 대멸종	공룡, 포유류 출현	공룡, 암모나이트
	쥐라기	고온 다습 기후	거대 공룡 번성 겉씨식물 번성	
	백악기	말기에 대멸종	속씨식물 출현	
신생대	제3기	대륙의 분화가 현재와 유사	속씨식물 번성 유인원 출현	화폐석
	제4기	빙하기 발생	원시 인류 출현	

4 대멸종과 생물 다양성

(1) 대멸종

① 대멸종은 5번이 있었지만 주로 3번째 대멸종과 5번째 대멸종이 알려져 있다.

② **고생대 말 대멸종** : 3번째 대멸종으로 페름기 대멸종이라고도 한다. 대규모 화산 분출로 인한 대기 환경 변화로 인해 발생한 것으로 추정된다. 해양 생물과 곤충을 포함한 대부분의 종이 멸종하였다.

③ **중생대 말 대멸종** : 5번째 대멸종으로 백악기 대멸종이라고도 한다. 화산 폭발과 소행성 충돌로 인해 발생한 것으로 추정된다. 공룡을 포함한 파충류가 특히 큰 피해를 입었다.

심화학습 **중생대 말 대멸종의 원인**

고생대 말 대멸종에 비해 중생대 말 대멸종은 원인에 대해 여러 가지 설이 주장되었다.

- **운석 충돌설** : 거대한 운석이 멕시코 유카탄 반도에 충돌, 대량의 먼지를 일으켜 기권에 변화를 일으키고 태양을 가리는 등의 기후 변화를 유발하여 많은 종이 멸종하였다.
- **화산 활동설** : 화산 활동이 격렬하게 일어나 대기 중에 화산재와 유해 물질이 퍼져 기권에 변화를 유발하여 생태계가 파괴되어 대멸종이 발생하였다.
- **기온 저하설** : 대륙이 일부 북부로 이동하면서 빙하가 생성되고, 지표면의 태양 에너지 반사율에 변화가 발생하여 기온 변화로 인해 대멸종이 발생하였다.
- **알 도난설** : 포유류의 수가 증가하면서 소형 포유류들이 공룡의 알을 훔쳐 공룡이 점차 멸종했다는 가설이다.

(2) 대멸종 이후의 생물 다양성

대멸종은 수많은 생물을 멸종시켰지만, 변화한 환경에 적응한 새로운 동물들이 생태계의 주역으로 나설 기회를 제공하기도 하였다. 살아남은 생물들은 다양한 종으로 분화하여 환경에 적응하였으며, 이로 인해 생물 다양성이 증가하였다.

탄탄 실력 다지기

실전 예상문제

01 지질 시대의 구분에 대한 설명으로 옳은 것은?

① 지질 시대는 생물계의 변화를 통해 그 구간을 구분할 수 있다.

② 각 지질 시대 사이에는 대멸종이 한 차례씩 발생하였다.

③ 구분된 각 지질 시대의 길이는 현재로 오면서 점차 길어진다.

④ 긴 지질 시대일수록 많은 화석이 발견된다.

01 고생대와 중생대, 중생대와 신생대 사이에 대멸종이 있었으나, 선캄브리아 시대와 고생대 사이는 대멸종으로 구분되지 않으며, 고생대와 중생대 내부에서도 대멸종이 발생한 바 있어 지질 시대 사이마다 대멸종이 발생했다고 할 수는 없다. 각 지질 시대는 현재에 가까울수록 짧아지며, 가장 긴 선캄브리아 시대는 지각 변동으로 인해 화석이 잘 발견되지 않는다.

02 다음 중 화석과 화석이 발견된 당시의 시대나 환경을 바르게 짝지은 것은?

① 삼엽충, 갑주어 – 고생대

② 암모나이트, 매머드 – 신생대

③ 산호 화석 – 따뜻하고 건조한 육지

④ 고사리 화석 – 따뜻하고 습한 바다

02 삼엽충과 갑주어는 고생대의 표준 화석이며, 암모나이트는 중생대, 매머드는 신생대의 표준 화석이다. 산호 화석은 얕은 바다에서 발견되는 시상 화석이며, 고사리 화석은 따뜻하고 습한 육지에서 발견되는 시상 화석이다.

03 화석에는 표준 화석과 시상 화석이 있다. 다음 중 표준 화석의 조건이라 할 수 없는 것은?

① 서식하는 데 있어 기후나 지형의 영향을 적게 받는다.

② 크게 번성하여 개체 수가 많았다.

③ 널리 퍼져나가는 생활상을 지녔다.

④ 생존 기간이 매우 길다.

03 표준 화석은 광범위한 범위에 걸쳐 널리 서식하며, 개체 수가 많아 지형에 무관하게 발견될 수 있는 편이 좋다. 또한 화석을 통해 시대를 특정하기 위해서 생존했던 기간이 짧거나, 진화가 빨라 종의 형태로 시기를 특정짓기가 가능할수록 좋다.

ANSWER

01. ① 02. ① 03. ④

04 다음 중 화석을 이용하여 알 수 있는 사실이 <u>아닌</u> 것은?

① 지구의 내부 구조

② 생물의 진화 과정

③ 생물이 살았던 시대

④ 과거 육지와 바다의 분포

04

지구의 내부 구조는 지진파 분석, 시추법 등을 통해 알 수 있다. 화석과는 무관하다.

05 다음은 지질 시대에 살았던 생물들이다. 이 생물들의 화석 중 시상 화석에 해당하는 것만을 〈보기〉에서 있는 대로 고른 것은?

보기

ㄱ. 암모나이트 ㄴ. 고사리
ㄷ. 삼엽충 ㄹ. 산호
ㅁ. 매머드

① ㄱ, ㄷ ② ㄴ, ㄹ

③ ㄷ, ㅁ ④ ㄱ, ㄷ, ㅁ

05

시상 화석은 서식했던 환경을 알려주는 화석으로 산호는 발견된 지층이 얕고 온난한 바다라는 증거가 되며, 고사리는 온난한 늪지대였다는 것을 나타낸다.

06 다음 중 화석에 대한 설명으로 옳지 <u>않은</u> 것은?

① 화석이 생성되기 위해서는 생물체의 유해가 빨리 매몰되어야 한다.

② 단단한 부분이 주로 화석으로 출토된다.

③ 화석은 생물의 유해로부터만 만들어진다.

④ 지각 변동이 없어야 잘 보존된다.

06

화석은 생물의 유해뿐 아니라 발자국 등 생물의 흔적에서도 만들어진다.

ANSWER

04. ① 05. ② 06. ③

07 오른쪽 그림은 지질 시대에 살던 생물들의 생존 기간과 분포 면적에 관한 그래프이다. A와 B에 적절한 생물들을 바르게 짝지은 것은?

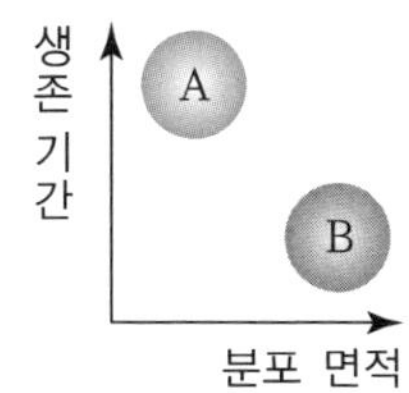

① A－공룡, 삼엽충
② A－산호, 조개
③ B－고사리, 산호
④ B－고사리, 화폐석

07
A는 지층이 생성될 당시의 지형과 환경을 알려주는 시상 화석, B는 지층이 생성된 시대를 알려주는 표준 화석이다.

08 다음은 어느 지층에서 동시에 산출된 화석을 나타낸 것이다.

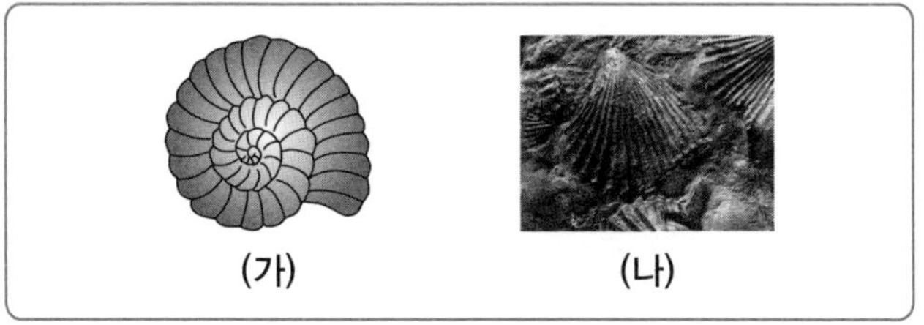
(가) (나)

이를 통해 알 수 있는 사실로 옳은 것은?

① 이 지층은 중생대에 생성되었다.
② 이 지층은 따뜻하고 습한 육지였다.
③ 이 지층이 생성될 때 대규모의 지각 변동이 발생하였다.
④ (나)는 지층이 생성될 당시의 시대를 나타내는 화석이다.

08
(가)는 중생대 표준 화석인 암모나이트이며, (나)는 조개 화석으로 시상 화석의 역할을 할 수 있다. 문제의 지층은 중생대에 생성되었고, 바다나 개펄이었다고 추정할 수 있다.

ANSWER
07. ② 08. ①

09 다음은 지질시대에 번성한 생물을 나열한 것이다.

(가) 파충류인 공룡과 겉씨식물이 번성했다.
(나) 곤충, 양치식물, 삼엽충이 번성했다.
(다) 인류의 조상이 출현했고, 표준화석으로는 매머드, 화폐석 등이 있다.
(라) 최초의 단세포 생물이 출현하였고, 스트로마톨라이트 화석이 발견되었다.

가장 최근의 지질시대에 관한 설명은?

① (가) ② (나)
③ (다) ④ (라)

09
(가)는 중생대, (나)는 고생대, (다)는 신생대, (라)는 선캄브리아 시대이다.

10 오른쪽 그림은 지질 시대를 길이를 기준으로 구분한 것이다. 이에 대한 설명으로 옳지 않은 것은?

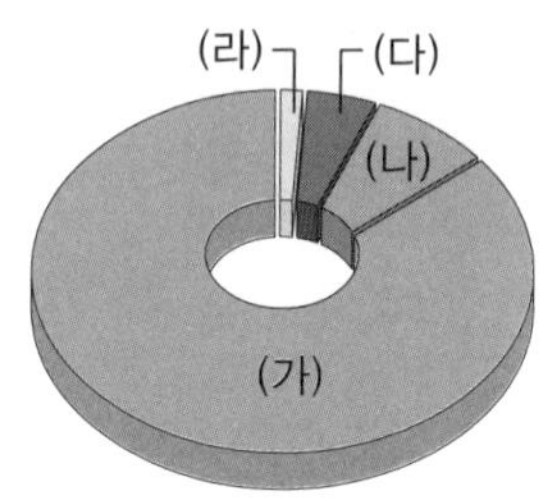

① (가) 시대의 화석이 가장 많이 발견된다.
② (나) 시대에 겉씨식물이 출현하였다.
③ (다) 시대에 대형 파충류가 번성하였다.
④ (라) 시대의 대륙은 오늘날과 비슷한 형태를 갖췄다.

10
(가)는 선캄브리아 시대, (나)는 고생대, (다)는 중생대, (라)는 신생대이다. 선캄브리아 시대에서는 화석이 거의 발견되지 않는다.

ANSWER
09. ③ 10. ①

11 다음과 같은 특성을 갖는 지질 시대는?

> • 산소 농도가 높아 생물의 개체 수가 급격히 증가하였고, 개체의 크기도 컸지만, 말기에 육상 동물의 70%가 멸종하는 대멸종이 발생하였다.
> • 해양생물, 절지동물, 양서류, 양치식물 등이 주로 번성하였다.

① 선캄브리아 시대 ② 고생대
③ 중생대 ④ 신생대

12 다음은 여러 지질 시대의 수륙 분포를 나타낸 것이다.

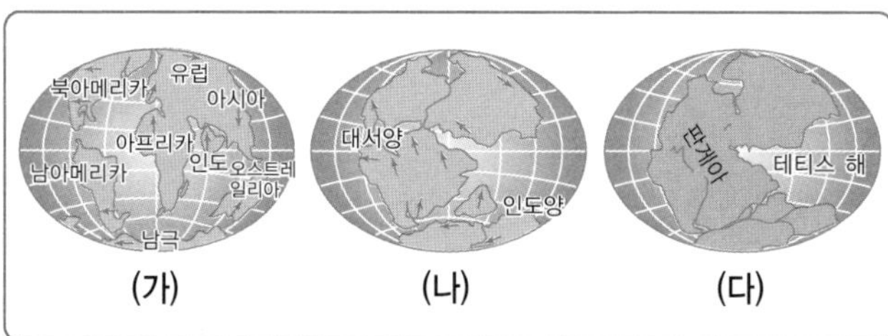

이를 순서에 맞게 나열한 것은?

① (가) → (나) → (다) ② (가) → (다) → (나)
③ (다) → (가) → (나) ④ (다) → (나) → (가)

13 고생대 말 3번째 대멸종에서 멸종한 동물과 중생대 말 5번째 대멸종에서 멸종한 생물을 바르게 연결한 것은?

	고생대 말	중생대 말
①	공룡	매머드
②	암모나이트	화폐석
③	삼엽충	암모나이트
④	공룡	삼엽충

11
고생대에는 3회에 이르는 대멸종이 있었고, 멸종 후에도 생물들이 다시 크고 많이 번성했지만, 고생대 말 3차 대멸종에서는 육상 동물의 70%에 이르는 종이 멸종했으며, 고생대 초기부터 여러 가지 종의 형태로 살아남아온 삼엽충까지 멸종에 이르렀다.

12
(가)는 신생대, (나)는 중생대, (다)는 고생대의 수륙 분포이다.

13
고생대 말 페름기 대멸종에서는 삼엽충과 각종 곤충을 비롯한 상당수의 생명체가 멸종하였으며, 중생대 말 백악기 대멸종에서는 공룡과 같은 파충류, 암모나이트 등이 멸종하였다.

ANSWER
11. ② 12. ④ 13. ③

02 생물의 진화

1 진화와 진화론

(1) 진화

생물이 환경에 적응하기 위해 오랜 기간 동안 여러 세대를 거쳐 변화하는 것을 진화라 한다.

(2) 진화론

① 진화 과정을 과학적으로 설명하고자 하는 이론을 진화론이라 한다.

② 라마르크의 용불용설 : 다윈 이전에 최초로 진화를 설명한 이론으로, 사용하는 기관은 발달하고 사용하지 않는 기관은 퇴화하며(획득 형질), 이것이 다음 세대로 이어진다고 주장하였다(획득 형질의 유전). 하지만 실제로는 획득 형질이 유전되지 않아 채택될 수 없는 이론이다.

원래 기린의
목은 짧았다.
높은 나뭇가지의 잎을 먹기 위해
목을 계속 사용하게 되어
목이 조금씩 길어졌다.
목을 길게 늘이는 과정이
반복되어 기린의 목은
오늘날과 같이 길어졌다.

용불용설에 따른 기린의 진화 과정

③ 다윈의 자연 선택설 : 다윈이 저서 『종의 기원』에서 주장한 이론으로 생물 집단에는 다양한 형질을 갖고 있는 개체가 있지만, 환경에 적응하지 못하는 개체들은 죽고, 환경에 적응한 개체들은 살아남아 자손을 남기면서 생존에 유리한 형질이 다음 세대로 전달된다는 이론이다.

초기 기린의 목 길이는
다양했다.
목이 긴 기린이 경쟁에서
선택되어 살아남았다.
목이 긴 기린이 자손을 남기는
과정이 반복되어 기린의 목은
오늘날과 같이 길어졌다.

자연 선택설에 따른 기린의 진화 과정

④ **현재의 진화론** : 다윈의 자연 선택설 외에 돌연변이, 지리적 격리 등 외부 요소가 복합적으로 작용하여 집단의 변화가 이루어진다고 보고 있다.

2 변이와 자연 선택

(1) 변이

① 같은 종에서 다양하게 나타나는 형질의 차이를 변이라고 한다.

② **개체 변이** : 유전자의 변화 없이 환경 요인의 작용으로 나타나는 변이로, 형질이 자손에게 유전되지 않는다.

③ **유전적 변이** : 유전자의 변화로 나타나는 변이로, 형질이 자손에게 유전된다.

(2) 자연 선택의 과정

① **과잉 생산** : 생물은 실제 살아남을 수 있는 것보다 많은 자손을 남긴다.

② **개체 변이** : 많은 자손들은 각각 형질이 조금씩 다른 변이를 갖는다.

③ **생존 경쟁** : 실제 살아남을 수 있는 자손보다 많은 자손이 태어났으므로 각 개체들은 한정된 생존 자원을 쟁취하기 위해 생존 경쟁을 한다.

④ **자연 선택** : 생존에 유리한 변이를 가진 개체가 살아남아 더 많은 자손을 낳는다. 이를 적자생존, 자연 도태라고도 한다.

⑤ **종의 분화** : 이 과정을 여러 세대에 걸쳐 반복하면 최초의 조상과는 다른 형질을 가진 개체들이 나타나게 되며, 이는 새로운 종이 된다.

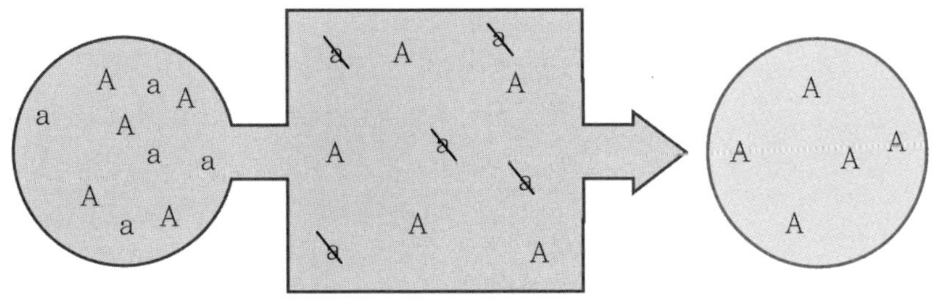

자연 선택의 모식도

심화학습 자연 선택의 예시

다윈이 그린 핀치의 부리 형태

- 갈라파고스 군도는 여러 섬으로 이루어져 있어 섬마다 식물의 식생이 달랐다. 갈라파고스 군도로 이주해 온 핀치새는 단일 개체였지만, 섬마다 다른 환경에 따라 진화하면서 각 섬의 주 먹이에 알맞은 부리 형태를 갖도록 여러 종으로 분화하였다.
- 영국의 얼룩나방은 검은 개체와 흰 개체가 있었다. 영국의 나무는 흰색의 지의류가 표면을 덮고 있어 나방이 나무에 앉아 있을 때, 천적인 새의 눈에는 검은색 나방이 더 눈에 띄었기 때문에 흰색 나방이 생존에 유리하였고 개체 수도 더 많았다. 그러나 산업혁명이 진행되면서 매연의 검댕이 나무를 덮기 시작하였고, 검은색 나방이 흰색 나방보다 더 눈에 띄지 않게 되면서 개체 수가 역전되었다.
- 세균이 항생제에 노출되면 항생제에 저항을 가진 세균들이 자연 선택되어 자손을 늘려나가고, 그 결과 항생제에 내성을 가진 세균 종이 출현한다. 이러한 방식으로 다양한 항생제에 대한 내성을 병원균이 획득하게 되었을 때, 이 균을 슈퍼 박테리아라고 부른다.

실력 탄탄 다지기

실전 예상문제

01 다음 중 생물의 진화에 대한 설명으로 옳지 않은 것은?

① 진화는 종의 분화에 의해 일어난다.
② 진화가 일어나면 생물 다양성이 증가한다.
③ 간단한 구조에서 복잡한 구조로 진화한다.
④ 진화는 생물의 기관이 발달하는 방향으로만 일어난다.

01
진화 과정에서 불필요한 기관이 퇴화하기도 한다.

02 생물은 같은 부모를 가진 개체 사이에서도 다른 형질을 보인다. 이러한 현상을 뜻하는 단어는?

① 진화 ② 변이
③ 유전 ④ 자연 선택

02
같은 종이나 하나의 번식 집단 내의 개체 간 형질 차이나 집단 간의 형질 차이를 변이라고 한다.

03 다음 중 변이와 가장 거리가 먼 것은?

① 백호끼리 교배한 결과 새끼 호랑이들도 백호로 태어났다.
② 단일 종 무당벌레의 무늬가 개체마다 조금씩 다르다.
③ 유전병을 가진 부모 사이에서 태어난 아이는 같은 유전병을 가질 확률이 높다.
④ 고대 중국에서는 전족이라는 신발을 이용해 발을 작게 만들었다.

03
전족을 통해 작아진 발은 해당 개체에만 한정된 후천적 획득 형질로, 유전적으로 다음 세대에 이어지지 않기 때문에 변이와 거리가 멀다.

ANSWER
01. ④ 02. ② 03. ④

04 다음 중 변이에 대한 설명으로 옳지 않은 것은?

① 변이란 같은 종의 개체 사이에서 유전자 차이에 따라 발생하는 형질의 차이이다.
② 개체가 포함된 집단에 존재하는 변이가 다양할수록 집단의 환경 적응력이 높아진다.
③ 진화의 핵심 요인으로 작용한다.
④ 세포가 갖고 있는 유전 정보가 임의로 변화할 경우 생존에 악영향을 미친다.

04
세포가 갖고 있던 유전 정보가 임의로 변화하는 것은 돌연변이이며, 돌연변이는 생존에 악영향을 미칠 수도 있지만 긍정적인 영향을 미칠 수도 있다.

05 다음 그림과 같이 기린의 목이 길어진 과정을 설명하는 진화설은?

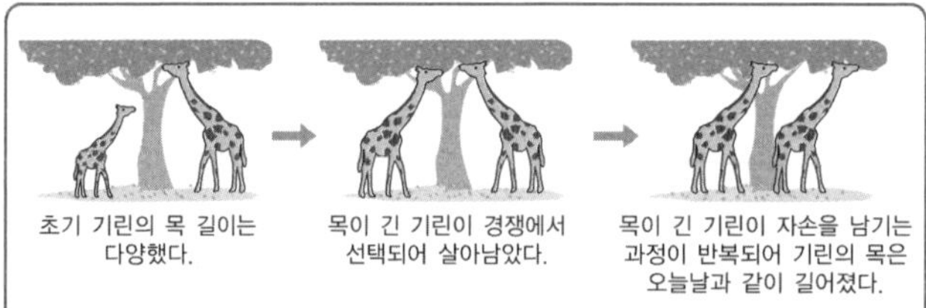

초기 기린의 목 길이는 다양했다.
목이 긴 기린이 경쟁에서 선택되어 살아남았다.
목이 긴 기린이 자손을 남기는 과정이 반복되어 기린의 목은 오늘날과 같이 길어졌다.

① 격리설 ② 용불용설
③ 자연 선택설 ④ 돌연변이설

05
자연 선택설은 다양한 형질을 가진 개체 중 생존 경쟁에 유리한 개체만 선택되어 살아남아 자손을 남기면서 생존에 유리한 형질이 다음 세대로 전달된다고 보는 이론이다.

06 다음 중 다윈이 주장한 자연 선택설의 내용으로 볼 수 없는 것은?

① 진화는 주로 돌연변이에 의해 일어난다.
② 개체 간의 형질 차이로 환경에 대한 적응력이 다르다.
③ 개체가 서식하고자 하는 환경은 한정되어 있어 생존은 경쟁적이다.
④ 많은 생물이 환경에 알맞은 개체 수보다 자손을 과잉 생산한다.

06
자연 선택설에서는 누적된 자연 선택에 의해 종이 분화되며, 이것이 진화라고 하였다.

ANSWER
04. ④ 05. ③ 06. ①

07 갈라파고스 군도의 핀치새는 부리의 모양이 섬에 따라 달랐다. 이를 설명한 것으로 옳은 것은?

① 먹이를 지속적으로 먹으면서 개체의 부리가 먹이에 알맞게 변화하였고, 다음 세대로 유전되었다.
② 각 섬마다 다른 종류의 핀치가 모여들어 종이 분화되었다.
③ 각 섬의 먹이에 적합한 형태의 부리를 가진 핀치새가 더 많이 살아남아 번식하였다.
④ 우연에 의해 각 섬마다 다른 변이가 발생하였다.

07
갈라파고스 군도의 핀치새는 자연 선택설과 격리설로 종의 분화를 설명한다. ①은 용불용설이고, ②는 진화설이 아니며, ④는 돌연변이에 대한 설명이다.

08 다음은 자연 선택을 통한 진화의 과정을 순서 없이 나열한 것이다.

(가) 적자생존	(나) 과잉 생산
(다) 개체 변이	(라) 생존 경쟁
(마) 종의 분화	

순서대로 바르게 나열한 것은?

① (가) → (나) → (다) → (라) → (마)
② (나) → (다) → (라) → (가) → (마)
③ (다) → (나) → (가) → (라) → (마)
④ (다) → (가) → (나) → (라) → (마)

08
자연 선택설에서 종의 분화는 과잉 생산 → 개체 변이 → 생존 경쟁 → 적자생존 → 종의 분화 순으로 일어난다고 보았다.

ANSWER
07. ③ 08. ②

09 **모기가 창궐한 어느 지역에 살충제로 방역을 하였다. 최초 방역에서 거의 대부분의 모기가 죽었지만, 이후 방역을 계속 시행함에도 모기의 개체 수가 점점 늘어나 방역 이전의 수를 회복하였다. 이에 대한 설명으로 옳지 <u>않은</u> 것은?**

① 방역 이후 살아남은 모기들은 대부분 살충제에 저항성을 갖고 있다.

② 같은 살충제를 계속해서 살포해도 효과가 적을 것이다.

③ 살충제가 살포된 환경에서 모기가 후천적으로 면역을 획득하여 유전시켰다.

④ 살충제의 종류를 바꾸는 것은 효과가 있을 것이다.

09

살충제가 뿌려진 환경에서 살아남은 개체가 면역을 다음 세대에 전달하는 것은 자연선택에 의한 것이다. 후천적으로 획득한 면역은 개체 변이에 의한 획득 형질로 유전되지 않는다.

10 **낫 모양 적혈구 빈혈증은 산소 운반이나 혈액 순환에 악영향을 미치는 유전병이지만, 환자는 말라리아에 저항성이 생기는 특징이 있다. 이에 대한 설명으로 옳지 <u>않은</u> 내용은?**

① 환자는 주로 저고도 지역에서 나타날 것이다.

② 말라리아가 창궐하지 않은 지역에서는 환자가 잘 나타나지 않을 것이다.

③ 말라리아의 병원체인 학질균에 의해 유전 변이가 발생해 나타나는 질병이다.

④ 자연 선택의 예시로 볼 수 있다.

10

낫 모양 적혈구 빈혈증에는 학질균이 기생하지 못하여 면역성을 갖게 된다. 낫 모양 적혈구 빈혈증은 부모로부터 물려받은 형질에 의한 유전병으로 학질균에 의해 발생하는 돌연변이는 아니다.

ANSWER

09. ③ 10. ③

03 생물 다양성과 보전

1 생물 다양성

(1) 생물 다양성

생태계 내에 존재하는 생물의 다양한 정도를 의미한다.

(2) 생물 다양성의 종류

① **유전적 다양성** : 같은 생물종의 개체 사이에서 나타나는 유전적 차이의 다양함을 의미한다. 같은 생물종 내에서 변이가 많을수록 유전적 다양성이 높다. 유전적 다양성이 높은 종은 급격한 환경 변화에서 살아남을 가능성이 높다.

② **종 다양성** : 한 생태계 내에 존재하는 생물종의 다양한 정도를 의미한다. 종의 수가 많을수록, 종의 비율이 고를수록 종 다양성이 높다. 종 다양성이 높을수록 생태계가 안정적이다.

③ **생태계 다양성** : 생물 서식지의 다양한 정도를 의미한다. 생태계에 속하는 생물과 비생물 사이의 관계에 대한 다양성을 포함한다.

기초학습 유전적 다양성의 부족

인류는 농업을 발달시키는 과정에서 인간에게 유용한 형질을 위주로 생물들을 개량하였다. 이렇게 인간에게 유용한 생물들은 다른 형질이 끼어들지 않도록 품종이 유지되는데, 이는 유전적 다양성이 극히 부족한 상태로 여러 가지 문제점을 야기한다.

- 농작물의 경우 품종이 취약한 병충해나 기상 이상 등이 발생하면 대규모로 흉작이 발생한다. 대표적으로 19세기 아일랜드인들의 주식은 감자였는데, 1847년 감자잎마름병이 유행하자 아일랜드 전역에서 대규모의 흉작이 발생하였고, 대기근으로 이어져 인구가 절반이 되기에 이르렀다.
- 현재 재배되는 바나나는 씨가 없어 뿌리를 나누어 심는 영양 생식으로 개체 수를 늘린다. 따라서 바나나들은 유전적으로 동일한 개체로, 치명적인 질병이 발생하면 이에 대응할 수 있는 형질을 만들 수 없으므로 해당 품종 전체가 멸종할 가능성이 있다.
- 개나 고양이 등의 반려동물은 아름다운 외견을 만들기 위해 비슷한 외모를 가진 개체들을 교배하여 다음 세대로 그 형질을 유전시킨다. 이 과정에서 순종이라고 불리는 종에는 매우 한정적인 유전 형질만 모이게 되고, 순종 혈통을 유지하기 위해 유전적으로 가까운 개체들 간의 교배를 반복하는 과정에서 유전적 다양성은 더욱 줄어들어 종 전체가 특정 질병에 매우 취약해진다.

(3) 생물 다양성의 중요성

① 생물 다양성이 높은 생태계는 평형 상태가 안정적으로 유지될 수 있다.

② 생물들은 다른 생물들과 상호 작용을 통해 살아가므로 평형이 붕괴되면 생존에 악영향이 발생한다.

③ 인류는 생물로부터 식량 자원, 의복 재료, 건축 자재, 의약품, 심미적 가치 등 다양한 자원을 획득하며 살아왔다. 생물 다양성은 인간이 획득할 수 있는 자원의 다양성이기도 하다.

2 생물 다양성의 감소 원인과 보전 방안

(1) 생물 다양성의 감소 원인

① **서식지 파괴** : 숲의 벌채, 습지 매립 등으로 생물이 살 수 있는 서식지의 면적이 감소한다.

② **서식지 단편화** : 도로 등으로 서식지를 나누게 되면 도로 등이 차지하는 면적에 비해 사라지는 서식지의 면적이 넓고, 서식지에서 살아가는 생물의 이동이 제한되어 개체 수에 악영향을 준다.

심화학습 서식지 단편화

대부분의 생물은 서식지 내부에서 살며, 서식지 가장자리는 잘 이용하지 않는다. 서식지를 도로 등으로 단편화하면 실제 도로가 차지하는 면적은 별로 크지 않지만, 도로와의 경계가 서식지 가장자리가 되어 서식지 내부의 넓이는 거의 절반 가깝게 줄어든다(64ha → 34.8ha).

③ **외래종의 도입** : 서식지에 본래 없었던 생물이 외부로부터 유입된 것으로, 외래종은 기존 생물들의 먹이 사슬 바깥에 존재했던 생물이기 때문에 기존 생물의 생태적 지위를 빼앗는 등 생태계 균형을 깨뜨릴 수 있다.

④ **불법 포획과 남획** : 야생 생물을 불법으로 포획하거나 필요 이상으로 남획하는 경우 개체

수에 치명적인 영향을 미친다.

⑤ **환경 오염** : 환경 오염은 생물의 서식지를 파괴하는 원인 중 하나로 생물 다양성을 감소시킨다.

(2) 생물 다양성의 보전 방안

① **서식지의 보호** : 생물 다양성이 큰 서식지를 보호 구역으로 지정하여 관리한다.

② **생태 통로 설치** : 단편화된 서식지 사이에 인공적으로 생물이 지나다닐 수 있는 길을 만들어 서식지를 연결시켜주는 것으로, 서식지 간 생물 사이의 상호 작용을 늘릴 수 있다.

③ **외래종 유입 규제** : 외래종 유입 시 허가를 필요로 하도록 하거나 방류를 엄격히 단속하는 것으로 외래종에 의한 피해를 방지할 수 있도록 노력하며, 외래종이 생태계에 끼칠 수 있는 영향에 대해 연구한다.

④ **협약 및 환경 윤리** : 환경과 관련한 국제 협약을 체결하여 국가 간 협조 체제를 구축하고, 사회 구성원에게 생태계 보호 인식을 심는다.

실력 탄탄 다지기

실전 예상문제

01 다음은 다양한 종류의 생물 다양성에 대한 설명이다.

> (가) 한 생태계에 얼마나 많은 종의 생물이 살고 있고, 그 분포 비율이 고른지를 나타낸다.
> (나) 일정 지역에 생물이 살아갈 수 있는 환경과 서식지가 얼마나 다양하게 분포한지를 나타낸다.
> (다) 같은 종의 생물이 개체마다 또는 개체군마다 각각 다른 형질을 나타낸다.

각 설명에 맞는 생물 다양성 종류를 올바르게 연결한 것은?

	(가)	(나)	(다)
①	유전적 다양성	종 다양성	생태계 다양성
②	종 다양성	생태계 다양성	유전적 다양성
③	종 다양성	유전적 다양성	생태계 다양성
④	생태계 다양성	종 다양성	유전적 다양성

01 유전적 다양성은 같은 생물종의 개체 사이에서 나타나는 유전적 차이의 다양함을, 종 다양성은 한 생태계 내에 존재하는 생물종의 다양한 정도를 의미한다. 생태계 다양성은 생물 서식지의 다양한 정도를 의미한다.

02 다음 중 생물 다양성의 종류에 대한 예시로 옳지 않은 것은?

① 유전적 다양성 – 한 농장에서 태어난 송아지들의 얼룩무늬가 각각 다르다.
② 종 다양성 – 골프장은 녹지로 보이지만 임의로 잡초를 제거하고 벌레들을 구충하면서 생태계 평형이 깨진 상태이다.
③ 유전적 다양성 – 군견으로 훈련된 개는 강한 후각을 갖고 있다.
④ 생태계 다양성 – 간척사업은 갯벌에 사는 생물들의 서식지를 훼손한다.

02 유전적 다양성은 개체마다 갖는 형질의 차이에 대한 것으로 종 고유의 특성이나 후천적 훈련과는 무관하다.

ANSWER
01. ② 02. ③

03 다음 사례와 가장 밀접한 관계가 있는 생물 다양성은?

> 19세기 아일랜드인들은 영국에 곡식 대부분을 착취당했고, 유럽인들이 잘 먹지 않는 감자를 주식으로 삼을 수밖에 없었다. 1842년 미국에서 시작된 감자 역병이 1845년 아일랜드에 전파되자, 1년 만에 아일랜드 전역의 감자가 감염되어 대규모 흉작이 발생하였고, 그 결과 굶어 죽는 사람이 대규모로 발생했다.

① 유전적 다양성　　② 생물 다양성
③ 종 다양성　　④ 생태계 다양성

03
1년 만에 아일랜드 전역의 감자가 감자 역병에 감염된 것은 재배하던 감자들의 유전적 다양성이 떨어져 감자 역병에 면역을 가진 개체가 없었기 때문이다.

04 다음 중 생물 다양성에 대한 설명으로 옳지 않은 것은?

① 생태계 다양성이 높으면 종 다양성과 유전적 다양성이 높다.
② 유전적 다양성이 높을수록 급격한 환경 변화에 살아남을 가능성이 높다.
③ 개간 등으로 생물의 서식지를 인간이 개발하면 생물 다양성이 감소한다.
④ 생태계가 단순할수록 환경은 안정적으로 유지된다.

04
생태계가 단순하면 먹이 사슬을 구성하는 종 하나만 문제가 발생해도 그 영향이 생태계 전체에 미치므로 불안정하다.

05 생물의 다양성을 감소시키는 원인으로 옳지 않은 것은?

① 멸종 위기에 있는 동식물을 보호한다.
② 생물의 다양성을 위해 외래종을 도입한다.
③ 아파트 개발을 위해 동물의 서식지를 파괴한다.
④ 우리에게 유용한 성분을 얻기 위해 희귀 식물을 무분별하게 채취한다.

05
멸종 위기의 동식물을 보호하는 것은 생물의 다양성을 유지시킨다.

ANSWER
03. ①　04. ④　05. ①

06 개발되지 않은 초원에 다음과 같이 도로와 철도를 건설하였다.

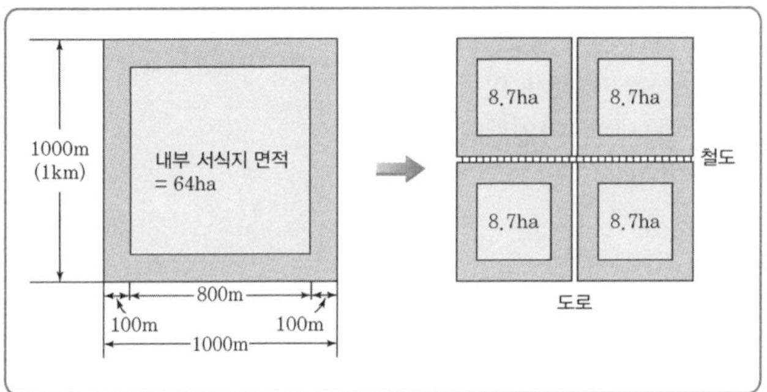

이러한 환경 변화에 대한 설명으로 옳지 않은 것은?

① 서식지 가장자리의 면적이 크게 줄어든다.
② 서식지에 살 수 있는 생물의 종의 수가 감소할 것이다.
③ 서식지의 생태계 안정성이 떨어진다.
④ 도로를 가로지르는 생태 통로를 설치하는 것으로 생물 다양성 감소를 완화시킬 수 있다.

06
도로, 철도 등의 건설로 인해 발생하는 서식지 단편화에서 줄어드는 서식지는 서식지 내부 부분이다.

07 생물 다양성으로부터 얻는 생물 자원에 대한 설명으로 옳지 않은 것은?

① 다양한 곡물은 식량 자원이 된다.
② 약용 식물에서 추출한 성분으로 의약품을 개발한다.
③ 열대 우림은 대기 중의 이산화 탄소를 흡수하고 산소를 배출한다.
④ 농경지의 부족은 갯벌을 간척하여 해소하는 것이 바람직하다.

07
종 다양성이 높은 갯벌을 간척하는 것은 생물 다양성을 감소시키며, 장기적으로 여러 문제를 야기할 수 있다.

ANSWER
06. ① 07. ④

08 생물 다양성을 유지하기 위한 노력으로 볼 수 없는 것은?

① 해양에 폐선이나 인공 어초를 가라앉히면 물고기들이 은신처로 사용한다.
② 재배 환경에 대한 적응력이 높은 품종을 골라 심는다.
③ 람사르 협약에 따라 습지를 개발 제한 구역으로 지정하여 보호한다.
④ 수출입 과정에서 검역을 철저히 하여 외래 생물의 유입을 방지한다.

08
현재 환경에 대한 적응력이 높은 품종은 환경이 급격히 변화할 때는 새로운 환경에 적응하지 못할 수 있다. 이러한 경우 유전적 다양성이 부족한 것으로 볼 수 있다.

09 생물 다양성에 대한 설명으로 옳은 것을 〈보기〉에서 모두 고른 것은?

보기
㉠ 먹이 사슬이 복잡할수록 안정적인 생태계이다.
㉡ 우리에게 유용한 생물만을 보호하고 보존해야 한다.
㉢ 단일 품종으로 재배하는 것은 생물의 다양성을 감소시킨다.

① ㉠ ② ㉠, ㉡
③ ㉠, ㉢ ④ ㉡, ㉢

09
직접적으로 우리에게 유용한 여부와 관계없이 생물 다양성이 높을수록 식량 자원과 유용한 유전 자원을 확보하는 데 유리하다.

10 생물 다양성을 보전하기 위한 방안으로 적절하지 않은 것은?

① 서식지 단편화가 일어난 곳에 생태 통로를 설치한다.
② 종 다양성을 확보하기 위해 외래종을 도입한다.
③ 환경 오염에 대한 규제 방안을 마련한다.
④ 야생 동물 보호 구역을 넓게 확보하여 보호 구역의 생태계 다양성을 확보한다.

10
외래종은 기존 생물의 생태계 지위를 빼앗고 생태 균형을 깨뜨릴 수 있어 무분별한 외래종 도입은 오히려 생태계에 악영향을 미칠 수 있다.

ANSWER
08. ② 09. ③ 10. ②

NOTE

환경과 에너지

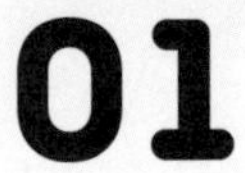

01 생태계와 환경

생태계 구성 요소의 상호 관계와 생태계 평형이 유지되는 원리를 생체 피라미드 중심으로 이해하고, 엘니뇨, 사막화, 지구 온난화 등의 현상이 지구 환경과 인간 생활에 끼치는 영향을 분석하여 이러한 문제를 해결하기 위한 노력을 제시할 수 있으며, 에너지 전환과 보존에 대한 이해를 바탕으로 열에너지 이용의 효율을 높이는 방안을 구상할 수 있어야 합니다.

01 생태계 구성 요소와 환경

1 생태계의 구성 요소

(1) 생태계

① 생물과 환경이 서로 영향을 주고받으며 유지되는 하나의 시스템이다.

② 생태계는 '개체<개체군<군집<생태계'순으로 규모가 커지는 구조를 하고 있다. 개체는 하나의 독립된 생명체이며, 개체군은 일정한 지역 내 같은 종의 개체 무리이다. 군집은 같은 지역에 서식하는 여러 종의 개체군 집합이며, 군집이 환경과 영향을 주고받는 체계를 생태계라 한다.

(2) 생태계의 구성 요소

① 생물적 요인 : 생태계에 있는 모든 생물로, 생태계에서의 역할과 영양분을 획득하는 방법에 따라 생산자, 소비자, 분해자로 구분된다.

구분	역할	예
생산자	빛에너지를 이용하여 광합성을 하여 생명 활동에 필요한 양분을 스스로 만드는 생물	식물성 플랑크톤, 식물 등
소비자	다른 생물을 섭취하여 양분을 얻는 생물	동물성 플랑크톤, 동물 등
분해자	사체나 배설물을 분해하여 영양분을 얻는 생물	세균, 곰팡이, 버섯 등

② 비생물적 요인 : 생물을 둘러싸고 있는 온도, 빛, 물, 공기, 토양을 비롯한 모든 환경을 말한다. 생태계가 구현되는 배경이라고 볼 수 있다.

(3) 생태계 구성 요소의 상호 관계

① 작용 : 비생물적 요인이 생물적 요인에 영향을 주는 것

② 반작용 : 생물적 요인이 비생물적 요인에 영향을 주는 것

③ 상호 작용 : 생물적 요인끼리 서로 영향을 주고받는 것

2 생물과 환경의 관계

(1) 온도와 생물

① 온도에 대한 동물의 적응

㉠ 정온 동물 : 정온 동물은 체온을 일정하게 유지하기 위해 몸이 털로 덮여 있거나 피하 지방을 축적하여 열이 빠져나가는 것을 막는다. 특히 포유류는 추운 곳에 사는 동물일수록 몸집이 크고, 몸의 말단부(귀, 주둥이 등)가 작아지는 경향이 있다.

북극여우

붉은여우

사막여우

서식 지역에 따른 여우의 생김새 차이

㉡ 변온 동물 : 변온 동물은 햇빛을 받는 양을 조절하여 체온을 조절하거나 기온이 낮아지면 겨울잠을 통해 온도에 적응한다.

㉢ 철새 등 일부 동물은 계절에 따라 서식지를 바꾸기 위해 이동한다.

② 온도에 대한 식물의 적응

㉠ 낙엽수 : 온대 지방의 낙엽수는 겨울이 되면 추위를 견디기 위해 잎을 떨어뜨려 낙엽을 만든다.

㉡ 상록수 : 상록수는 기온이 내려가면 세포액의 농도를 진하게 하여 어는점을 낮추어 세포가 어는 것을 방지한다.

(2) 빛과 생물

생물은 빛의 세기, 빛의 파장, 일조 시간 등에 영향을 받는다.

① 빛의 세기

㉠ 숲의 위쪽에서 아래쪽으로 갈수록 식물이 받을 수 있는 빛의 세기가 약해지므로 위쪽에는 강한 빛에 적응한 식물이 잘 자라고, 아래쪽에는 약한 빛에 적응한 식물이 잘 자란다.

㉡ 강한 빛을 받는 양지 식물의 잎(양엽)은 두껍고 좁은 반면, 약한 빛을 받는 음지 식물의 잎(음엽)은 일반적으로 얇고 넓다. 하나의 식물에서도 강한 빛을 받는 잎이 약한 빛을 받는 잎보다 두껍고 좁다.

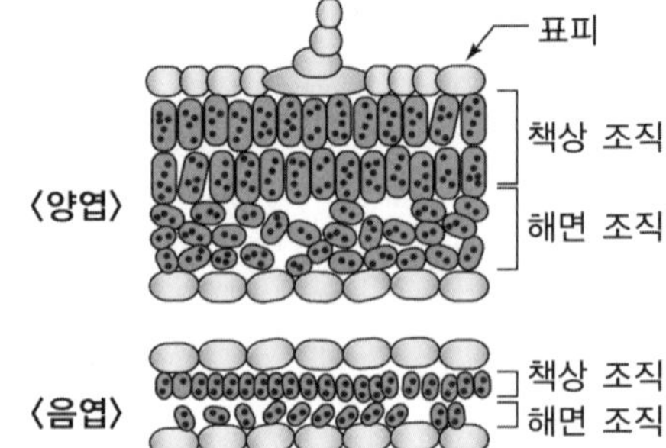

빛의 세기에 따른 잎의 단면 구조

② 빛의 파장

㉠ 수심에 따라 도달하는 빛의 파장과 양이 달라 서식하는 해조류의 종류가 다르다.

㉡ 얕은 바다에는 파장이 긴 적색광을 주로 이용하는 녹조류(예 파래, 해캄 등)가 분포하고, 깊은 바다에는 파장이 짧은 청색광을 주로 이용하는 홍조류(김, 우뭇가사리 등)가 많이 분포한다.

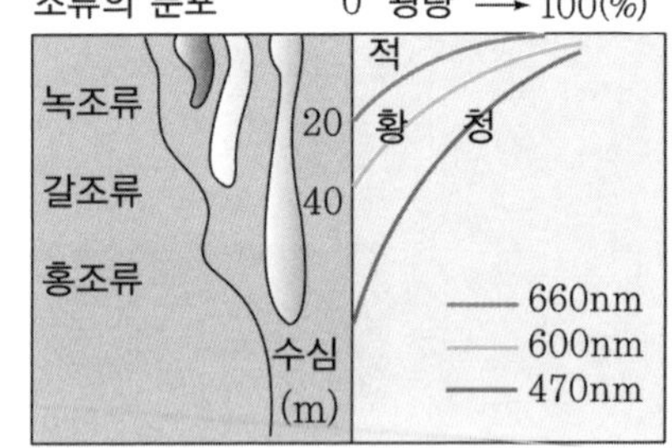

빛의 파장에 따른 해조류의 분포

③ 일조 시간

㉠ 일조 시간이 길어지는 봄에 번식하는 동물(예 꾀꼬리, 종달새 등)이 있고, 일조 시간이 짧아지는 가을에 번식하는 동물(예 송어, 노루 등)이 있다.

㉡ 일조 시간이 길어지는 봄과 초여름에 개화하는 장일 식물(예 벚꽃, 붓꽃 등)이 있고, 일조 시간이 짧아지는 가을에 꽃이 피는 단일 식물(예 코스모스, 국화 등)이 있다.

(3) 물과 생물

① 물에 대한 동물의 적응

㉠ 곤충은 몸 표면이 키틴질로 되어 있고, 파충류는 몸 표면이 비늘로 덮여 있다.

㉡ 사막에 사는 낙타나 캥거루쥐 등의 동물은 수분 손실을 줄여 최소한이 수분으로도 오래 버틸 수 있도록 콩팥이 발달해 있다.

② 물에 대한 식물의 적응

㉠ 건생식물 : 건조한 지역에 사는 식물로, 물을 저장하는 저수 조직이 발달하고, 잎이 가시로 변해 수분 증발을 막는다.

㉡ 중생식물 : 보통 육지에 사는 식물로, 뿌리, 줄기, 잎이 발달되어 있다.

㉢ 습생식물 : 연못이나 습지에 사는 식물로, 뿌리가 잘 발달하지 않고 통기 조직이 발달되어 있다.

㉣ 수생식물 : 물속이나 물 위에 떠서 사는 식물로, 관다발이나 뿌리가 잘 발달해 있지 않다.

(4) 공기와 생물

① 공기는 생물의 생활에 영향을 주며, 생물의 호흡과 광합성의 결과로 공기의 성분이 변한다.

② 공기가 희박한 고산 지대에 사는 사람들은 저지대에 사는 사람들보다 같은 혈액량 대비 많은 적혈구를 갖고 있어 산소를 더 많이 운반할 수 있다.

(5) 토양과 생물

① 토양은 여러 생물의 서식지이며, 물질과 에너지가 순환하도록 한다.

② 식물의 경우 뿌리를 통해 토양으로부터 물과 무기 양분을 얻는다.

③ 토양 속에 사는 세균, 곰팡이 등은 동물의 사체나 배설물을 분해하여 다시 토양으로 되돌려 보낸다.

④ 토양의 깊이에 따라 공기 함량이 다르며, 이에 따라 분포하는 세균의 종류도 다르다. 공기가 많이 포함되어 있는 토양 표면에는 호기성 세균이 분포하고, 공기가 적게 포함되어 있는 토양 깊은 곳에는 혐기성 세균이 분포한다.

01 생태계에 대한 설명으로 옳은 것은?

① 한 동물 무리를 개체라고 한다.
② 환경은 생물에 영향을 받지만 생물은 환경에 영향을 주지 않는다.
③ 개체 > 개체군 > 군집 > 생태계 순으로 규모가 작아진다.
④ 생산자, 소비자, 분해자는 생물적 요인에 해당한다.

01 생산자, 소비자, 분해자는 살아있는 생물이므로 생물적 요인이다.

02 생태계의 구성 단계에 대한 설명으로 옳지 <u>않은</u> 것은?

① 개체는 하나의 독립된 생명체를 말한다.
② 개체군은 일정한 지역에 사는 여러 종의 무리를 말한다.
③ 군집은 같은 지역에 사는 여러 개체군의 집합을 말한다.
④ 군집과 환경이 서로 영향을 주고받는 것을 생태계라 한다.

02 개체군은 일정한 지역에 사는 단일 종의 무리를 말한다.

03 생태계에 대한 설명으로 옳지 <u>않은</u> 것은?

① 생태계는 생물적 요인과 비생물적 요인으로 구성된다.
② 생물은 생물적 요인과 비생물적 요인의 영향을 모두 받는다.
③ 생물적 요인 중 소비자는 식물과 같은 생산자만을 먹이로 하는 생물이다.
④ 빛에너지를 이용하여 생명 활동에 필요한 양분을 합성하는 생물은 생물적 요인 중 생산자에 속한다.

03 소비자는 생산자만을 먹이로 하는 1차 소비자도 있지만, 동물을 먹이로 하는 2차 소비자도 있다.

ANSWER
01. ④ 02. ② 03. ③

04 다음 중 생태계의 생산자, 소비자, 분해자가 모두 포함된 것은?

① 녹조류, 새우, 고래
② 버섯, 토끼, 독수리
③ 곰팡이, 옥수수, 돼지
④ 들쥐, 잡초, 플랑크톤

05 다음 생태계의 구성 요소 중 비생물적 요인에 해당하는 것만을 고르면?

> 토양, 세균, 식물, 빛, 곰팡이, 공기, 온도

① 토양, 세균, 곰팡이, 온도
② 토양, 빛, 공기, 온도
③ 세균, 식물, 빛, 공기
④ 빛, 곰팡이, 공기, 온도

06 다음 빈칸에 들어갈 내용으로 알맞은 것은?

> 비생물적 요인이 생물적 요인에 영향을 주는 것을 (㉠)이라 하며, 그 예로는 (㉡)이 있다.

	㉠	㉡
①	작용	변온 동물이 겨울잠을 자는 것
②	작용	낙엽에 의해 부엽토가 형성되는 것
③	반작용	지렁이가 땅을 비옥하게 만드는 것
④	반작용	포유류가 털갈이를 하는 것

04

- 생산자 : 녹조류, 옥수수, 잡초, 식물성 플랑크톤
- 소비자 : 새우, 고래, 토끼, 독수리, 돼지, 들쥐, 동물성 플랑크톤
- 분해자 : 버섯, 곰팡이

05

세균, 식물, 곰팡이는 생명체로 생물적 요인이며, 나머지는 환경 요소로 비생물적 요인이다.

06

비생물적 요인이 생물적 요인에 영향을 주는 것을 작용, 생물적 요인이 비생물적 요인에 영향을 주는 것을 반작용이라 한다. ①, ④의 ㉡은 환경에 따라 생물이 적응하는 것이므로 작용이며, ②, ③의 ㉡은 생물의 활동이 토양에 영향을 미치는 것으로 반작용이다.

ANSWER

04. ③ 05. ② 06. ①

07 **다음은 생태계를 구성하는 요소 사이의 상호 관계를 나타낸 것이다. 이에 대한 설명으로 옳지 <u>않은</u> 것은?**

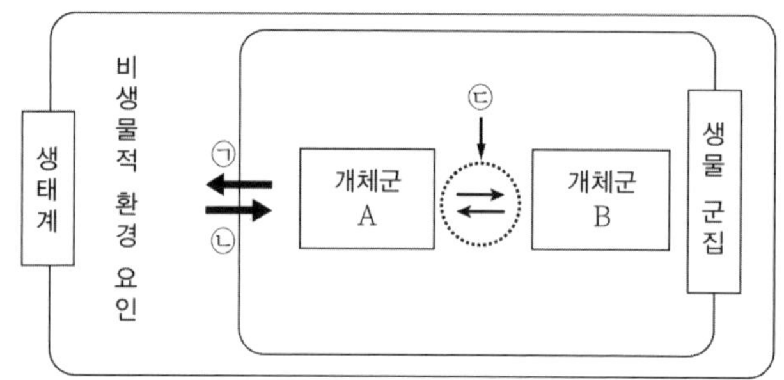

① 개체군 A와 개체군 B는 각각 단일한 종으로 구성되어 있다.
② ㉠의 예시로 동물이 배설물을 통해 식물의 씨앗을 퍼트리는 것을 들 수 있다.
③ 고위도로 갈수록 여우의 귀가 작고 둥글게 되는 것은 ㉡에 해당한다.
④ 먹이 연쇄는 ㉢에 해당한다.

07
영향을 주는 동물과 영향을 받는 식물 모두 생물적 요인이므로 ㉢의 상호 작용에 해당한다.

08 **생물적 요인은 생산자, 소비자, 분해자로 구성되어 있다. 각 요인에 대한 설명으로 옳지 <u>않은</u> 것은?**

① 생산자로는 식물, 해조류, 버섯 등이 있다.
② 소비자는 생산자나 하위 소비자를 섭취하여 에너지를 얻는다.
③ 분해자는 생물의 사체나 배설물의 유기물을 무기물로 분해한다.
④ 생산자 → 소비자 → 분해자 → 생산자 순으로 물질과 에너지의 순환이 이뤄진다.

08
버섯은 균류로 분해자에 해당한다.

ANSWER
07. ② 08. ①

09 다음은 바다의 수심에 따른 해조류의 분포와 빛의 파장별 투과도를 나타낸 것이다.

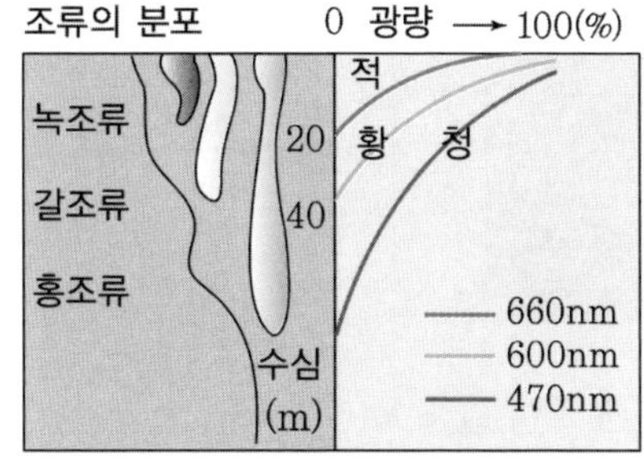

이에 대한 설명으로 옳지 않은 것은?

① 파장이 짧을수록 수심이 깊은 곳에 도달할 수 있다.
② 조류는 광합성에 주로 이용하는 빛의 색상과 같은 색을 띈다.
③ 해조류의 분포는 투과하는 빛의 파장에 따라 달라진다.
④ 빛이 생물에 미치는 영향의 예시이다.

09 적색광을 주로 이용하는 녹조류는 녹색, 황색광을 주로 이용하는 갈조류는 갈색, 청색광을 주로 이용하는 홍조류는 적색으로 자신의 색과 다른 색의 빛을 이용한다.

10 온도에 따른 생물의 적응 현상으로 보기 어려운 것은?

① 철새들은 계절의 변화에 따라 서식지를 이동한다.
② 북극곰은 그 어느 곰보다 체격이 크다.
③ 낙엽수들은 겨울철이 되기 전 잎을 떨어뜨린다.
④ 선인장은 잎이 가시처럼 가늘게 발달하였다.

10 선인장의 잎이 가늘게 된 것은 온도 때문이 아니라 물 때문이다.

ANSWER
09. ② 10. ④

11 다음은 서로 다른 지역에 서식하는 여우이다.

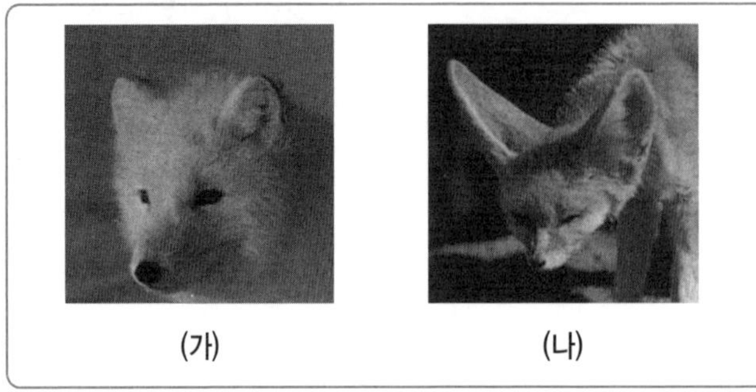
(가) (나)

이에 대한 설명으로 옳지 않은 것은?

① (가)는 (나)보다 추운 지역에 산다.
② (나)의 귀는 열을 잘 발산하기 위한 것이다.
③ (가)는 (나)보다 몸집이 작을 것이다.
④ (가)는 (나)보다 털이 빽빽하게 자랄 것이다.

11
(가)는 북극여우, (나)는 사막여우이다. 극지방에 사는 동물들은 체격이 클수록 체중 대비 표면적이 줄어들고, 피하지방을 축적하기 유리하므로 다른 지역에 사는 종보다 큰 경향이 있다.

12 다음 예시와 연관도가 높은 환경 요인을 고르면?

(가) 히말라야 지역에 사는 네팔인들은 혈액 내에 적혈구의 수가 일반인보다 많다.
(나) 낙타의 오줌은 고농도로 농축되어 있다.

	(가)	(나)
①	공기	물
②	온도	토양
③	물	공기
④	빛	온도

12
히말라야를 비롯한 고산 지대에는 기압이 낮아 산소가 부족하기 때문에 인간을 포함해 서식하는 생물들은 적혈구의 수를 늘려 산소 운반 효율을 높인다. 이는 공기가 생물에 영향을 준 것이다. 낙타는 서식 환경인 사막에 물이 부족하기 때문에 오줌의 농도를 높여 수분의 배출을 줄인다. 이는 물이 생물에 영향을 준 것이다.

ANSWER
11.③ 12.①

13 물에 대한 생물의 적응 현상으로 옳지 않은 것은?

① 선인장의 가시는 잎이 변한 것이다.
② 곤충은 몸 표면이 키틴질로 되어 있다.
③ 물속이나 물 위에 떠서 사는 식물은 관다발이나 뿌리가 잘 발달해 있다.
④ 연못이나 습지에 사는 식물은 뿌리가 잘 발달하지 않고 통기 조직이 발달되어 있다.

13
물속이나 물 위에 떠서 사는 식물은 관다발이나 뿌리가 발달하면 썩기 쉬우므로 잘 발달해 있지 않다.

14 토양과 생물과의 관계에 대한 설명으로 옳지 않은 것은?

① 토양은 여러 생물들이 살아가는 터전을 제공한다.
② 식물의 경우 뿌리를 통해 토양으로부터 물과 무기 양분을 얻는다.
③ 토양 속 세균, 곰팡이 같은 미생물은 동식물의 사체를 분해하여 물질이 순환되도록 한다.
④ 토양 표면에는 혐기성 세균이 분포하고, 토양 깊은 곳에는 호기성 세균이 분포한다.

14
토양의 깊이에 따라 공기 함량이 다르며, 이에 따라 분포하는 세균의 종류도 다르다. 공기가 많이 포함되어 있는 토양 표면에는 호기성 세균이 분포하고, 공기가 적게 포함되어 있는 토양 깊은 곳에는 혐기성 세균이 분포한다.

ANSWER
13. ③ 14. ④

02 생태계 평형

1 생태 피라미드와 생태계 평형

(1) 먹이 관계

생물 사이의 먹고 먹히는 관계를 먹이 관계라 하며, 먹이 사슬과 먹이 그물이 있다.

① 먹이 사슬 : 생산자부터 최종 소비자까지 먹고 먹히는 관계가 사슬처럼 연결된 것을 말한다.

③ 먹이 그물 : 생태계 내에서 여러 개의 먹이 사슬이 복잡하게 얽혀 있는 구조를 말한다.

먹이 사슬

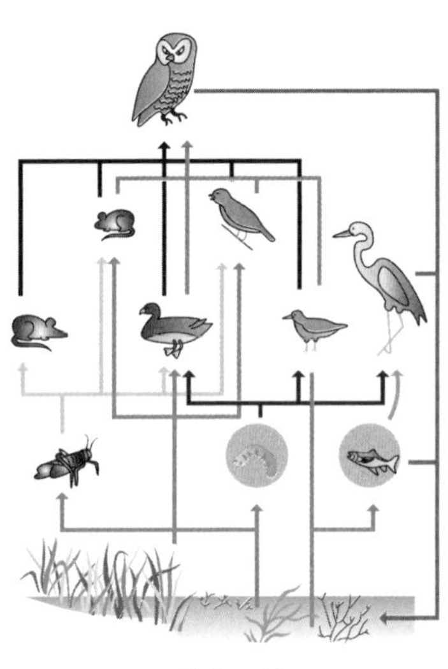
먹이 그물

기초학습 영양 단계와 생물량

생태계를 구성하는 생물 군집이 먹이 사슬에서 차지하는 위치를 영양 단계라고 한다. 기준은 생산자로부터 대상 생물까지 도달하는 데 거치는 먹이의 수로, 생산자를 직접 섭취하는 것을 1차 소비자, 1차 소비자를 포식하는 것을 2차 소비자로 칭하는 형태이다. 영양 단계의 수는 생산자가 얼마나 많은 에너지를 생산하는가에 의해 결정되며, 이를 생산한 유기물의 질량 단위로 계산한 것을 생물량(생체량)이라 한다. 육지에 비해 해양은 식물성 플랑크톤과 조류가 더 많은 생물량을 공급할 수 있는 환경으로 먹이 사슬에 더 많은 단계가 만들어질 수 있으며, 더 복잡한 생태계를 구성할 수 있다.

(2) 생태 피라미드

먹이 사슬의 각 영양 단계를 개체 수, 생물량, 에너지양을 하위 영양 단계부터 상위 영양 단계로 순서대로 쌓아 올린 것을 말한다. 일반적인 경우 상위 영양 단계로 갈수록 줄어드는 피라미드 형태를 나타낸다.

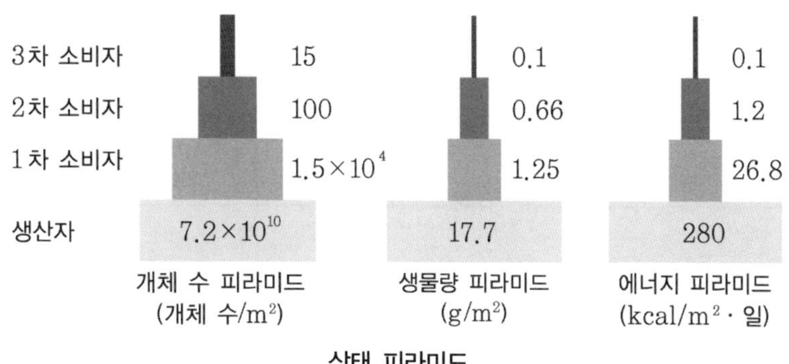

상태 피라미드

① **개체 수 피라미드** : 특정 시간대의 생태계에서 각 영양 단계에 있는 생물체의 총 개체 수를 나타낸 것으로, 일반적으로 하위 영양 단계의 개체 수가 상위 영양 단계의 개체 수보다 많아야 생태계가 안정적으로 유지될 수 있다.

② **생물량 피라미드** : 어느 시점의 생태계에서 각 영양 단계의 생물이 갖는 총 생물량을 나타낸 것으로, 하위 영양 단계의 생물은 각 개체의 무게는 작아도 많은 개체 수로 인해 상위 영양 단계의 생물보다 생물량이 많다.

③ **에너지 피라미드**

㉠ 각 생물이 갖고 있는 에너지양을 나타낸 것으로, 시간적 요인을 고려한다. 하위 영양 단계의 생물이 호흡이나 배설 등으로 소비하고 남은 에너지가 상위 영양 단계 생물로 전달되는 형태이기 때문에 상위 영양 단계로 갈수록 에너지양은 점차 감소한다.

㉡ 생태계의 각 영양 단계에서 다음 영양 단계로 이동한 에너지양의 비율을 에너지 효율이라고 한다.

$$\text{에너지 효율}(\%)=\frac{\text{현 영양 단계의 에너지 총량}}{\text{전 영양 단계의 에너지 총량}}\times100$$

심화학습 생태 피라미드의 역전

- 개체 수 피라미드의 경우 한 개체의 생산자 또는 하위 영양 단계 개체가 수많은 1차 소비자 또는 상위 영양 단계 개체를 부양할 수 있는 경우가 있을 수 있다. 예를 들어 나무 한 그루가 내는 수액으로 수백 마리의 곤충이 살 수 있다. 기생충의 경우 숙주 한 개체에 무수히 많은 개체가 기생할 수 있다. 이러한 경우 먹이 사슬에 별다른 이상이 없음에도 개체 수 피라미드가 역전된다.
- 생물량 피라미드의 경우 생태계 외부에서 폭발적인 번식력을 가진 개체가 유입된다면 일시적으로 해당 개체의 생물량이 비정상적으로 높은 값을 나타내 피라미드가 역전될 수 있다. 생물량 피라미드는 지속적으로 생물량을 생산하는 능력이 아니라 어느 한 시점의 생물량을 토대로 계산하기에 발생할 수 있는 역전이다.

2 생태계 평형

(1) 생태계 평형

생태계 평형은 생태계를 구성하는 생물의 종류, 개체 수, 물질의 양, 에너지의 흐름 등이 비교적 안정된 상태를 유지하는 것을 의미한다.

(2) 생태계 평형의 회복

① 생태계의 어느 한 영양 단계의 개체 수가 일시적으로 증가하거나 감소하더라도 먹이 사슬에 의해 다시 평형을 유지하게 된다.

② 먹이 그물이 복잡한 생태계일수록 생태계가 안정적으로 평형을 유지한다.

③ **생태계 평형 유지 원리** : 평형을 이루던 생태계에서 일시적으로 1차 소비자 수가 증가하면 1차 소비자를 먹는 2차 소비자 수가 증가하고, 1차 소비자의 먹이가 되는 생산자 수는 감소한다. 2차 소비자 수의 증가와 생산자 수의 감소로 인해 1차 소비자 수가 감소하면, 다시 2차 소비자 수는 감소하고 생산자 수는 증가하여 생태계는 다시 평형 상태를 회복한다.

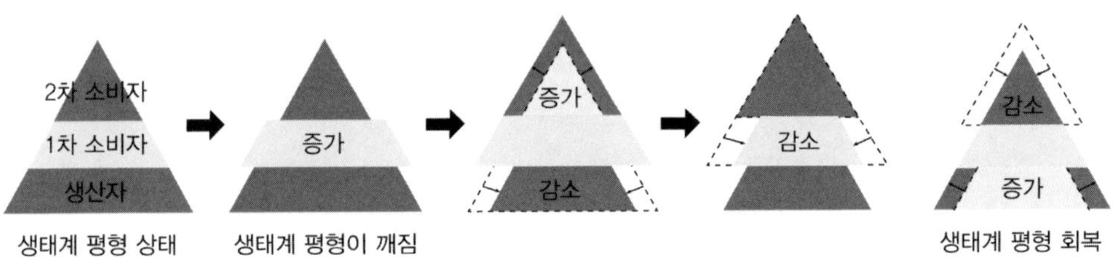

3 환경 변화와 생태계

(1) 환경 변화에 따른 생태계의 파괴

① **자연 재해** : 산불, 홍수, 태풍, 화산, 지진 등의 천재지변이나 기온, 강수량 등의 환경 요소가 급격하게 변하는 이상 현상으로 인해 일부 개체가 피해를 입으면 생태계 전체에 영향을 줄 수 있다.

② **인간의 활동** : 인위적 자연 개발, 자원의 대량 소비, 환경 오염 등 인간의 활동 중 많은 부분이 서식지를 파괴하고 먹이 사슬에 직접·간접적으로 영향을 미친다.

③ **먹이 사슬 붕괴** : 환경 변화에 따라 특정 개체의 이상 번식이나 멸종 등 개체 수가 생태계가 감당할 수 없는 만큼 변화하여 생태계에 영향을 미친다.

(2) 생태계 평형 유지 활동

① 환경 개발을 규제할 수 있는 제도적 근거 확보

② 도로, 철도, 댐 등 서식지 단절시 생태 통로 확보

③ 도심에 녹지와 숲을 조성하여 생태계 개선

④ 개발로 파괴된 하천이나 녹지 재생

⑤ 멸종 위기 생물의 보호 활동

01 다음의 먹이 사슬에서 쥐의 개체 수가 줄어들었을 때, 함께 개체 수가 줄어드는 것은?

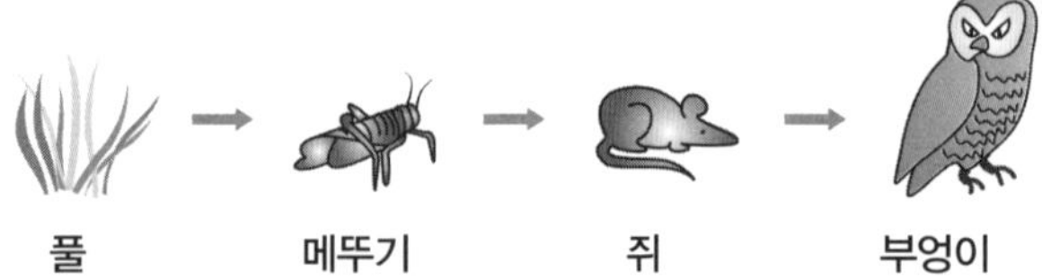

① 메뚜기 ② 부엉이
③ 풀, 부엉이 ④ 풀, 메뚜기

01
쥐의 개체 수가 줄어들면 쥐를 먹이로 삼는 부엉이의 개체 수가 줄어들고, 쥐의 피식자인 메뚜기의 개체 수는 늘어난다. 풀을 섭취하는 메뚜기가 늘어남에 따라 풀의 개체 수는 줄어든다.

02 다음은 어느 생태계의 생물을 조사한 것이다.

> 조사한 지역은 논으로, 벼가 한창 자라고 있으며 잎에서 벼멸구와 메뚜기를 관찰할 수 있었다. 또한 이를 먹이로 하는 개구리들이 눈에 띄었고, 논 주변에서는 뱀을 발견하였으며, 그 외에 생태계에 영향력을 보일만한 개체군은 발견할 수 없었다.

이 생태계에 대한 설명으로 옳지 않은 것은?

① 먹이 사슬은 벼 → 벼멸구와 메뚜기 → 개구리 → 뱀이다.
② 뱀을 모두 잡아버릴 경우, 단기적으로 메뚜기의 개체 수가 줄어들 것이다.
③ 먹이 사슬이 단순하여 생태계 평형이 깨지기 쉬운 환경이다.
④ 벼멸구와 메뚜기에 효과가 있는 살충제를 살포하면 뱀의 개체 수는 늘어난다.

02
먹이 그물을 형성하지 못하는 일자형 먹이 사슬로, 평형이 쉽게 깨질 수 있는 환경이다. 뱀의 개체 수가 줄어들면, 피식자인 개구리의 개체 수가 늘어날 것이고 이에 따라 먹이인 벼멸구와 메뚜기의 수는 줄어들 것이다. 반대로 벼멸구와 메뚜기의 수가 줄어들면 개구리의 수 역시 줄어들 것이고, 개구리를 먹이로 하는 뱀 역시 줄어들게 된다.

ANSWER
01. ③ 02. ④

03 **멸치의 내장을 갈라 그 내용물을 현미경으로 관찰하였더니 동물성 플랑크톤과 식물성 플랑크톤이 발견되었다. 이를 분석한 내용으로 옳지 않은 것은?**

① 멸치는 1차 소비자이자 2차 소비자 역할을 한다.
② 플랑크톤은 멸치보다 하위 영양 단계 생물이다.
③ 멸치의 수가 급격히 줄어든다면 플랑크톤의 개체 수는 늘어날 것이다.
④ 유기물은 멸치로부터 플랑크톤으로 전달된다.

03
유기물은 하위 영향 단계 생물로부터 상위 영양 단계 생물로 전달된다. 멸치는 플랑크톤보다 상위 영양 단계에 있으므로 유기물은 플랑크톤에서 멸치로 전달된다.

04 **다음 중 먹이 그물에 대한 설명으로 옳은 것은?**

① 한 종류의 생물은 다른 한 종류의 생물만 먹이로 삼는다.
② 먹이 그물은 단순할수록 안정적이다.
③ 어느 한 영양 단계 생물의 개체 수가 변화하면 다른 생물들의 개체 수에도 변화가 생긴다.
④ 외래종을 도입하면 먹이 그물이 풍부해져 평형 유지에 도움이 된다.

04
각 생물들은 다양한 종류의 생물을 먹이로 삼을 수 있고, 먹이 그물은 복잡할수록 한 생물의 개체 수 변화에도 능동적으로 대응할 수 있어 안정적이 된다. 외래종은 토착 생태계에 잘 적응하는 종도 일부 있지만, 천적이 존재하지 않아 토착종의 먹이 그물을 마구잡이로 파괴할 가능성도 있다.

ANSWER
03. ④ 04. ③

05 다음은 어느 지역의 생태계 평형이 일시적으로 파괴되었을 때 개체 수의 변화 과정을 나타낸 것이다. 이에 대한 설명으로 옳은 것은?

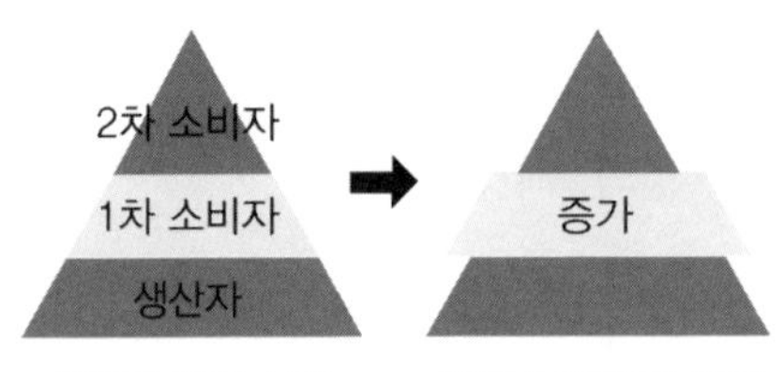

① 이후 생산자의 개체 수는 감소하고 2차 소비자의 개체 수는 증가할 것이다.
② 1차 소비자의 일시적 증가는 천적이 없기 때문에 나타난 현상이다.
③ 일시적으로 생태계 평형이 깨지는 현상은 생산자의 개체 수 부족으로 인해 나타난다.
④ 2차 소비자 수를 인위적으로 줄이면 생태계 회복 속도가 빨라질 것이다.

05
이 생태계는 평형 상태를 유지하고 있었으므로 2차 소비자는 1차 소비자의 천적 역할을 한다. 1차 소비자가 일시적으로 증가해 생태계가 일시적으로 파괴된 것은 여러 이유가 있을 수 있으나, 생산자의 개체 수 감소는 먹이 부족으로 1차 소비자의 개체 수를 증가시킬 수 없어 그 이유가 될 수 없다. 2차 소비자 수를 인위적으로 줄이면 늘어난 1차 소비자를 잡아먹을 포식자가 없어져 오히려 생태계 파괴가 회복되지 못할 수 있다.

06 생태계의 한 영양 단계 생물의 개체 수 생태 피라미드의 상대적인 크기가 일시적으로 증가할 수 있는 원인으로 가장 적절한 것은?

① 먹이의 부족
② 피식자의 감소
③ 포식자의 감소
④ 서식지의 확대

06
먹이의 부족, 피식자의 감소는 같은 의미로 먹이가 될 생물이 줄어들면 개체 수를 유지할만한 영양이 공급되지 못하여 개체 수는 줄어든다. 서식지의 확대는 생태계 전체적인 개체 수 증가를 가져오기 때문에 해당 영양 단계만 상대적으로 늘어나지 않는다.

ANSWER
05. ① 06. ③

07 생태계 내에서 이동하는 에너지양에 대한 설명으로 옳은 것은?

① 하위 영양 단계의 에너지는 무기물의 형태로 상위 영양 단계로 전달된다.

② 영양 단계의 에너지 효율은 백분율로 100%를 넘을 수 없다.

③ 하위 영양 단계가 갖고 있는 에너지는 온전하게 상위 영양 단계로 전달된다.

④ 에너지 피라미드의 최하층은 1차 소비자가 담당한다.

07
영양 단계의 에너지 효율은 $\frac{\text{현 영양 단계의 에너지 총량}}{\text{전 영양 단계의 에너지 총량}}$으로, 전 영양 단계가 갖고 있던 에너지는 호흡, 배설 등으로 줄어든 뒤 상위 영양 단계로 흡수된다. 따라서 분자는 분모보다 작을 수밖에 없어 에너지 효율은 1보다 작을 수밖에 없으며 백분율로 치환하면 100%보다 작다. 하위 영양 단계의 에너지는 유기물의 형태로 전달되고, 상위 영양 단계는 하위 영양 단계가 소비하고 남은 에너지를 받으므로 온전하지 못하며, 에너지 피라미드를 비롯한 생체 피라미드의 최하층은 생산자가 담당한다.

08 다음 그림은 생태 피라미드를 나타낸 것이다. 그림과 같이 하위 영양 단계가 크고 상위로 갈수록 줄어드는 형태의 피라미드로 나타날 수 있는 요소를 〈보기〉에서 모두 고른 것은?

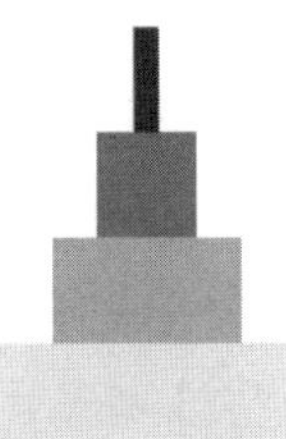

보기
ㄱ. 개체 수　　ㄴ. 생물량
ㄷ. 개체 크기　　ㄹ. 생물 농축도
ㅁ. 에너지양

① ㄱ, ㄴ, ㄷ　　② ㄱ, ㄴ, ㅁ
③ ㄴ, ㄷ, ㄹ　　④ ㄴ, ㄹ, ㅁ

08
개체 크기와 생물 농축도는 역피라미드 형태를 나타낸다. 개체 수의 경우 항상 피라미드를 만드는 것은 아니지만, 일반적인 경우에는 피라미드 형태로 나타나므로 피라미드로 나타날 수 있는 요소에 해당한다.

09 다음 중 생태계 파괴 요인으로 보기 어려운 것은?

① 대규모 벌목　　② 도로 건설
③ 대규모 홍수　　④ 하천 복원 활동

09
하천 복원 활동은 생물들의 서식지를 되살려 생태계를 회복시킨다.

ANSWER
07. ②　08. ②　09. ④

10 우리나라의 야생 생태계에서 멧돼지와 고라니는 상당히 번성하고 있으며, 농가를 침입하여 피해를 주는 유해 야생 동물로 지정되어 있다. 근현대 이후 이 동물들이 특히 번성하고 있는 이유를 추측한 것으로 가장 적절한 것은?

① 대부분의 천적이 사라졌다.
② 먹이가 풍부해졌다.
③ 녹지 보존 활동으로 서식지가 늘어났다.
④ 기후 변화가 번식에 유리하게 작용하였다.

10
호랑이, 표범, 곰, 늑대 등 한반도 내 최종 소비자 역할을 하던 맹수들이 일제강점기 해수 구제 사업과 6·25 전쟁, 밀렵 등으로 인해 야생에서 멸종하면서 하위 영양 단계 생물인 멧돼지와 고라니는 산업화, 도시화 과정에서 서식지가 줄어들었음에도 상대적으로 번성할 수 있었다.

11 다음 중 생태계 보전 활동으로 보기 어려운 것은?

① 습지 보호를 위해 국제 협약을 준수한다.
② 도심과 건물 옥상 등에 녹지를 만든다.
③ 산을 가로지르는 도로 위로 생태 통로를 설치한다.
④ 양식장에서 사육하던 생물을 야생으로 방사한다.

11
양식장에서 사육하던 생물이 야생의 생태계에 어떤 영향을 미칠지 알 수 없으므로 함부로 야생에 내보내서는 안 된다. 큰입배스, 블루길, 뉴트리아, 황소개구리 등 많은 생태계 교란 생물들이 양식을 통한 농수산 자원 확대를 목적으로 도입되었었다.

ANSWER
10. ① 11. ④

03 지구 환경 변화

1 기후 변화

(1) 과거의 기후를 조사하는 방법

① **빙하 연구** : 시추된 빙하에 나타나는 줄무늬로 빙하의 생성 시기를 알 수 있으며, 빙하에 포함된 공기 방울을 분석하여 당시의 대기 성분을 추정할 수 있다.

② **나무의 나이테 연구** : 기온이 높고 강수량이 많을수록 나무의 생장 속도가 빨라 나이테의 간격이 넓다. 나무의 나이테의 간격을 분석하여 과거의 기온과 강수량 변화를 추정할 수 있다.

③ **화석 연구** : 다양한 생물의 화석의 서식 환경으로 과거의 기후를 추정할 수 있다.

(2) 과거의 기후

① 지질 시대에는 빙하기와 간빙기를 두고 온난한 기후와 한랭한 기후가 반복되었다.

② 최근에는 지구 온난화의 영향으로 기온이 크게 상승하고 있다.

(3) 기후 변화의 요인

① **지구 자전축의 기울기 변화** : 지구 자전축의 기울기는 오랜 시간을 주기로 변하는데, 자전축의 기울기가 커지면 기온의 연교차가 커지고, 자전축의 기울기가 작아지면 기온의 연교차가 작아진다.

② **화산 활동** : 화산 폭발로 방출된 화산재는 대기 중에 오랫동안 체류하면서 대기에 도달하는 태양 복사 에너지를 반사시켜 지구의 기온을 낮춘다.

③ **수륙 분포의 변화** : 육지와 해양은 비열과 반사율이 다르므로 수륙 분포가 변하면 기후가 변한다.

④ **지표면의 변화** : 빙하 면적 변화와 숲 면적 변화 등의 지표면의 변화는 지표에 도달하는 태양 복사 에너지의 반사율을 변화시켜 기후를 변화시킨다.

2 지구 온난화

지구 온난화는 대기 중의 온실 기체의 양이 증가하여 지구의 평균 기온이 상승하는 현상이다.

(1) 지구 온난화의 원인

석탄, 석유 등의 화석 연료 사용량의 증가 등으로 온실 기체인 이산화 탄소의 농도가 증가하면서 온실 효과가 일어나 지구의 평균 기온이 상승한다.

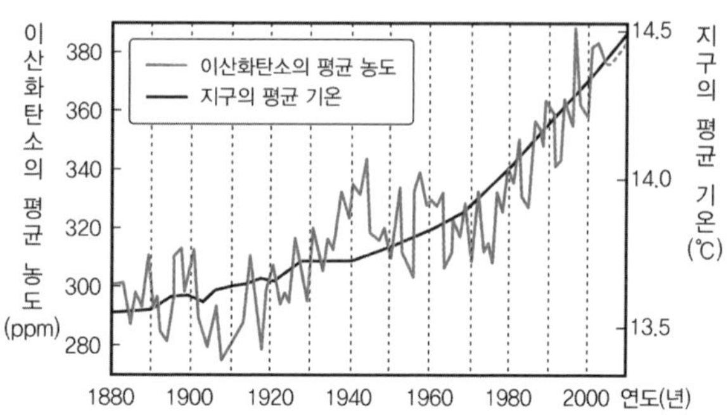

(2) 지구 온난화의 영향

① **해수면 상승** : 빙하가 녹고 해수가 열팽창하면 바다의 부피가 늘어나 해수면이 상승한다. 이에 따라 해안 저지대가 침수되어 육지 면적이 감소한다.

② **기상 이변** : 수온이 상승하여 강수량과 증발량이 변함에 따라 태풍, 홍수, 가뭄, 엘니뇨, 라니냐 등의 기상 이변의 발생 횟수와 강도가 증가한다.

③ **해양 산성화** : 해양에 녹는 이산화 탄소의 양이 많아짐에 따라 탄산이 생성되어 해수의 pH가 낮아져 해양 산성화를 일으킨다.

(3) 우리나라의 기후 변화

① 우리나라의 평균 기온은 지구 전체에 비해 훨씬 큰 폭으로 상승하고 있다.

② 지구 온난화가 지속될 경우 아열대 기후가 나타나는 지역의 범위 확대, 여름철 길이는 길어지고 겨울철 길이는 짧아지는 계절의 길이 변화, 봄꽃의 조기 개화, 동식물의 서식지 변화와 멸종 등의 변화가 일어날 것이다.

3 대기와 해수의 순환

(1) 지구의 위도별 에너지 불균형

① 지구는 구형으로, 위도별로 태양빛의 입사각이 달라진다. 저위도에서는 수직에 가까운 위치에서 내리쬐나, 고위도에서는 사선에서 내리쬔다. 이는 곧 단위 면적당 입사되는 태양 복사 에너지양의 차이를 유발한다.

② 저위도는 흡수하는 태양 복사 에너지가 방출할 지구 복사 에너지보다 많은 에너지 과잉 상태이고, 고위도는 방출하는 지구 복사 에너지가 흡수한 태양 복사 에너지보다 많은 에너지 부족 상태이다.

③ 따라서 지구는 위도에 따라 에너지의 불균형이 발생할 수밖에 없는 구조이지만, 대기와 해수가 저위도의 에너지를 고위도로 수송하는 대순환이 일어나 지구 전체의 에너지 균형을 유지한다.

(2) 대기 대순환

① 저위도의 따뜻한 공기는 상승하고 고위도의 차가운 공기는 하강하며 공기가 대규모로 순환하는 현상이다.

② 지구 자전의 영향으로 북반구와 남반구에서 각각 3개의 순환 세포가 형성된다.

㉠ 해들리 순환(적도 ~ 위도 30°) : 적도 지방에서 태양 복사 에너지에 의해 가열되어 상승한 공기가 위도 30° 부근에서 하강하여 다시 적도 지방으로 이동하는 순환이다. 지구가 동쪽으로 자전하기 때문에 대기 순환의 방향은 동쪽에서 서쪽으로 부는 동풍이 된다. 이 동풍을 무역풍이라고 한다.

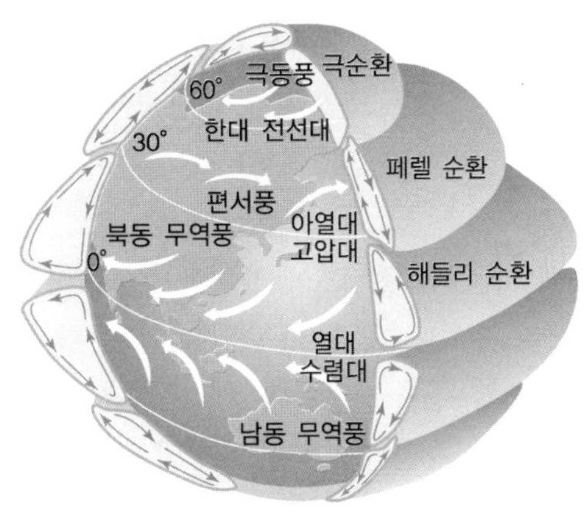

대기 대순환 모형

㉡ 페렐 순환(위도 30°~60°) : 태양 복사 에너지가 아닌 해들리 순환과 극 순환에 의해 간접적으로 나타나는 순환으로, 위도 30° 부근에서 하강한 공기가 고위도로 이동하다가 극지방에서 내려온 공기와 함께 위도 60° 부근에서 상승하는 순환이다. 지상에서는 편서풍이 분다.

㉢ 극 순환(위도 60°~극) : 극지방에서 냉각되어 하강한 공기가 위도 60° 부근에서 상승하여 다시 극지방으로 이동하는 순환이다. 지상에서는 극동풍이 분다.

③ 지구가 자전하지 않는다면 순환하는 바람이 편향되지 않는다. 따라서 위도별로 순환이 구분되지 않고 반구별로 북에서 남으로 흐르는 커다란 하나의 순환만이 남아 북반구에서는 북풍만, 남반구에서는 남풍만 불 것이다.

심화학습 대기 대순환에 따라 나타나는 기후

- 적도는 남반구와 북반구의 순환이 모여 상승 기류를 이루는 지점이다. 상승 기류로 인해 적도 전반이 저기압이므로 저압대를 형성하며, 구름이 많이 발생하여 강우량이 많고 습한 열대 우림이 나타난다.
- 위도 30°는 해들리 순환의 하강 기류와 그로 인해 발생한 페렐 순환의 하강 기류가 발생하는 지점이다. 하강 기류로 인하여 위도 30° 전반이 고기압인 고압대를 형성하며, 하강 기류 특성상 구름이 형성되지 않기 때문에 비가 적고 항상 맑은 날씨를 유지한다. 때문에 고온 건조한 환경이 되며, 사막이 형성되기 쉽다.

(3) 해수의 표층 순환

① 해수면 위에서 대기 대순환으로 발생하는 바람에 의해 해수가 한 방향으로 지속적으로 흐르는 표층 해류가 발생한다.

㉠ 저위도에서는 무역풍에 의해 동쪽에서 서쪽으로 흐르는 북적도 해류, 남적도 해류 등이 발생한다.

㉡ 중위도에서는 편서풍에 의해 서쪽에서 동쪽으로 흐르는 북태평양 해류, 북대서양 해류, 남극 순환류 등이 발생한다.

② 동서 방향으로 흐르던 해류가 대륙에 막히면 남북 방향으로 흘러 전체적으로 원형을 그리며 순환하게 된다. 대양의 서쪽에서는 저위도에서 고위도로 흐르는 난류, 동쪽에서는 고위도에서 저위도로 흐르는 한류가 나타난다. 이로 인해 표층 해류의 순환은 북반구에서는 시계 방향으로, 남반구에서는 반시계 방향으로 나타나 적도를 경계로 대칭을 이룬다.

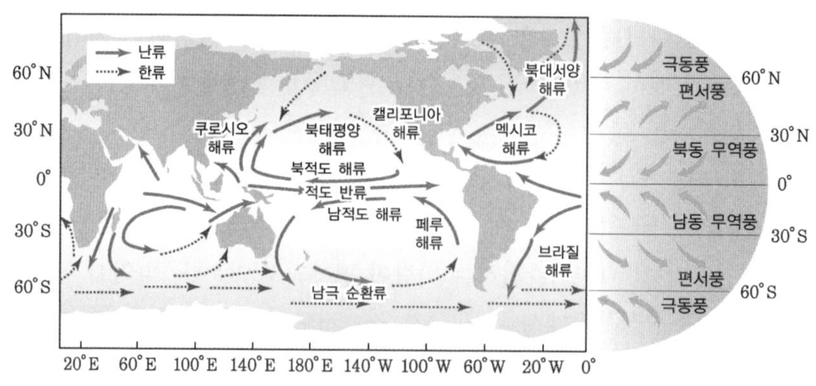

대기 대순환과 표층 해류의 순환

4 사막화와 엘니뇨

(1) 사막화

① 대기 대순환에 의해 증발량이 많고 강수량이 적은 위도 30° 부근에서는 자연적인 원인으로 사막화가 발생할 수 있다. 가축을 방목하여 초목이 없어지거나 지나친 삼림 벌채 등 인위적인 원인으로 사막화가 확대될 수 있다.

② 사막화가 확대되면 식생이 파괴되고, 모래 바람으로 황사가 심해지며, 농경지가 줄어들어 작물 수확량이 줄어드는 등의 피해가 발생한다.

③ 사막화 확대 예방을 위해서는 과잉 방목이나 경작, 삼림 벌채를 제한하고 숲을 조성하며, 유엔 사막화 방지 협약 등 국제 협약을 준수해야 한다.

(2) 엘니뇨와 라니냐

엘니뇨는 무역풍의 약화로 적도 부근 동태평양 해역의 표층 수온이 평년보다 높은 상태로 지속되는 현상을 말하고, 라니냐는 반대로 무역풍의 강화로 적도 부근 동태평양 해역의 표층 수온이 평년보다 낮은 상태로 지속되는 현상이다.

① **평상시** : 무역풍은 동태평양의 따뜻한 표층해수를 서쪽으로 이동시킨다. 표층해수가 빈 만큼의 공백은 동태평양 심층의 찬 해수가 올라오는 것으로 메꾼다. 이렇게 심층수가 표면으로 올라오는 현상을 용승이라 한다.

② **엘니뇨** : 무역풍이 약해지면 표층해수가 잘 이동하지 않고, 심층수도 올라올 수 없다. 표층해수의 수온은 지속적으로 상승한다.

③ **라니냐** : 무역풍이 강해지면 표층해수가 더 많이 서쪽으로 이동하고, 더 많은 양의 심층수가 올라오게 되어 표층 수온이 지나치게 떨어진다.

④ 엘니뇨와 라니냐의 영향

구분	평상시	엘니뇨	라니냐
동태평양 (중남미 서부)	용승으로 심해의 영양 염류가 표층으로 올라와 어장이 풍부해진다.	용승이 약해져 어획량이 줄어들고, 표층 수온이 상승하여 증발량이 늘어나고 상승 기류가 형성되어 강수량이 늘어나 폭우나 홍수가 발생할 수 있다.	용승이 지나치게 강해짐에 따라 표층 수온이 낮아져 증발량이 줄어들고, 하강 기류가 형성되어 강수량이 줄어들어 가뭄을 유발한다.
서태평양 (인도네시아)	표층 수온이 따뜻하여 저기압을 형성해 많은 비가 내린다.	표층 수온이 낮아져 상승 기류가 약해지고 강수량이 줄어들어 가뭄을 유발한다.	표층 수온이 지나치게 높아져 상승 기류가 강해지고 강수량이 늘어나 폭우와 홍수를 유발한다.

한반도는 간접적으로 영향을 받아 엘니뇨 발생 시 강수량이 증가하고, 라니냐 발생 시 태풍 발생 빈도가 높아지는 경향이 있다.

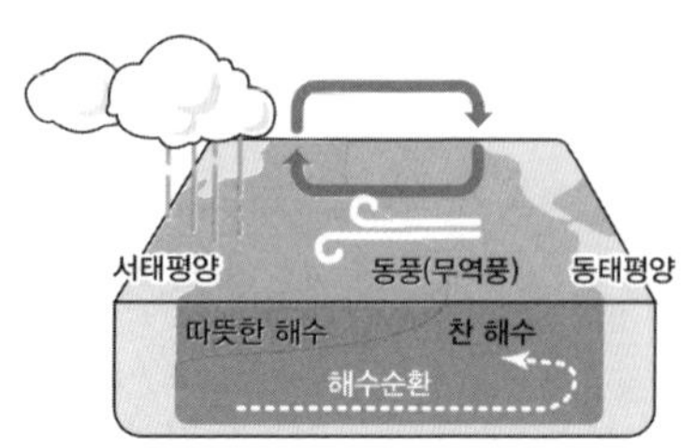

평상시 정상적 해수의 흐름

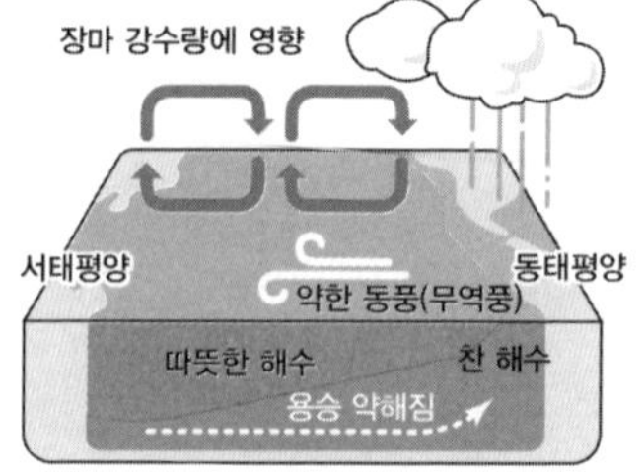

엘리뇨 발생 시 대기와 해수의 흐름

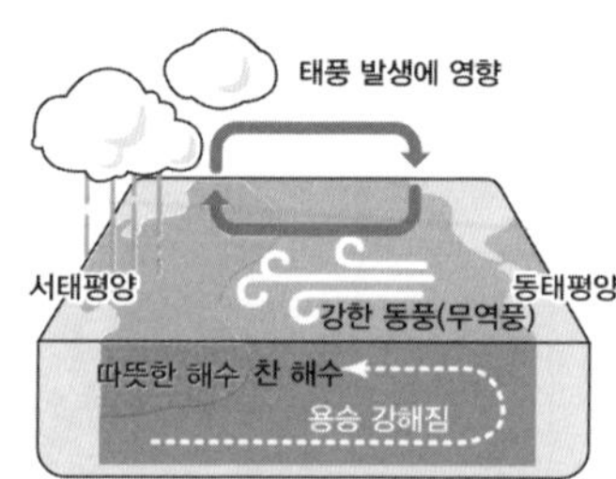

라니냐 발생 시 대기와 해수의 흐름

탄탄 실력 다지기 실전 예상문제

01 과거의 기후를 조사하는 방법에 대한 설명으로 옳은 것을 고르면?

① 나무의 나이테를 조사하면 과거 지형의 변화를 알 수 있다.
② 시상 화석을 통해 지층이 형성된 시기를 알 수 있다.
③ 빙하를 조사하여 과거의 대기 조성을 알 수 있다.
④ 지층의 퇴적 구조를 통해 과거의 강우량과 이산화탄소 농도를 알 수 있다.

02 다음 중 자연적인 기후 변화 요인으로 볼 수 <u>없는</u> 것은?

① 화산 활동
② 빙하 면적 감소
③ 달의 자전 주기 변화
④ 지구 자전축의 기울기 변화

03 지구 온난화의 가장 큰 원인은?

① 달과 태양의 인력
② 화석 연료의 사용 증가
③ 지진 활동에 의한 쓰나미
④ 지구 자전축의 기울기 변화

01
나무의 나이테는 생장 환경에 의해 나타나므로 기온, 일조량, 강수량 등을 파악할 수 있다. 시상 화석과 지층 퇴적 구조는 화석이 생성된 시기의 환경을 알려준다. 빙하에 나타나는 줄무늬로 기후 변화를 알 수 있을 뿐 아니라 빙하에 포함된 공기 방울을 분석하여 당시의 대기 성분을 추정할 수 있다.

02
화산 활동은 화산재가 태양 복사 에너지를 반사시켜 평균 기온을 떨어뜨리고, 자전축의 기울기 변화는 햇빛의 입사각에 영향을 미쳐 기온의 연교차에 영향을 미친다. 빙하는 햇빛의 반사율이 높은 표면으로 면적이 줄면 반사되어 나가는 태양 에너지의 양이 줄어들어 기후가 변화한다.

03
지구 온난화를 유발하는 온실 기체는 주로 화석 연료가 연소되는 과정에서 배출된다.

ANSWER
01. ③ 02. ③ 03. ②

04 다음 중 지구 온난화의 원인으로 보기 어려운 것은?

① 과도한 벌채로 인한 삼림의 면적 감소
② 축산업 성장으로 소 사육두수 증가
③ 운송 수단 발달에 따른 화석 연료 수요 증가
④ 전기 수요 증가에 따른 원자력 발전소 추가 건설

05 다음은 지구에 대기가 없을 때와 있을 때의 에너지 복사를 나타낸 그림이다.

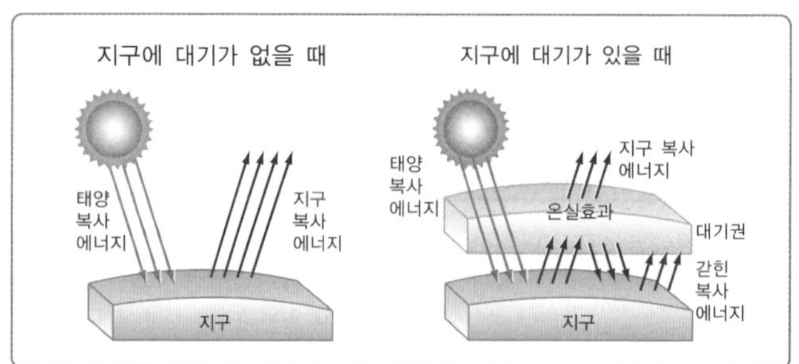

이 그림을 바탕으로 지구 온난화에 대해 설명한 것으로 옳은 것은?

① 지구 온난화는 태양 복사 에너지가 온실 가스층을 통과하는 동안 증폭되어 나타난다.
② 온실 가스는 지구가 반사한 복사 에너지를 지구로 재복사하여 온실 효과를 유발한다.
③ 태양 복사 에너지는 온실 가스에 흡수된 뒤, 지표면 온도가 낮아졌을 때 이를 방출한다.
④ 온실 가스 농도가 높아지면 태양 복사 에너지보다 방출하는 지구 복사 에너지가 커진다.

04
원자력 발전은 이산화 탄소의 배출이 없는 발전 방식으로 지구 온난화에는 영향을 미치지 않는다.

05
태양 복사 에너지는 지표에서 한차례 흡수, 반사되며, 반사된 에너지는 온실 가스에 의해 일부는 우주로 방출되고 일부는 지표면으로 되돌아온다. 이로 인해 지표면의 온도가 높은 상태로 유지된다.

ANSWER
04. ④ 05. ②

06 지구 온난화에 대한 대책으로 세계 각국은 교토 의정서에 따라 온실 가스 배출량을 감축하고자 했다. 그중 화석 연료 사용으로 특히 많이 배출되고 있는 물질은?

① 이산화 탄소 ② 암모니아
③ 염화 수소 ④ 타르

07 그림 (가)는 연도에 따른 연평균 기온 변화를, (나)는 연도에 따른 이산화 탄소 농도 변화를 나타낸 것이다. 이에 대한 해석으로 옳은 것만을 〈보기〉에서 있는 대로 고른 것은?

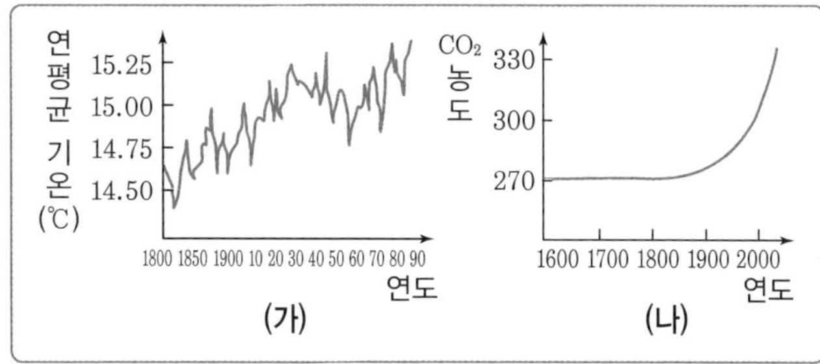

보기

ㄱ. 연 평균 기온은 거의 일정하게 유지되고 있다.
ㄴ. 이산화 탄소의 농도는 온실 효과에 영향을 준다.
ㄷ. 1900년도 이전에는 이산화 탄소 농도가 거의 일정하였지만, 그 이후 점차 증가하고 있다.

① ㄱ ② ㄴ
③ ㄱ, ㄷ ④ ㄴ, ㄷ

06
교토 의정서에서 감축 목표로 지정한 온실 가스는 이산화 탄소, 메테인, 아산화 질소, 과불화 탄소, 육불화 황, 수소불화 탄소이다. 이 가운데 화석 연료의 연소에 의해 그 배출량이 크게 늘어난 것은 이산화 탄소이다.

07
연 평균 기온은 계속해서 변화하고 있었으며 장기적으로는 점차 상승 추세이다.

ANSWER
06. ① 07. ④

08 다음 중 지구 온난화가 계속해서 진행되었을 때의 영향으로 옳지 않은 것은?

① 해양의 면적이 감소한다.
② 빙하가 녹아 해수면이 상승한다.
③ 기후대가 변화해 동식물의 생식 분포가 변화한다.
④ 기상 이변이 더 자주 일어날 수 있다.

08
지구 온난화가 진행되면 빙하가 녹아 해수면이 상승하고 고도가 낮은 육지는 수몰될 수 있다. 따라서 해양의 면적은 오히려 늘어난다.

09 다음 중 지구의 에너지 순환에 대한 설명으로 옳은 것은?

① 태양 복사 에너지는 지구 전체에 골고루 공급된다.
② 저위도에서는 흡수하는 태양 복사 에너지양이 방출하는 지구 복사 에너지양보다 많다.
③ 저위도와 고위도의 에너지 불균형은 시간이 지날수록 심화되고 있다.
④ 지구는 전체적으로 복사 불균형, 에너지 불균형을 나타내고 있다.

09
지구는 구형이고 자전축이 기울어 있어 단위 면적당 지표가 받는 태양 복사 에너지양이 위도에 따라 다르다. 고위도는 에너지 부족, 저위도는 에너지 과잉이 일어나는데, 이러한 에너지 불균형은 대기와 해수의 순환으로 해소되고 있다. 따라서 지구는 전체적으로 에너지 균형을 유지한다.

ANSWER
08. ① 09. ②

10 다음 중 대기 대순환에 대한 설명으로 옳지 않은 것은?

① 대기 대순환의 원인은 위도에 따른 에너지 불균형이다.

② 지구가 자전하지 않으면 무역풍과 편서풍은 발생하지 않는다.

③ 저위도 지역은 에너지 부족 상태이고, 고위도 지역은 에너지 과잉 상태이다.

④ 표층 해류는 대기 대순환에 의해 발생한다.

11 다음은 대기 대순환의 모형을 나타낸 것이다.

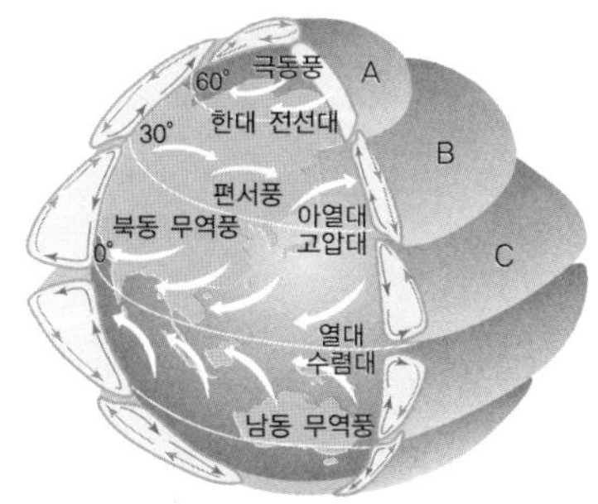

이에 대한 설명으로 옳은 것은?

① A는 해들리 순환이다.

② 위도 30° 부근의 고압대에서는 사막이 형성되기 쉽다.

③ 편서풍 지대에서는 극 순환이 발생한다.

④ 지구가 자전하지 않으면 C에서 상승 기류가 발생하지 않는다.

10

적도 부근의 저위도 지역은 단위 면적당 태양 에너지를 받는 양이 크고 고위도의 극지방은 태양 에너지를 적게 받는다.

11

A는 극순환, B는 페렐 순환, C는 해들리 순환으로, 편서풍 지대의 순환은 페렐 순환이다. 지구가 자전하지 않으면 적도에서 상승하여 극에서 하강하는 거대한 하나의 순환이 발생하므로 C에서는 그대로 상승 기류가 나타난다.

ANSWER

10. ③ 11. ②

12 대기의 순환과 해류에 대한 설명으로 옳은 것만을 〈보기〉에서 있는 대로 고른 것은?

보기
ㄱ. 표층 해류는 바람에 의해 발생한다. ㄴ. 우리나라는 무역풍의 영향을 받는다. ㄷ. 북반구의 해류는 시계 방향으로 순환한다.

① ㄱ　　② ㄴ
③ ㄱ, ㄷ　　④ ㄴ, ㄷ

12 무역풍은 적도 부근에서 발생하며, 우리나라는 편서풍 영향 지대이다. 북반구의 해류는 적도 부근에서 무역풍에 의해 동에서 서로, 고위도에서는 편서풍에 의해 서에서 동으로 흘러 시계 방향으로 순환한다.

13 다음은 대기 대순환과 표층 해류의 순환을 나타낸 것이다. 이에 대한 설명으로 옳지 <u>않은</u> 것은?

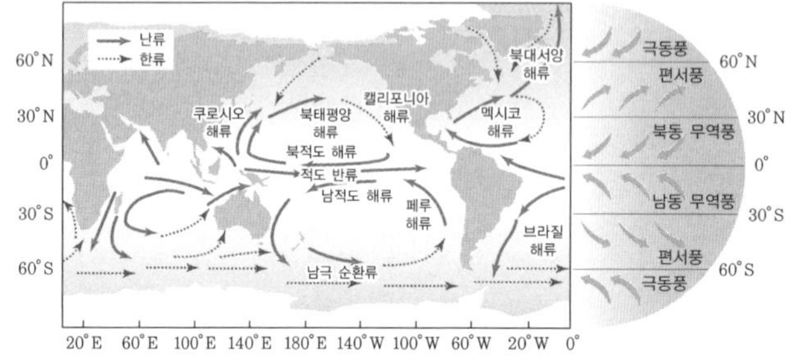

① 해류의 방향과 대기의 순환 방향은 거의 일치한다.
② 해류는 북반구에서 시계 방향으로, 남반구에서 반시계 방향으로 순환한다.
③ 해수의 표층 순환은 바람의 영향으로 발생한다.
④ 해수의 순환으로 고위도의 열에너지가 저위도로 운반된다.

13 해수의 순환으로 저위도의 열에너지가 고위도로 운반된다.

ANSWER
12. ③　13. ④

14 **사막화에 대해 설명한 내용으로 옳은 것은?**

① 주로 위도 30° 부근에서 발생한다.

② 자연스러운 현상으로 실질적인 피해는 나타나지 않는다.

③ 인간의 활동에 의해서만 발생한다.

④ 사막화가 진행되면 생물 다양성이 높은 생태계가 된다.

14

사막화는 위도 30°부근 고압대의 강수량 부족이 기본적인 원인으로, 인간의 활동이 이를 확대시킬 수는 있으나 인간의 활동으로만 나타나는 현상은 아니다. 사막화가 진행되면 주변에서 식생의 파괴, 황사 발생, 농경지 축소 등의 피해가 발생할 수 있으며, 사막은 대부분의 생물이 살기에 적절한 환경이 아니기 때문에 전체적인 생물 다양성은 축소된다.

15 **무역풍의 약화로 적도 부근 동태평양 해역의 표층 수온이 평년보다 높은 상태로 지속되는 현상은?**

① 엘니뇨 ② 라니냐

③ 심층 순환 ④ 태풍

15

엘니뇨에 대한 설명이다.

16 **그림은 태평양 지대에서 나타나는 이상 기상 현상을 나타낸 것이다.**

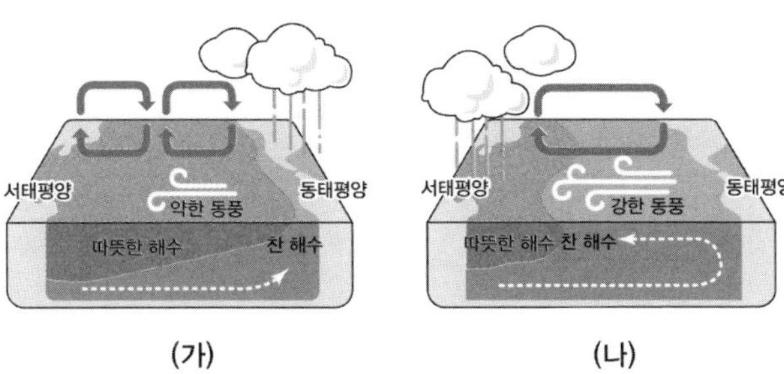

이 현상에 대한 설명으로 옳은 것은?

① (가)는 라니냐, (나)는 엘니뇨이다.

② 편서풍의 세기에 따라 발생하는 현상이다.

③ (가)일 때 동태평양 지역에서는 평소보다 어획량이 늘어난다.

④ (나)일 때 서태평양 지역에서는 폭우와 홍수가 발생한다.

16

(가)는 엘니뇨, (나)는 라니냐로 무역풍이 평소보다 약해지거나 강해질 때 나타나는 현상이다. 어획량은 심층의 무기 염류가 표층으로 올라오는 용승의 세기에 따라 결정되는데, 엘니뇨 때는 용승이 약해 어획량이 줄어들고, 라니냐 때는 용승이 강해져 어획량이 늘어난다. 라니냐로 인해 표층 수온이 올라간 서태평양 지역에서는 증발량이 늘어나고, 상승 기류가 강해져 강수량이 늘어나 폭우와 홍수가 발생한다.

ANSWER

14. ① 15. ① 16. ④

04 에너지의 전환과 활용

1 에너지의 종류

(1) 에너지

일을 할 수 있는 능력을 의미하며, 단위로는 J(줄)을 사용한다.

(2) 에너지의 종류

역학적 에너지	운동 에너지와 퍼텐셜 에너지의 합	운동 에너지	운동하는 물체가 가지는 에너지
		퍼텐셜 에너지	물체가 위치에 따라 잠재적으로 가지는 에너지
화학 에너지	화학 결합에 의해 물질 내에 저장되어 있는 에너지		
전기 에너지	전기장 내의 전하가 가지는 전기 퍼텐셜 에너지와 회로에 흐르는 전류가 가지는 에너지		
열에너지	물체를 이루는 원자의 진동이나 분자 운동에 의한 에너지로, 물체의 온도를 변화시키는 에너지		
빛에너지	적외선, 자외선, 가시광선 등과 같은 전자기파가 가진 에너지		
파동 에너지	지진, 소리 등과 같은 파동이 가진 에너지		
핵에너지	핵융합, 핵분열과 같이 원자핵이 변환할 때 발생하는 에너지		

2 에너지의 전환과 보존

(1) 에너지의 전환

한 형태의 에너지가 다른 형태의 에너지로 바뀌는 것을 에너지 전환이라 하며, 자연이나 일상생활의 모든 현상에서 에너지 전환이 일어난다.

구분	에너지 전환 과정	
광합성	식물은 태양의 빛을 이용하여 포도당을 합성한다.	빛에너지 → 화학 에너지
연소	물질이 산소와 화학 반응하면서 빛과 열을 내며 탄다.	화학 에너지 → 빛에너지, 열에너지
폭포	높은 곳에서 물이 떨어지면서 속력이 점점 빨라진다.	퍼텐셜 에너지 → 운동 에너지

발전기	발전소에서 발전기를 돌려 전기를 생산한다.	운동 에너지 → 전기 에너지
태양 전지	태양광을 받으면 태양 전지가 전기를 생산한다.	빛에너지 → 전기 에너지
전지 충전	전지에 전류를 흘려 다시 사용할 수 있게 한다.	전기 에너지 → 화학 에너지

(2) 에너지 보존 법칙

에너지는 다른 형태로 전환될 뿐, 생성되거나 소멸되지 않으며, 그 총량은 항상 일정하게 보존된다. 따라서 에너지가 전환되기 전후의 총량을 비교하면 그 값은 언제나 같다.

심화학습 **갈릴레이의 사고 실험과 에너지 보존**

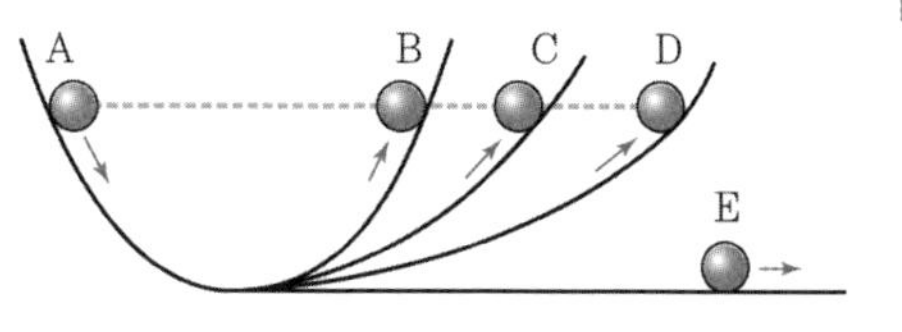

갈릴레이의 사고 실험

갈릴레이는 운동 에너지와 중력 퍼텐셜 에너지 사이의 전환에 대해 사고 실험을 하였다. 다음 그림에서 A에서의 퍼텐셜 에너지는 공이 바닥까지 내려와 모두 운동 에너지로 전환되고, 경사를 타고 올라가면서 다시 퍼텐셜 에너지로 전환된다. 이때, 운동 전후의 에너지양은 같아야 하므로 공은 A와 같은 퍼텐셜 에너지를 갖는 위치인 B, C, D 만큼 올라오고 경사가 없다면 E와 같이 무한히 굴러가게 된다.

그러나 현실에서 공은 B, C, D보다 낮은 위치까지만 올라오며, 평면을 구르는 공은 언젠가는 멈출 것이다. 이는 공과 바닥면 사이의 마찰, 공기와의 마찰, 그리고 마찰에 따라 발생한 열, 소리 등의 형태로 일부 에너지가 전환되기 때문에 A에서의 모든 퍼텐셜 에너지가 운동 에너지, 퍼텐셜 에너지로 전환되지 못하기 때문이다.

즉, 공이 구르는 과정에서 발생하는 열, 파동 등의 모든 요소와 B, C, D, E의 역학적 에너지를 합치면 A의 퍼텐셜 에너지와 같아진다.

3 열기관과 열효율

(1) 열기관

열기관은 열에너지를 역학적인 일로 전환하는 장치이다.

① 증기 기관, 가스 터빈, 피스톤 엔진 등 각종 내연 기관 등 연료를 태워 동력을 얻는 모든 엔진을 열기관으로 볼 수 있다.

② 열은 스스로 온도가 높은 곳에서 낮은 곳으로 이동하는데, 열기관은 이 사이에서 흐르는 열의 일부를 일로 변환시키는 역할을 한다.

③ 열기관에 투입한 열을 Q_1 열기관에서 배출된 열을 Q_2, 열기관이 한 일을 W라 하면 $Q_1=Q_2+W$의 관계가 성립한다.

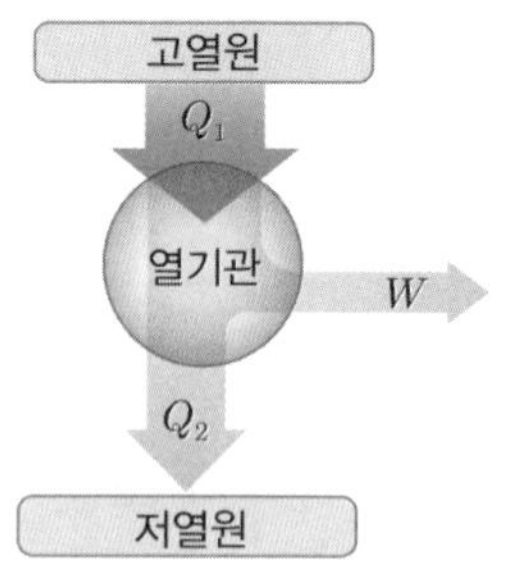

(2) 열효율(e)

열기관에 공급한 열량에 대하여 열기관이 외부에 한 일의 비율이다. Q_1에 대해 W가 클수록(Q_2가 작을수록) 열효율(e)가 좋은 열기관이다.

$$e=\frac{W}{Q_1}=\frac{Q_1-Q_2}{Q_1}=1-\frac{Q_2}{Q_1}$$

4 에너지의 효율적 이용

(1) 에너지의 효율적 이용의 필요성

에너지를 효율적으로 이용하면 동일한 결과를 얻기 위해 더 적은 에너지를 투입할 수 있다. 투입 에너지를 줄이는 것은 화석 연료의 사용량 절감으로 이어지고, 이는 환경 조건과 경제성을 동시에 만족시킨다.

(2) 생활 속의 에너지의 효율적 이용

① 에너지 제로 하우스 : 화석 연료를 전혀 사용하지 않는 에너지 자립형 주택으로 탄소 배출량 제로(0)이다. 신재생 에너지(태양광, 지열, 풍력 등)를 능동적으로 생산하는 액티브 하우스 요소와 주택의 단열 효율을 높여 주택 내의 에너지 손실을 최소화하는 패시브 하우스 요소가 결합된 주택이다.

② 하이브리드 자동차 : 내연 기관, 전기 모터, 배터리를 함께 사용하는 자동차로, 브레이크를 밟아 멈추는 동안 자동차의 운동 에너지를 전기 에너지로 전환하여 배터리에 저장하였다가 자동차가 천천히 달릴 때 저장된 전기로 모터를 돌려 에너지 효율을 높인다.

③ 에너지 소비 효율 등급이나 저탄소 인증 제품을 구매하여 사용하고, 열에너지로 방출하는 양이 많은 백열등 대신 빛에너지 전환율이 높은 LED 전구를 이용한다.

실력 탄탄 다지기 실전 예상문제

01 다음 중 현상이나 물질이 갖는 에너지와 올바르게 연결되지 않은 것은?

① 화석 연료 – 화학 에너지
② 음식물의 영양소 – 핵에너지
③ 화산 지대의 온천 – 열에너지
④ 번지 점프대에서 뛰어내리는 사람 – 역학적 에너지

01
핵에너지는 원자핵이 분열하거나 융합할 때 방출되는 에너지이다. 음식의 영양소가 갖는 에너지는 화학 에너지이다.

02 다음 중 에너지에 대한 설명으로 옳은 것은?

① 에너지는 고유한 형태를 유지하며, 다른 형태로 바뀔 수 없다.
② 에너지는 다른 형태로 전환될 때마다 계속해서 소멸한다.
③ 전구는 받은 전기 에너지를 모두 빛에너지로 전환시킨다.
④ 에너지 전환 전후의 총량은 항상 같다.

02
에너지를 이용하면 그 형태가 다른 것으로 전환된다. 이때, 에너지 전환 전후의 에너지 총량은 항상 같다는 것이 에너지 보존 법칙이다. 전구가 사용한 전기 에너지 중 빛에너지로 전환되는 비율은 백열 전구 기준으로 5% 정도밖에 되지 않으며, 나머지는 모두 열에너지로 전환된다.

ANSWER
01. ② 02. ④

03 다음은 여러 가지 에너지 사이의 전환을 나타낸 그림이다.

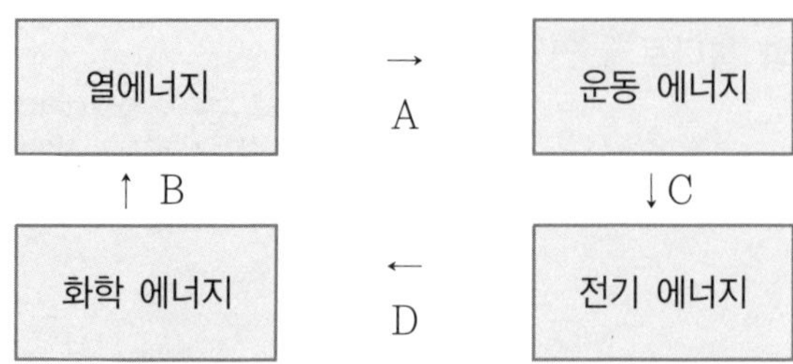

A~D 과정에 해당되는 에너지 전환이 아닌 것은?

① A : 증기 기관 ② B : 세포 호흡
③ C : 물 펌프 ④ D : 배터리 충전기

03
운동 에너지를 전기 에너지로 변환하는 C에는 코일을 회전시켜 전력을 생산하는 각종 발전기가 해당한다. 물 펌프는 작동 방식에 따라 운동 에너지, 전기 에너지 등을 퍼텐셜 에너지로 바꾸어 물의 위치를 끌어올리는 장치에 해당한다.

04 다음 기구들의 에너지 전환을 가장 바르게 나타낸 것은?

① 형광등 : 전기 에너지 → 빛에너지
② 건전지 : 전기 에너지 → 화학 에너지
③ 전동기 : 역학적 에너지 → 전기 에너지
④ 진공 청소기 : 열에너지 → 역학적 에너지

04
건전지 : 화학 에너지 → 전기 에너지
전동기 : 전기 에너지 → 역학적 에너지
진공 청소기 : 전기 에너지 → 역학적 에너지

05 어느 열기관에 500J의 에너지를 공급하였더니 300J의 열을 배출하였다. 이 열기관의 열효율은?

① 30% ② 40%
③ 50% ④ 60%

05
공급된 500J의 에너지 중 300J은 저열원으로 배출되었으므로 이 기관이 한 일의 양은 200J이다.

따라서 열효율은 $\frac{200J}{500J} \times 100\% = 40\%$이다.

ANSWER
03. ③ 04. ① 05. ②

06 열효율이 30%인 엔진에 1000J의 에너지를 공급하였다. 이 엔진에서 열로 버려지는 에너지의 크기는?

① 100J ② 300J
③ 700J ④ 970J

07 어떤 자동차가 주행하는 동안의 에너지 소모를 조사한 결과가 다음과 같았다.

- 조사하는 동안 소모한 휘발유 : 2000kJ
- 공기 저항으로 손실된 에너지 : 200kJ
- 부품의 열로 손실된 에너지 : 400kJ
- 배기 가스 및 타이어와 지면의 마찰열로 배출된 에너지 : 900kJ
- 자동차의 운동 에너지 : ? kJ

조사한 내용 외의 다른 에너지 소모가 없다고 할 때, 이에 대한 설명으로 옳은 것은?

① 휘발유는 열에너지이다.
② 손실된 에너지가 주행에 사용된 에너지보다 많다.
③ 이 자동차의 연료 효율은 20%이다.
④ 연료를 더 많이 주입하면 연료 효율이 높아진다.

06

엔진이 한 일을 x라 하면,

$\frac{x}{1000\text{J}} \times 100\% = 30\%$로 300J의 일을 한 것이 된다. 따라서 나머지 700J은 버려진다.

07

손실된 에너지를 모두 합하면 200kJ+400kJ+900kJ=1500kJ로 온전히 주행에 사용된 운동 에너지는 500kJ이다. 따라서 손실된 에너지가 주행에 사용된 에너지보다 많다.

ANSWER

06. ③ 07. ②

08 **하이브리드 자동차는 기존 자동차에서 버려지는 에너지를 재활용하고자 하는 목적으로 전기 모터와 배터리를 설치한 차량이다. 하이브리드 자동차에 대한 설명으로 옳지 <u>않은</u> 것은?**

① 엔진을 기본으로 전기 모터가 출력을 보조한다.
② 차가 출발할 때나 가속할 때는 전기 모터를 사용한다.
③ 오르막길을 오르는 동안에는 동력을 이용해서 배터리를 충전한다.
④ 평지에서 정속 주행을 할 때에는 엔진만을 이용해서 주행한다.

08
오르막길을 오를 때에는 평지보다 더 큰 출력이 필요하므로 전기 모터가 엔진의 부족한 출력을 보충한다. 경사로에서 배터리를 충전하는 것은 내리막길을 내려오는 때로, 엔진의 운동 에너지의 일부를 이용해 발전기를 작동시킨다. 마찬가지로 감속이 필요할 때도 엔진의 운동 에너지를 소모하면서 감속과 충전의 목적을 모두 달성할 수 있다.

09 **다음 중 에너지의 효율적 이용에 대한 설명으로 옳지 <u>않은</u> 것은?**

① 에너지 효율이 낮으면 필요한 에너지로 전환이 원활하게 이루어진다.
② 화석 연료는 재생 속도 대비 사용 속도가 빨라 고갈될 가능성이 있다.
③ 에너지 소비 효율 등급이 낮은 제품은 불필요한 에너지의 소모가 크다.
④ LED 전구는 형광등이나 백열등보다 에너지 효율이 높다.

09
에너지 효율이 낮으면 같은 양의 에너지가 공급되어도 필요한 에너지로 전환되는 비율이 낮아 전환이 원활하게 이루어지지 못한다.

ANSWER
08. ③ 09. ①

Chapter

02 발전과 신재생 에너지

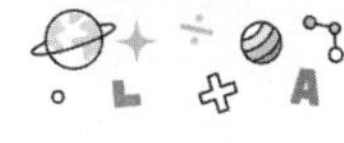

학습 point+

발전소에서 전자기 유도에 의해 전기 에너지가 생산되는 원리를 설명할 수 있고 원거리 전력 수송 과정을 이해하며, 태양의 수소 핵융합 반응을 통해 질량의 에너지 전환을 설명할 수 있고, 핵, 태양광, 풍력 등을 이용한 발전의 장단점을 알며, 지속가능한 발전을 위한 신재생 에너지의 발전 방향에 대해 이야기 할 수 있어야 합니다.

01 전기 에너지의 생산과 수송

1 전자기 유도

(1) 자기장

자석이 서로 끌어당기거나 밀어내는 힘인 자기력이 작용하는 공간을 자기장이라고 한다.

① 자기장의 방향 : 자석 주변에 나침반을 놓았을 때, 나침반 지침의 N극이 가리키는 방향이다.

② 자기장의 세기 : 자석의 양 끝(자극)부분에서 가장 세고, 자극에서 멀어질수록 약해진다.

③ 자기력선 : 자기장의 모양을 시각적으로 나타낸 선이다.

㉠ 자기력선은 N극에서 나와 S극으로 들어가며 도중에 끊어지거나 만나지 않는다.

㉡ 자기력선의 간격이 촘촘할수록 자기장의 세기가 강하다.

④ 전류가 흐르는 코일 주변에도 막대자석 주변과 비슷하게 자기장이 형성된다. 코일을 전류가 흐르는 방향으로 오른손이 감아쥐었을 때, 엄지손가락이 향하는 방향이 자기장의 방향이다.

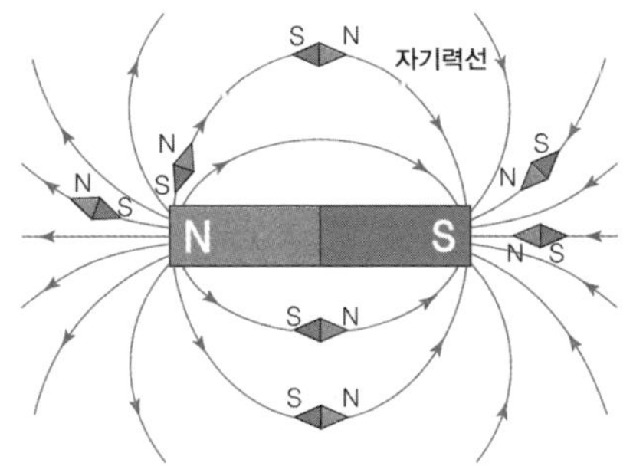

막대자석 주변의 자기장

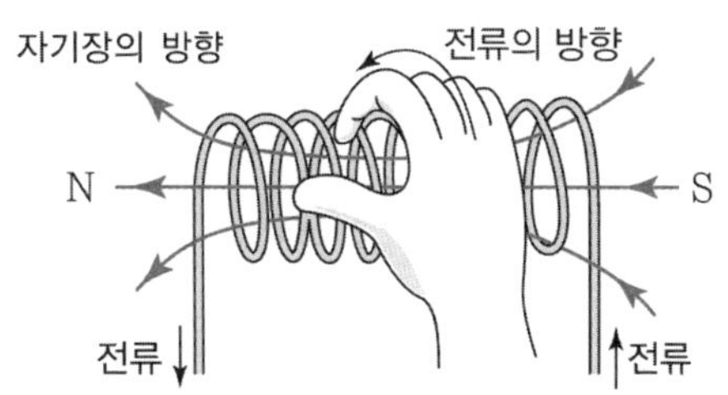

전류가 흐르는 코일 주변의 자기장

(2) 전자기 유도

코일을 통과하는 자기장의 세기를 변화시키면 코일에 전류가 흐른다. 이러한 현상을 전자기 유도라 한다.

① 코일 주변에서 자석을 움직이거나 자석 주변에서 코일을 움직이는 경우 코일을 통과하는 자기장에 변화가 생기므로 전자기 유도가 발생한다.

② **유도 전류** : 전자기 유도에 의해 발생하는 전류이다.

㉠ 유도 전류의 세기 : 자석을 빠르게 움직일수록, 자석의 세기가 셀수록, 코일의 감은 횟수가 많을수록 유도 전류의 세기가 세다.

㉡ 유도 전류의 방향 : 유도 전류는 코일을 통과하는 자기장의 변화를 방해하는 방향으로 흐른다.

코일에 N극을 가까이 할 때	코일로부터 N극을 멀리 할 때
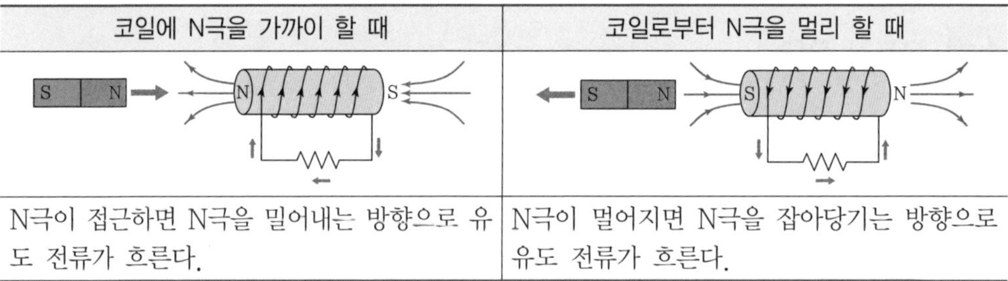	
N극이 접근하면 N극을 밀어내는 방향으로 유도 전류가 흐른다.	N극이 멀어지면 N극을 잡아당기는 방향으로 유도 전류가 흐른다.

③ **유도 기전력** : 전자기 유도에 의해 코일에 생기는 전압을 유도 기전력이라 하며, 유도 기전력의 크기는 코일을 감은 횟수에 비례한다.

(3) 전자기 유도의 이용

전자기 유도는 발전기, 마이크, 교통카드 판독기, 무선 충전기 등에 이용된다.

2 발전기와 발전 방식

(1) 발전기의 원리

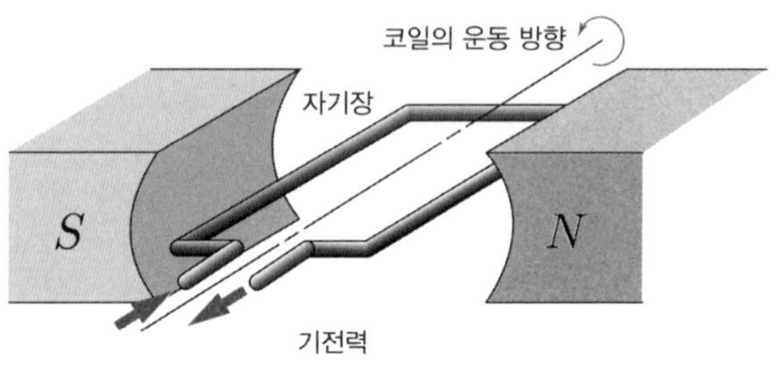

① **발전기** : 전자기 유도를 이용하여 전기 에너지를 생산하는 장치이다.

② **발전기의 원리** : 자석 사이에서 코일을 회전시키면, 코일의 위치 변화에 따라 코일을 통과하는 자기장이 변

화하여 유도 전류가 발생한다.

③ **발전소의 발전기** : 발전기에 연결된 터빈이 돌아갈 때 전기 에너지가 생산된다.

(2) 여러 가지 발전 방식

구분	화력 발전	수력 발전	핵 발전
에너지원	석유나 석탄과 같은 화석 연료의 화학 에너지	높은 곳에 있는 물의 퍼텐셜 에너지	우라늄과 같은 핵연료의 핵에너지
원리	화석 연료를 태워 발생하는 열에너지로 물을 끓여 얻은 고온, 고압의 수증기로 터빈을 돌린다.	댐에 의해 물이 높은 곳에서 낮은 곳으로 흐르면서 터빈을 돌린다.	우라늄이 핵분열을 할 때 발생하는 열에너지로 물을 끓여 얻은 고온, 고압의 수증기로 터빈을 돌린다.
에너지 전환	화학 에너지 → 열에너지 → 운동 에너지 → 전기 에너지	퍼텐셜 에너지 → 운동 에너지 → 전기 에너지	핵에너지 → 열에너지 → 운동 에너지 → 전기 에너지

3 전력 수송과 전력 손실

(1) 전력 수송

① **전력** : 단위 시간당 생산하거나 소비하는 전기 에너지이다.

$$\text{전력} = \frac{\text{전기 에너지}}{\text{시간}} = \text{전압} \times \text{전류},\ P = \frac{E}{t} = VI$$ [단위 : W(와트), kW(킬로와트), J/s]

② **전력 수송 과정(송전)** : 발전소에서 생산한 전기 에너지는 발전소 인근의 변전소에서 전압을 높여 송전되고, 소비자 인근의 변전소를 거쳐 전압을 낮춘 후 최종적으로 주상 변압기를 거쳐 공장이나 가정으로 공급된다.

(2) 전력 손실 : 송전선에 전류가 흐르는 과정에서 송전선의 저항에 의해 열이 발생하여 전기 에너지의 일부가 열에너지로 전환되어 손실된다.

① **손실 전력의 크기** : 송전선에 흐르는 전류의 세기가 셀수록, 송전선의 저항이 클수록 크다.

$$\text{손실 전력} = (\text{전류})^2 \times \text{저항} = \text{송전 전압} \times \text{전류},\ P_{\text{손실}} = I^2R$$

② 손실 전력을 줄이는 방법

㉠ 일정한 전력을 송전할 때 전압을 높이면 송전선에 흐르는 전류의 세기를 줄인다.

㉡ 저항이 작은 송전선을 사용하거나 송전선을 굵게 만들어 송전선의 저항을 줄인다.

(3) 변압기

① 변압기 : 송전 과정에서 전압을 변화시키는 장치로, 철심과 2개의 코일로 구성된다.

② 변압기의 원리 : 1차 코일에 세기와 방향이 변하는 전류가 흐르면, 전자기 유도에 의해 2차 코일에 전류가 유도된다. 1차 코일과 2차 코일의 감은 수를 조절하여 2차 코일에 유도되는 전압과 전류의 세기를 조절할 수 있다.

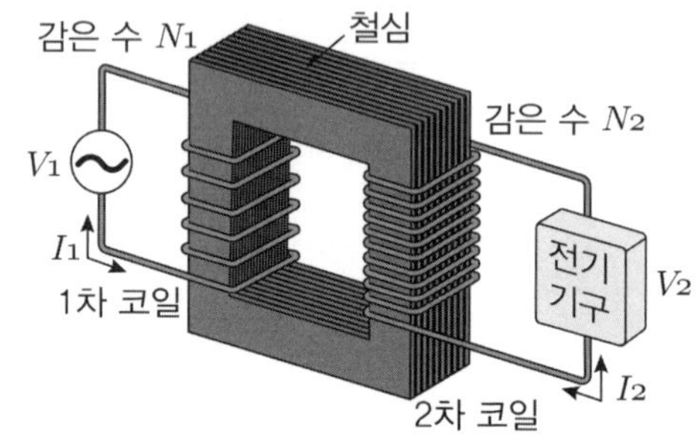

$$V_1I_1 = V_2I_2\text{이므로 } \frac{V_1}{V_2} = \frac{N_1}{N_2} = \frac{I_2}{I_1}$$

(4) 효율적이고 안전한 전력 수송

① 효율적 전력 수송

초전도 케이블	• 송전 케이블의 재질로 저항이 극히 작은 초전도체를 이용하는 기술 • 모든 송전선을 바꿀만한 기술과 재원이 부족하다는 한계가 있음
스마트 그리드 (지능형 전력망)	• 공급자와 소비자 사이의 정보를 실시간으로 교환하여 수요에 맞는 전력 공급을 하는 기술
초고압 직류 송전	• 교류에 비해 고압을 만들기 유리한 직류로 송전하는 기술 • 전자기파가 발생하지 않고 안정적 • 대부분의 전력 인프라가 교류에 맞춰져 있어 교류로 재변환하는 시설이 필요 • 국내에서는 일부 섬 지역 해저 송전선에 적용

② 안전한 전력 수송

전선 지중화	• 전선을 매립하여 송전선 노출에 의한 사고를 방지 • 매설 비용이 발생하고, 사고 발생 시 보수가 까다로울 수 있음 • 국내에서 대도시권은 대부분 지중화 사업이 완료됨

01 다음 중 자기장에 대한 설명으로 옳지 않은 것은?

① 자석이 서로 끌어당기거나 밀어내는 힘인 자기력이 작용하는 공간이다.
② 자석과 전류가 흐르는 코일 주변에 형성된다.
③ 자석 주변에 나침반을 놓았을 때, 나침반 자침의 N극이 가리키는 방향이 자석의 N극이다.
④ 자기력선은 N극에서 나와 S극으로 들어간다.

02 다음 중 자기장과 자기력선에 대한 설명으로 옳은 것은?

① 나침반을 놓았을 때 나침반 자침의 S극이 가리키는 방향이 자기장의 방향이다.
② 자석의 양 극에 가까울수록 자기장의 세기가 약해진다.
③ 자기력선의 간격이 좁을수록 자기장의 세기가 세다.
④ 자기력선은 끊어지거나 교차하는 경우가 많다.

03 코일에 전류를 흐르게 하였을 때, 생기는 자기장의 방향이 바르게 표시된 것은?

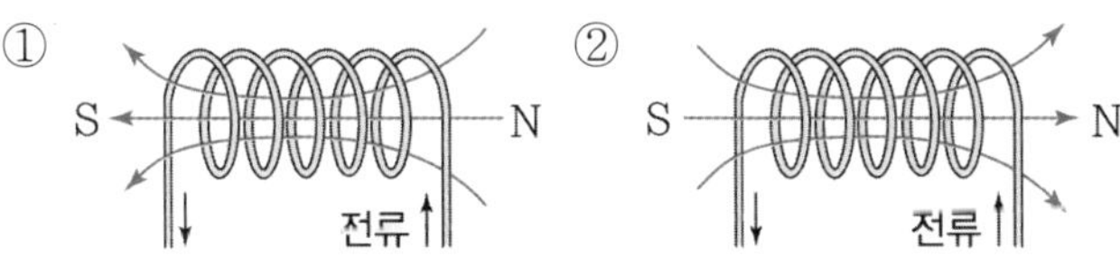

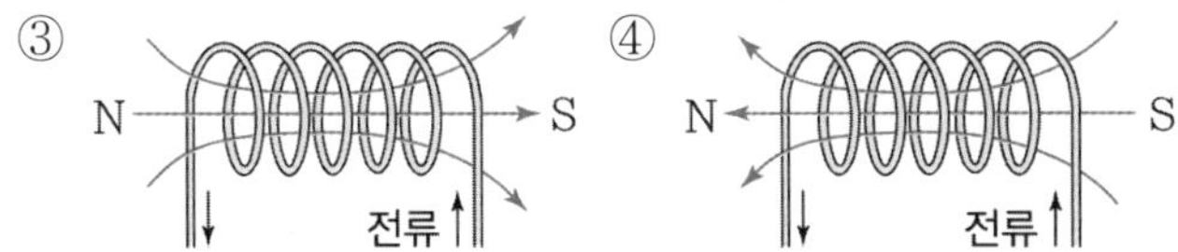

01
나침반 자침의 N극이 가리키는 방향이 자기장의 방향이며, 자기장은 N극에서 나와 S극으로 들어간다. 따라서 나침반 자침의 N극은 자석의 S극 방향을 향한다.

02
나침반 자침의 N극이 가리키는 방향이 자기장의 방향이며, 자석의 양 극에 가까울수록 자기장의 세기는 강해진다. 자기력선은 도중에 끊어지거나 교차하는 일 없이 N극에서 나와 S극으로 들어간다.

03
전류가 흐르는 방향으로 오른손 네 손가락을 감아 쥐었을 때 엄지손가락이 향하는 방향이 자기장의 방향이다.

ANSWER
01. ③ 02. ③ 03. ④

04 **다음 그림과 같이 막대자석을 코일 속으로 넣었다 뺐다 하였더니 검류계의 바늘이 움직였다. 이에 대한 설명으로 옳지 <u>않은</u> 것은?**

코일　　　검류계

① 검류계의 바늘이 움직이는 것은 전자기 유도 때문이다.

② 코일을 감은 횟수가 많아지면 흐르는 전류도 강해진다.

③ 자석을 코일 안에 정지시키면 전류가 흐르지 않는다.

④ N극을 접근시킬 때보다 S극을 접근시킬 때 더 강한 전류가 흐른다.

04

전자기 유도를 확인하는 실험으로 유도 기전력의 크기는 코일을 감은 횟수가 많을수록 커진다. 유도 기전력은 전압을 의미하지만 $V=IR$에 따라 저항이 일정하면 전류도 전압과 같은 방향으로 변화한다. 자석을 코일 안에 정지시키면 자석의 자기장은 형성되어 있지만, 자기장의 변화가 없어 전자기 유도는 일어나지 않는다. 자석의 N극과 S극은 자기장의 방향에 따른 전류가 흐르는 방향에만 영향을 줄 뿐 유도 기전력의 크기에는 영향을 미치지 않는다.

05 **코일에 자석을 접근시켜 유도 전류를 발생시킬 때, 그 세기를 키우기 위한 방법으로 옳은 것은?**

① 자석을 더 빠르게 움직인다.

② 코일의 감은 횟수를 줄인다.

③ 자력이 약한 자석을 사용한다.

④ 자석의 반대편 극을 접근시킨다.

05

유도 기전력의 크기는 코일의 감은 횟수가 많을수록, 자석의 세기가 셀수록, 자기장의 변화 속도가 커질수록 강해진다.

ANSWER

04. ④　05. ①

06 그림은 발전기의 구조를 나타낸 것이다.

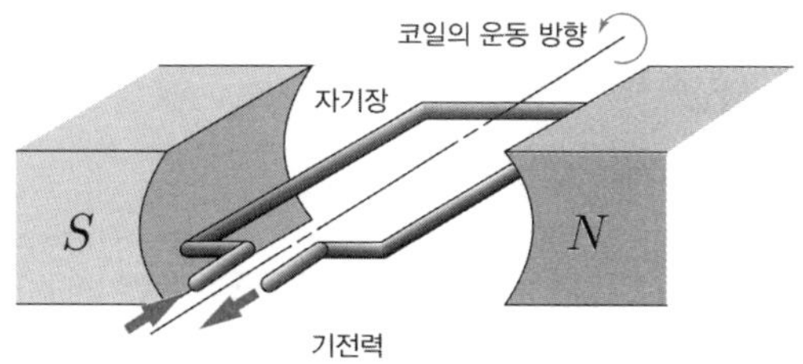

이에 대한 설명으로 옳은 것만을 〈보기〉에서 있는 대로 고른 것은?

보기
ㄱ. 이 발전기의 전류는 전자기 유도를 통해 생산된다.
ㄴ. 코일의 회전이 빠를수록 더 큰 전력을 생산할 것이다.
ㄷ. 퍼텐셜 에너지를 전기 에너지로 바꾸는 장치이다.

① ㄱ　　② ㄱ, ㄴ
③ ㄴ, ㄷ　　④ ㄱ, ㄴ, ㄷ

06
코일이 자석 사이의 자기장 내에서 회전하면서 자기장에 대한 코일의 상대적 위치가 계속해서 변화하는 것으로 인해 전자기 유도 현상이 일어난다. 코일의 회전이 빠를수록 코일에 대한 자기장의 상대적 변화가 빨라지므로 더 큰 전력을 생산하게 된다. 코일을 회전시키는 힘은 퍼텐셜 에너지가 아니라 운동 에너지이다.

07 우리나라 전력 생산에서 가장 큰 비중을 차지하고 있는 발전 방식은 화력 발전과 핵발전이다. 이 발전 방식의 공통점에 대해 설명한 것으로 옳은 것은?

① 이산화 탄소 배출이 많은 발전 방식이다.
② 화학 에너지를 전기 에너지로 전환하는 발전 방식이다.
③ 열에너지로 물을 끓여 터빈을 회전시킨다.
④ 직선으로 왕복하는 운동 에너지가 전기 에너지로 변환된다.

07
화력 발전은 화석 연료를 연소시켜 화학 에너지를 열에너지로 전환시키고 이것으로 물을 끓여 터빈을 회전시킨 후, 얻은 회전력으로 발전기를 작동시켜 전기를 생산하는 발전 방식이다. 핵발전은 핵연료를 분열시켜 핵에너지를 열에너지로 전환시키는 것 외에 기본적인 원리는 화력 발전과 같다. 화석 연료를 연소하는 화력 발전에서는 이산화 탄소 배출이 많지만 핵발전은 이산화 탄소 배출은 없는 대신 방사능 폐기물 처리 문제가 있다.

ANSWER
06. ② 07. ③

08 수력 발전의 에너지 전환을 나타낸 것으로 옳은 것은?

① 퍼텐셜 에너지 → 운동 에너지 → 전기 에너지
② 운동 에너지 → 열에너지 → 전기 에너지
③ 화학 에너지 → 퍼텐셜 에너지 → 전기 에너지
④ 핵에너지 → 화학 에너지 → 전기 에너지

08
물이 높은 곳에서 낮은 곳으로 흐르면서 터빈을 돌리고, 이 동력으로 발전기를 작동시킨다. 물이 최초에 갖고 있던 에너지는 퍼텐셜 에너지이고 흘러내리면서 운동 에너지로 전환된다. 터빈을 통해 운동 에너지의 방향이 회전으로 전환되고, 이것으로 발전기가 작동하면 전기 에너지가 생산된다.

09 전력에 대한 설명으로 옳은 것만을 〈보기〉에서 있는 대로 고른 것은?

보기
ㄱ. 단위 시간 동안 생산하거나 소비하는 에너지를 말한다. ㄴ. 단위로는 W(와트)를 사용한다. ㄷ. 전류와 저항의 곱으로 계산한다.

① ㄱ　　② ㄱ, ㄴ
③ ㄱ, ㄷ　　④ ㄴ, ㄷ

09
전력은 단위 시간 동안 생산하거나 소비하는 에너지를 말하며, 단위로는 W(와트)를 사용한다. 1W는 단위 시간 1초당 1J(줄)의 일을 한 것에 해당한다. 전력은 전류와 전압의 곱으로 구하며, 전류와 저항의 곱은 전압이다.

ANSWER
08. ① 09. ②

10 다음은 전기 에너지 수송 과정을 나타낸 것이다.

> P의 전력이 V의 전압으로 저항이 R인 송전선을 통해 전달된다.

보기

ㄱ. 이 과정에서 손실 전력의 크기는 I^2R이다.
ㄴ. 전류 I의 세기는 $\frac{V}{P}$이므로 전압이 커지면 전류가 커진다.
ㄷ. 손실 전력을 줄이기 위해서는 송전선의 저항을 낮추거나 전류의 세기를 줄여야 한다.
ㄹ. 따라서 손실 전력를 줄이기 위해서는 전압을 낮추어 송전해야 한다.

위 에너지 수송 과정에 대한 설명을 옳은 것만을 〈보기〉에서 있는 대로 고른 것은?

① ㄱ, ㄷ　② ㄴ, ㄹ
③ ㄷ, ㄹ　④ ㄱ, ㄴ, ㄷ

10

손실전력의 크기는 I^2R으로 손실 전력을 줄이기 위해서는 송전선의 저항을 낮추거나 전류의 크기를 줄여야 한다. $P=VI$이므로 $I=\frac{P}{V}$이다. 따라서 전류를 줄여 손실 전력을 줄이기 위해서는 전압을 높여야 한다.

11 전력 손실은 송전선의 저항에 영향을 받는다. 다음 중 송전선의 전기 저항에 영향을 주는 요소가 아닌 것은?

① 송전선의 높이
② 송전선의 길이
③ 송전선의 재질
④ 송전선의 굵기

11

저항에 영향을 주는 요소는 송전선의 굵기, 길이, 재질이다. 고압 송전선이 높은 위치에 있는 것은 안전을 위해서이다.

ANSWER

10. ① 11. ①

12 다음 그림은 변압기의 구조를 나타낸 것이다. 이에 대한 설명으로 옳은 것은? (단, 변압 과정에서 손실 전력은 없다고 가정한다.)

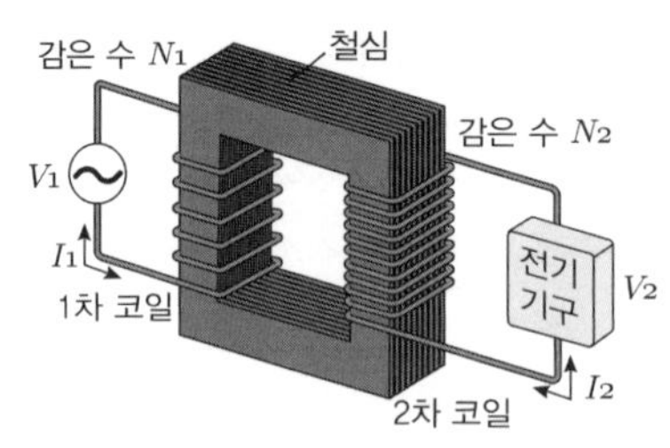

① 전압을 떨어뜨리는 장치이다.

② 코일이 감싼 철심은 전류가 흐르는 통로가 된다.

③ N_1이 100회, N_2가 200회라면 변압기를 거친 전압은 변압 이전의 2배가 된다.

④ N_1이 100회, N_2가 400회라면 변압기를 거친 전류는 변압 이전의 4배가 된다.

12

변압기 코일의 감은 수와 전압, 전류 사이에는 다음과 같은 관계가 성립한다.

$$\frac{N_1}{N_2}=\frac{V_1}{V_2}=\frac{I_2}{I_1}$$

따라서 N_1보다 N_2가 늘어남에 따라 전압은 같은 비율로 증가하고 전류는 반비례하여 감소한다. 변압기의 철심은 자기장이 흐르는 통로로 코일 사이에는 유도 전류가 발생할 뿐 실제 전류가 통하지는 않는다.

13 그림과 같이 1차 코일과 2차 코일의 감은 수의 비가 5 : 2이고, 1차 코일에 100V의 전압이 걸려 있는 변압기가 있다.

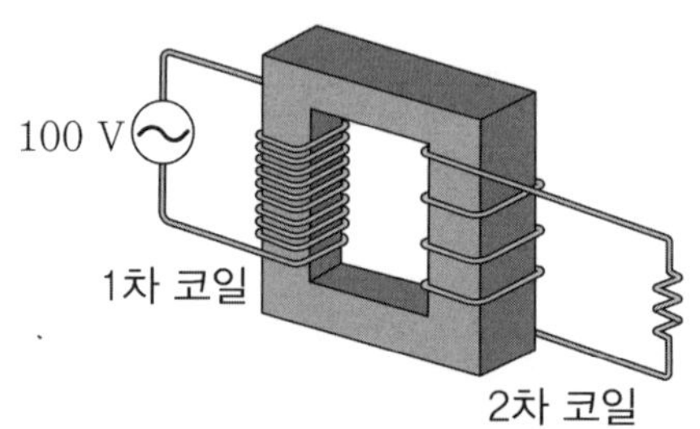

변압기의 2차 코일에 출력되는 전압은? (단, 변압 과정에서 손실 전력은 없다고 가정한다.)

① 20V ② 40V

③ 50V ⑤ 100V

13

$\frac{V_1}{V_2}=\frac{N_1}{N_2}$이므로 $\frac{100\text{ V}}{V_2}=\frac{5}{2}$에서 V_2는 40V이다.

ANSWER

12. ③ 13. ②

14 다음 전력 수송 과정을 나타낸 것이다. 이 중 잘못된 것을 고르면?

> (가) 발전소에서 생산된 전력이 가까운 변전소에서 승압된다.
> (나) 승압된 전력은 소비자 인근의 변전소로 송전된다.
> (다) 소비자 인근의 변전소는 전압을 강압하여 주상 변압기로 전달한다.
> (라) 주상 변압기는 전압을 다시 승압하여 소비자에게 전달한다.

① (가) ② (나)
③ (다) ④ (라)

14
승압은 전압을 높이는 것을 말하고, 강압은 전압을 낮추는 것을 말한다. 발전소 인근의 변전소에서는 전달 과정에서의 전력 손실을 줄이기 위해 전압을 높이고 소비자 인근의 변전소에서는 소비자가 사용할 수 있도록 전압을 낮춘다. 대형 시설에서는 이 정도 전압을 사용할 수 있지만, 일반 가정이나 중소형 시설 기준에서는 여전히 높은 전압이기 때문에 주상 변압기를 통해 전압을 다시 낮추어 소비자에게 전달한다.

15 다음 전력 수송 계획에서 목적이 나머지와 다른 하나는?

① 초전도 케이블
② 스마트 그리드
③ 초고압 직류 송전
④ 전선 지중화

15
초전도 케이블, 스마트 그리드, 초고압 직류 송전은 모두 효율적인 전력 수송을 위한 신기술들이다. 전선 지중화는 송전선 노출에 의한 사고를 방지하기 위한 안전 대책으로 효율적인 전력 수송이라고 볼 수 없다.

16 전기의 생산, 운반, 소비 과정에 쌍방향 실시간 정보 통신을 접목, 소비자의 수요를 실시간으로 파악하여 효율적인 전력 수송을 목적으로 하는 기술은?

① 스마트 그리드
② 초고압 직류 송전
③ 제로 에너지 빌딩
④ 초전도 케이블

16
스마트 그리드는 지능형 전력망이라고도 하며, 전력 공급자와 소비자가 실시간으로 정보를 주고받아 상황에 맞게 탄력적으로 대응할 수 있는 시스템을 말한다.

ANSWER
14. ④ 15. ④ 16. ①

02 태양 에너지의 생성과 전환

1 태양 에너지의 생성

(1) 태양의 내부 구조

① 태양의 표면 : 빛이 나오는 곳이므로 광구라고도 한다.

② 태양의 내부

㉠ 핵 : 태양의 중심부로 수소 핵융합 반응에 의해 에너지를 생산한다.

㉡ 복사층 : 핵에서 생산된 에너지가 전자기파의 형태로 대류층으로 전달된다.

㉢ 대류층 : 복사층에서 전달된 에너지가 대류의 형태로 태양의 표면으로 전달된다.

(2) 태양 에너지의 생성

① 태양은 주로 수소와 헬륨으로 이루어져 있으며, 중심부는 약 1500만 K인 초고온으로 플라스마 상태로 존재한다.

② 태양 중심부에서 일어나는 수소 원자핵 4개가 융합하여 헬륨 원자핵 1개로 변하는 수소 핵융합 반응은 그 과정에서 질량이 감소하는데, 감소한 질량에 해당하는 에너지가 태양 에너지이다.

2 질량과 에너지의 관계

(1) 질량 결손

수소 핵융합 반응과 같이 핵반응이 일어나면 반응 전 총질량에 비해 반응 후 질량이 약간 감소하는데, 이때 질량 차이를 질량 결손이라고 한다.

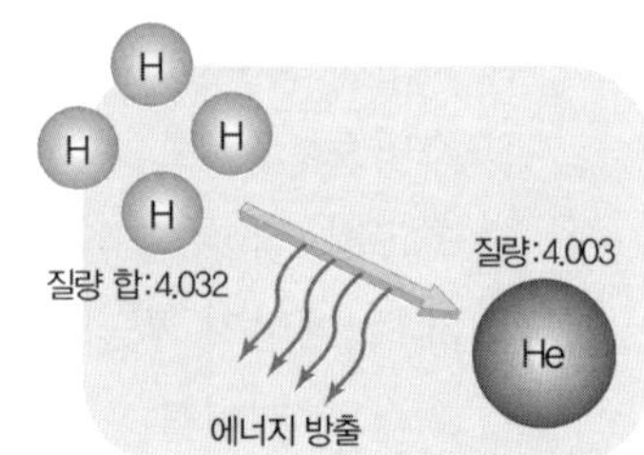

(2) 질량 결손과 에너지

아인슈타인은 질량과 에너지는 서로 변환될 수 있음을 밝혀냈다. 핵반응에 의한 질량 결손이 m이면 이때 방출하는 에너지 E는 다음과 같다.

$$E = \Delta mc^2 \ (c : \text{빛의 속력})$$

3 태양 에너지의 전환과 순환

태양 에너지는 지구에 도달하여 지구에서 직접 다른 에너지로 전환되기도 하고, 전환되어 축적된 후 다른 에너지로 전환되기도 한다. 이 과정에서 여러 가지 에너지 순환을 일으키므로, 태양 에너지는 지구에서 일어나는 에너지 순환의 근원이 된다.

(1) 지구와 태양 에너지

① 태양이 우주 공간으로 방출하는 에너지 중 약 $\frac{1}{20억}$이 지구에 도달한다.

② 지구에 도달하는 태양 에너지 중 30%는 대기권에서 반사되어 우주로 되돌아간다. 남은 70% 중 20%는 대기권이 흡수하며, 50%를 지표면이 흡수한다.

③ 태양 에너지는 위도에 따라 불균등하게 흡수되기 때문에 대기와 해수의 순환에 따라 지구 전체에 재분배된다.

(2) 태양 에너지의 전환과 이용

① **물의 순환** : 지표에 흡수된 태양 에너지는 열에너지로 전환되어 물을 증발시키고, 증발한 수증기는 응결하여 구름이 된다. 구름에서 만들어진 비나 눈이 지표로 이동하면서 태양 에너지는 역학적 에너지로 전환된다.

② **광합성** : 식물에 흡수된 태양 에너지는 광합성을 통해 화학 에너지로 전환되어 동식물의 생명 활동을 유지시킨다.

③ **화석 연료의 생성** : 생물이 죽어 땅속에 묻히면 화석 연료가 생성된다. 화석 연료는 생물이 흡수한 태양 에너지가 화학 에너지로 전환된 것이다.

④ **대기와 해수의 순환** : 태양 에너지는 열에너지와 역학적 에너지로 전환되어 바람과 해류를 일으킨다.

(3) 태양 에너지의 순환

① **대기와 해수의 순환** : 지구는 위도별로 입사되는 태양 에너지와 방출하는 지구 에너지에 차이가 있다. 저위도의 남는 에너지는 대기와 해수에 의해 에너지가 부족한 고위도로 이동하며, 이 과정에서 대기와 해수의 순환이 일어난다.

② **탄소의 순환** : 대기 중의 이산화 탄소는 태양 에너지와 함께 화학 에너지 형태로 포도당에 저장되고 생명체의 유해는 축적되어 화석 연료가 된다. 탄소를 매개로 하는 순환을 일으키며, 다양한 에너지로 전환된다.

03 발전과 신재생 에너지

1 화석 연료과 에너지 자원의 미래

(1) 화석 연료

① 화석 연료의 생성 과정

㉠ 석탄의 생성 과정 : 식물의 유해가 땅속에 퇴적되어 오랜 시간 열과 압력을 받아 석탄이 만들어진다.

㉡ 석유, 천연가스의 생성 과정 : 미생물이 바다나 호수에 퇴적되어 오랜 시간 열과 압력을 받아 석유와 천연가스가 만들어진다.

② 화석 연료 사용의 문제점

㉠ 지구 온난화로 인한 기후 변화와 대기 오염과 같은 환경 문제를 일으킨다.

㉡ 매장 지역이 편중되어 있고 매장량의 한계가 있어 언젠가는 고갈될 수 있다.

(2) 핵발전

우라늄 원자핵이 핵분열할 때 발생하는 에너지를 이용하여 터빈을 돌려 전기 에너지를 생산하는 방식이다.

① 핵발전의 원리 : 우라늄 원자핵에 중성자를 충돌시키면 핵반응이 일어나서 우라늄 원자핵이 쪼개지는 연쇄 반응에 의해 많은 에너지가 방출된다. 핵분열 과정에서 발생한 열에너지로 물을 끓여 증기로 터빈을 돌려 전기 에너지를 생산한다.

② 핵발전의 장점과 단점

장점	• 연료비가 저렴하고 에너지 효율이 높아 대용량 발전이 가능하다. • 환경 문제를 일으키는 이산화 탄소를 거의 배출하지 않는다.
단점	• 우라늄과 같은 핵연료의 매장량이 한정되어 있어 언젠가는 고갈될 수 있다. • 냉각수가 바다로 배출되어 해수의 온도가 상승하여 주변 환경에 영향을 미친다. • 방사능 유출의 위험이 있고, 방사성 폐기물을 처리하기 어렵다.

(3) 태양광 발전

태양 전지를 이용하여 태양의 빛에너지를 전기 에너지로 전환하는 방식이다.

① 태양광 발전의 원리 : 태양 전지에 빛을 비추면 태양 전지에서 전류가 발생한다.

② 태양광 발전의 장점과 단점

구분	내용
장점	• 자원 고갈의 염려가 없고, 연료비가 들지 않는다. • 환경 오염 물질을 발생시키지 않는다.
단점	• 다른 발전 방식에 비해 발전 효율이 낮으며, 날씨와 일사량에 따라 발전량이 크게 변화한다. • 태양 전지를 설치하는 데 비용이 많이 들고, 대규모 발전소 건설을 위해 넓은 장소가 필요하다.

(4) 풍력 발전

① 바람의 운동 에너지를 발전기를 이용하여 전기 에너지로 전환하는 방식이다.

② 풍력 발전의 장점과 단점

구분	내용
장점	자원 고갈의 염려가 없으며, 발전 과정에서 이산화 탄소를 배출하지 않는다.
단점	바람이 부는 조건에 따라 전기 에너지 생산량이 달라지며, 소음 공해를 유발한다.

2 신재생 에너지와 지속 가능한 발전

(1) 신재생 에너지

기존의 화석 연료를 변환시켜 이용하거나 재생 가능한 에너지를 변환시켜 이용하는 에너지로, 지속적인 에너지를 공급할 수 있다.

① 신에너지와 재생 에너지

㉠ 신에너지 : 연료 전지, 석탄의 액화 · 가스화, 수소 등

㉡ 재생 에너지 : 태양열, 태양광, 풍력, 수력, 해양, 지열, 폐기물, 바이오 등

② 신재생 에너지의 장점과 단점

구분	내용
장점	• 자원 고갈의 염려가 없고, 발전 과정에서 환경 오염이 발생하지 않는다. • 재생 가능한 에너지원으로, 지속적인 발전을 할 수 있다.
단점	• 기존 에너지원에 비해 초기 투자 비용이 많이 든다. • 화석 연료를 이용한 화력 발전보다 효율이 낮다.

(2) 해양 에너지

① 조력 발전

㉠ 조력 발전의 원리 : 밀물과 썰물의 수위차를 이용하여 전기 에너지를 생산한다.

㉡ 조력 발전의 장점과 단점

장점	• 자원 고갈의 염려가 없고, 발전 과정에서 환경 오염이 발생하지 않는다. • 많은 양의 전기를 생산할 수 있다. • 밀물과 썰물이 매일 일어나므로 발전량을 예측할 수 있다.
단점	• 건설비가 많이 들며, 설치 장소가 제한적이다. • 갯벌을 파괴하여 해양 생태계에 악영향을 미칠 수 있다.

② 파력 발전

㉠ 파력 발전의 원리 : 파도가 칠 때 해수면 변화를 이용하여 전기 에너지를 생산한다.

㉡ 파력 발전의 장점과 단점

장점	• 자원 고갈의 염려가 없고, 발전 과정에서 환경 오염이 발생하지 않는다. • 소규모 개발이 가능하며, 방파제로 활용할 수 있어서 실용성이 크다.
단점	• 기후나 파도의 상황에 따라 발전량에 차이가 있다. • 파도에 노출되므로 내구성이 약하다.

(3) 연료 전지

수소와 산소의 화학 반응에 의해 전기 에너지를 생산하는 장치이다.

① 연료 전지의 원리

㉠ (−)극에서는 수소가 산화되어 수소 이온과 전자가 발생한다.

㉡ 수소 이온은 전해질을 통해 (+)극으로 이동하고, 전자는 외부 회로를 통해 (+)극으로 이동하고, 하여 전류를 흐르게 한다.

㉢ (+)극에서는 전자와 결합한 산소가 수소 이온과 반응하여 물을 만들고 전기 에너지, 열에너지를 발생시킨다.

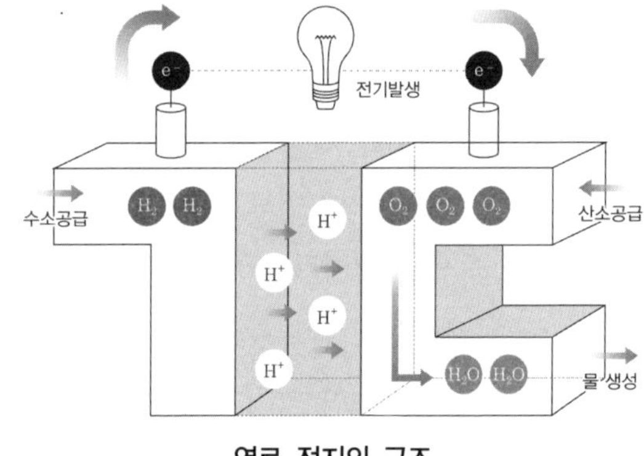

연료 전지의 구조

② 연료 전지의 장점과 단점

장점	• 최종 생성물로 물만 생성되므로 환경 오염 물질이 거의 배출되지 않는다. • 화학 에너지가 전기 에너지로 직접 전환되므로 화력 발전보다 효율이 높다.
단점	• 수소를 생산하는 비용과 연료 전지 발전소를 건설하는 데 비용이 많이 든다. • 수소의 액화가 어려워 저장하기 쉽지 않고, 폭발의 위험이 있다.

(4) 여러 가지 발전 방식

① 태양열 발전

㉠ 태양열 발전의 원리 : 태양의 열에너지를 집열판으로 모아 물을 끓여 전기 에너지를 생산한다.

㉡ 태양열 발전의 장점과 단점

장점	• 에너지 자원이 무한하다. • 환경 오염이 적다.
단점	• 계절과 기후의 영향을 많이 받는다. • 설치 면적이 넓어야 한다.

② 지열 발전

㉠ 지열 발전의 원리 : 땅속의 뜨거운 열로 물을 끓여 전기 에너지를 생산한다.

㉡ 지열 발전의 장점과 단점

장점	• 날씨의 영향이 없다. • 난방 효과를 동시에 얻을 수 있다.
단점	설치 장소가 제한적이다.

③ 조류 발전

㉠ 조류 발전의 원리 : 조석 현상에 따른 해수의 흐름을 이용하여 전기 에너지를 생산한다.

㉡ 조류 발전의 장점과 단점

장점	• 환경 오염이 적다. • 대규모 발전이 가능하다.
단점	전기 에너지의 생산 효율이 건설 비용에 비해 낮다.

(5) 에너지 문제를 해결하기 위한 노력

① **친환경 에너지 도시** : 지역 환경에 맞는 신재생 에너지를 활용하여 에너지와 환경 문제를 함께 해결할 수 있는 도시 모델을 말한다.

② **적정 기술** : 기술이 사용되는 지역 사회의 환경 조건을 고려하여 만드는 기술로, 대규모 사회 기반 시설이 필요하지 않고 친환경적이다.

실력 탄탄 다지기

실전 예상문제

01 다음은 태양의 내부 구조를 나타낸 그림이다.

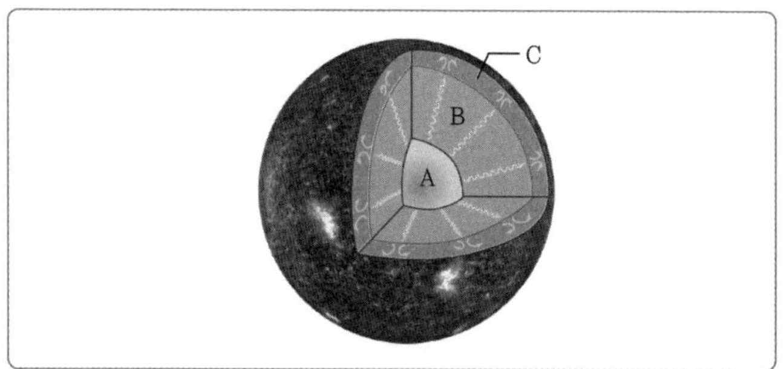

이에 대한 설명으로 옳은 것은?

① A에서는 헬륨 핵융합 반응이 일어난다.
② C에서는 수소 핵융합 반응이 일어난다.
③ 지구의 대기와 물의 순환, 생명 활동은 태양 에너지가 근원이다.
④ 인류가 사용하는 모든 전기 에너지는 태양 복사 에너지로부터 나온다.

01 태양 에너지의 원천은 수소 핵융합 반응이며, A에서 일어난다. 인류가 이용하는 발전 방식 대부분이 태양 에너지를 근원으로 하지만 조력, 지열 등 그렇지 않은 발전 방식도 있다.

02 다음 중 태양 에너지에 대한 설명으로 옳지 <u>않은</u> 것은?

① 위도에 따라 도달하는 태양 에너지의 양이 다르다.
② 대기와 해수의 순환으로 저위도의 남는 에너지가 고위도로 전달된다.
③ 태양이 우주 공간으로 방출한 에너지 중 약 $\frac{1}{20억}$이 지구에 도달한디.
④ 지구에 도달한 태양 에너지 중 70%는 반사되고 30%만 지구에 흡수된다.

02 지구에 도달한 태양 에너지 중 30%가 반사되고 70%가 지구에 흡수된다.

ANSWER
01. ③ 02. ④

과 학

03 다음은 태양의 내부에서 일어나는 수소 핵융합 반응을 나타낸 그림이다.

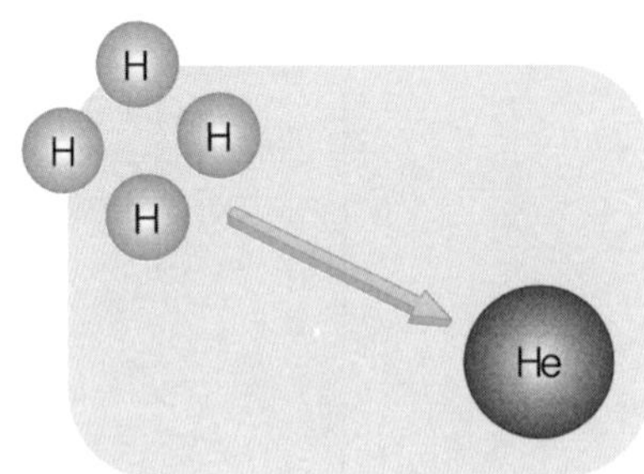

이에 대한 설명으로 옳지 않은 것은?

① 수소 핵융합 반응 과정에서 에너지가 방출된다.
② 수소 원자핵이 헬륨 원자핵으로 융합하는 반응이다.
③ 수소 원자핵 4개의 질량은 헬륨 원자핵 1개의 질량보다 작다.
④ 반응 전후의 질량 차이는 에너지로 전환된다.

03 수소 원자핵 4개의 질량이 헬륨 원자핵 1개의 질량보다 크며, 핵융합하며 손실된 질량은 $E=\Delta mc^2$에 따라 에너지로 전환된다.

04 태양 복사 에너지로 인해 일어나는 현상이 아닌 것은?

① 물의 순환
② 화산 활동
③ 대기의 순환
④ 해수의 순환

04 화산 활동은 지구 내부 에너지에 의해 일어난다.

05 태양 에너지가 다른 형태로 전환되는 예로 잘못된 것은?

① 광합성 : 태양 에너지 → 화학 에너지
② 태양 전지 발전 : 태양 에너지 → 전기 에너지
③ 대기의 순환 : 태양 에너지 → 역학적 에너지
④ 화석 연료의 생성 : 태양 에너지 → 핵에너지

05 화석 연료의 생성은 태양 에너지가 화학 에너지로 전환되는 예이다.

ANSWER
03. ③ 04. ② 05. ④

06 **다음은 태양광 발전을 이용하여 손전등의 배터리를 충전하고 이를 사용하는 과정을 나타낸 것이다. 빈 칸에 들어갈 내용으로 알맞은 것은?**

빛에너지	태양 전지 →	(가)	충전기 →	(나)	배터리 →	(다)	손전등 →	빛에너지

	(가)	(나)	(다)
①	전기 에너지	화학 에너지	전기 에너지
②	화학 에너지	열에너지	전기 에너지
③	전기 에너지	열에너지	화학 에너지
④	전기 에너지	화학 에너지	열에너지

06

태양 전지는 빛을 그대로 전기 에너지로 전환시키며, 전기 에너지는 충전지를 통해 배터리에 화학 에너지 형태로 저장된다. 배터리는 저장된 화학에너지를 전기 에너지 형태로 전환하여 외부로 공급하며, 손전등은 전기 에너지를 빛에너지로 전환한다.

07 **태양광 발전의 특징으로 옳지 <u>않은</u> 것은?**

① 자원 고갈의 염려가 없다.
② 항상 안정적인 전기 에너지를 얻을 수 있다.
③ 빛에너지를 직접 전기 에너지로 전환한다.
④ 발전 과정에서 환경 오염 물질이 발생하지 않는다.

07

태양광 발전은 시간과 기상 조건에 따라 발전량이 크게 변하여 안정적이지 못하다.

08 **핵분열을 이용한 발전에 대한 설명으로 옳지 <u>않은</u> 것은?**

① 우라늄 등 핵연료를 연료로 사용한다.
② 터빈을 돌려 발전기를 가동한다.
③ 방사성 폐기물 처리 문제가 있다.
④ 연료비가 화력 발전에 비해 비싸다.

08

핵발전은 매우 적은 연료를 갖고 가동할 수 있다. 우라늄의 농축에는 비용이 들지만 희소한 광물은 아니기 때문에 화석 연료를 사용하는 화력 발전에 비해서 상대적으로 연료비가 저렴하다.

ANSWER

06. ① 07. ② 08. ④

09 **화석 연료에 대한 설명으로 옳지 않은 것은?**

① 만들어지는 데 매우 긴 시간이 필요하다.
② 비교적 세계에 고루 분포하고 있다.
③ 전 세계 자원 이용량의 대부분을 차지한다.
④ 가까운 미래에 고갈될 것이라 예측된다.

09

화석 연료는 매장 지역이 편중되어 있어 분쟁 원인이 되기도 한다.

10 **풍력 발전에 대한 설명으로 옳지 않은 것은?**

① 장소의 제한 없이 발전기를 설치할 수 있다.
② 발전 과정에서 오염 물질을 배출하지 않는다.
③ 날개가 회전하면서 소음 공해를 유발할 수 있다.
④ 발전량이 일정하지 않다.

10

풍력 발전은 산간이나 해안, 섬 등 각종 오지의 좁은 면적에도 설치할 수는 있으나, 발전 수율을 확보하기 위해서는 풍향, 풍속 등의 조건이 갖추어져야 하므로 오히려 위치 선정이 까다로운 편에 속한다.

11 **새로운 발전 방식을 연구 및 개발해야 하는 이유로 적절한 것만을 〈보기〉에서 있는 대로 고른 것은?**

보기

ㄱ. 기존 발전소의 연료는 매장량이 제한되어 있다.
ㄴ. 기존 발전소들의 발전 효율은 뛰어나지 않다.
ㄷ. 화석 연료의 사용은 온실 기체와 각종 오염물질을 배출한다.

① ㄱ　　② ㄱ, ㄴ
③ ㄱ, ㄷ　　④ ㄴ, ㄷ

11

새로운 발전 방식들이 반드시 발전 효율이 뛰어난 것은 아니다.

ANSWER

09. ② 10. ① 11. ③

12 신재생 에너지에는 신에너지와 재생 에너지가 있다. 기존의 화석 연료를 변환하여 이용하는 신에너지와 재생 가능한 자원을 이용하는 재생 에너지를 고른 것으로 올바른 것은?

	신에너지	재생 에너지
①	연료 전지	원자력
②	태양열	풍력
③	바이오	석탄의 액화 · 가스화
④	수소	지열

12

신에너지에는 연료 전지, 석탄의 액화 · 가스화, 수소 등이 있고, 재생 에너지에는 태양열, 태양광, 풍력, 수력, 해양, 지열, 바이오, 폐기물 등이 있다.

13 다음 설명에 해당하는 발전 방식의 특징으로 올바른 것은?

> 해양 에너지를 이용하는 발전 방식의 하나로, 밀물과 썰물 사이에서 나타나는 해수의 운동 에너지를 이용한다.

① 발전 비용이 비싼 편이다.
② 태양 에너지를 근원으로 한다.
③ 주변 생태계에 미치는 영향이 크다.
④ 우리나라에는 적절하지 않은 발전 방식이다.

13

조력 발전에 대한 내용으로, 달의 인력에 의한 조수간만의 차를 이용한 발전 방식이다. 별도의 연료가 필요하지 않아 발전 비용이 저렴하며, 조수간만의 차가 큰 우리나라의 서해안에 적절한 발전 방식이다. 그러나 건설 과정에서 갯벌을 파괴하기 때문에 생태계에 큰 영향을 미친다.

14 연료 전지에 대한 설명으로 옳지 <u>않은</u> 것은?

① (+)극에서 산소의 환원 반응이 일어난다.
② (−)극에서 수소의 산화 반응이 일어난다.
③ 연료 전지는 유일한 부산물이 물이므로 환경 오염을 거의 일으키지 않는다.
④ 연료 전지에서는 연소 반응과 달리 화학 에너지가 모두 전기 에너지로 전환된다.

14

에너지 전환이 일어날 때 열에너지가 발생하므로 화학 에너지가 모두 전기 에너지로 전환되지는 않는다

ANSWER

12. ④ 13. ③ 14. ④

15 다음은 연료 전지의 원리를 나타낸 그림이다.

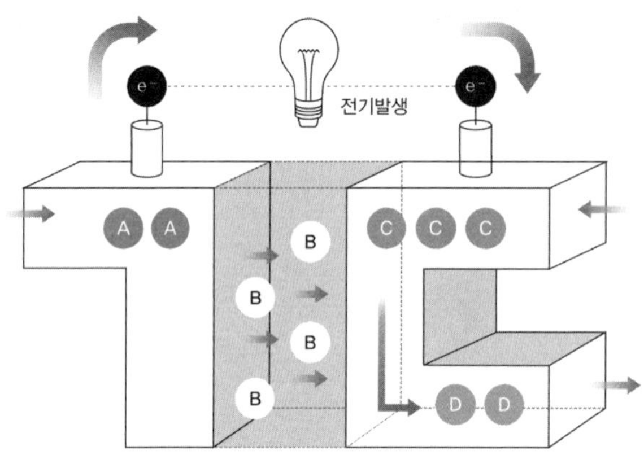

A~D에 들어가야 할 성분으로 올바른 것은?

	A	B	C	D
①	H_2	H^+	O_2	H_2O
②	O_2	H_2O	O_2	H_2
③	H_2O	H^+	H_2	O_2
④	H_2O	O_2	H^+	H_2

15

연료 전지는 (−)극으로 수소를 투입하면 전자와 수소 이온으로 나뉘어져 전자는 외부 도선을 타고 이동하고 수소 이온은 전해질을 통과해 반대편 전극으로 이동한다. 반대편에 도달한 수소 이온은 외부에서 공급된 산소와 결합하여 물을 형성, 배출된다.

16 태양열을 이용하여 발전을 할 경우의 장점이라고 볼 수 <u>없는</u> 것은?

① 연료비가 들지 않는다.
② 날씨의 영향을 많이 받는다.
③ 공해 물질을 배출하지 않는다.
④ 에너지원이 고갈될 염려가 없다.

16

태양열 발전은 태양이 있을 때만 발전할 수 있는 단점이 있다.

ANSWER

15. ① 16. ②

17 친환경 에너지 도시 설계를 위해 고려해야 할 사항은?

① 상권이 편리한 지역에 위치해야 한다.
② 발전소와 가까워야 한다.
③ 빗물과 오수를 재활용 할 수 있는 시스템을 마련해야 한다.
④ 교통이 편리하도록 해야 한다.

17
친환경 에너지 도시는 환경 오염과 에너지 문제를 해결하고자 하는 목적을 우선해야 하므로 도시를 설계하는 단계에서 에너지 공급, 관리 등의 활동을 어떻게 친환경적으로 할 것인가에 대해 고려해야 한다. 따라서 편의성보다 기존 자원의 재활용 등에 초점을 두고 도시를 설계해야 한다.

18 적정 기술에 대한 설명으로 옳지 <u>않은</u> 것은?

① 공동체 수준을 먼저 고려한다.
② 첨단 기술을 활용하여 효율을 높인다.
③ 재생 가능한 에너지 자원을 활용하는 것이 좋다.
④ 널리 보급할 수 있도록 비용을 고려해야 한다.

18
적정 기술에서는 사용자에게 편리하게 적용될 수 있다면 기술 수준은 중요한 고려대상이 아니다.

ANSWER
17. ③ 18. ②

NOTE

고졸 검정고시 과학

2025년 1월 10일 개정6판 발행
2017년 1월 9일 초판 발행

편 저 자 검정고시 학원연합회
발 행 인 전 순 석
발 행 처 정 훈 사
주 소 서울특별시 중구 마른내로72, 421호
등 록 제2014-000104호
전 화 737-1212
팩 스 737-4326